청소년 마약류 중독의 이해와 상담

Understanding and Counseling Adolescent Substance Use

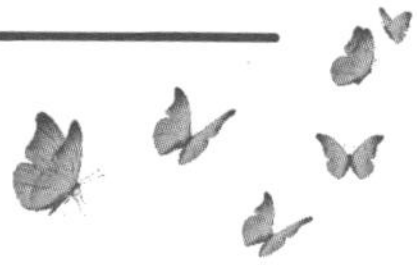

UNDERSTANDING AND COUNSELING
ADOLESCENT SUBSTANCE USE

청소년 마약류 중독의
이해와 상담

조성남 · 고기원 · 김나연 · 김선민 · 김영호
김재환 · 김주은 · 박상규 · 서경현 · 신성만 공저

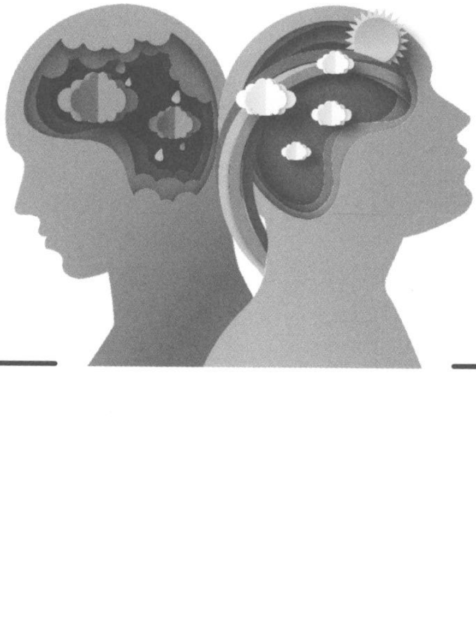

학지사

머리말

이 책은 청소년 마약류 중독을 이해하고 상담에 활용할 수 있는 기본서이자 심화 교재로 발간되었습니다. 청소년 상담자이며, 마약류 상담의 초심자이거나 마약류 중독 청소년의 상담 종사자로서 예방교육과 상담에 필요한 사항들을 정리하여 각 분야의 전문가가 공동 집필하였습니다.

주요 내용은 청소년의 마약류 중독의 실태, 마약류의 중독과 특성, 약물 사용 문제의 평가, 약물남용의 예방을 비롯하여 주요 상담기법으로 동기강화상담, 인지행동치료, 긍정심리상담, 마약류 중독 집단상담, 위기 가정 및 가족상담, 여자 청소년 상담으로 구성하였습니다.

저자를 일일이 추천해 주신 박상규 교수님, 최근 마약류 상담과 교육에 대한 수요 증가로 바쁘신 와중에서도 청소년 마약류 상담자들의 전문성 향상에 도움을 주고자 뜻을 함께해 주신 저자분들과 발간을 기획·추진한 법무부 고기원 박사님의 노력과 열정이 없었다면 이 책을 만날 수 없었을 것입니다. 모든 분의 노고에 진심으로 감사드리며, 부디 이 책이 마약류에 대한 사회 전반의 이해를 돕고, 청소년 마약류 상담 전문가의 역량을 높여 마약 청정국의 지위 회복에 기여하는 시금석이 되면 좋겠습니다.

제가 국립법무병원 병원장으로서 강연이나 토론을 통해 만난 일부 유관기관 정책 담당자와 국민 중에는 마약류에 대한 위기의식으로 인해 마약류 투약자에 대한 강력한 처벌의 중요성만을 주장하는 경우가 많았습니다. 물론 강력한 처벌도 한 방편일 수는 있지만, 처벌이 근본적인 해결책은 될 수 없습니다. 청소년의 마약류 중독 문제에 있어 처벌만큼이나 예방과 재활 치료도 중요하다는 것을 이해하도록 돕고, 관련 전문가들의 전문성을 높이는 데 이 책이 기여할 수 있기를 바랍니다.

이 책의 발간과 배포를 위해 물심양면으로 후원해 주신 국제라이온스협회 대구지구 자문위원인 ㈜삼안환경측정 안윤근 대표이사님께 각별한 감사 말씀을 드립니다. 또한 관련 자료를 제공해 주신 대검찰청 마약수사과 직원 여러분들, 자료를 꼼꼼히 정리해 주신 김나연 박사님과 김재환 교수님, 학지사 관계자 여러분을 비롯하여 이 책이 필요한 곳에서 유용하게 사용될 수 있도록 발간과 배포에 협조해 주신 모든 분께 감사드립니다.

2024년 7월

저자들을 대표하여

전 국립법무병원장 조성남

추천사 1

청소년은 우리 사회의 미래이기에 이들의 건강한 성장과 육성은 우리 사회의 매우 중요한 과제입니다. 최근 우리 사회는 청소년 마약류 관련 범죄가 언제, 어디서나 누구나 직면할 수 있다는 불안감으로 가득 차 있습니다. 어떤 사람들은 마약류 범죄를 피해자와 가해자가 불분명한 범죄라고들 말합니다. 하지만 이는 마약류 범죄의 폐해를 정확히 알지 못하고 하는 말입니다. 자신이 가해자이면서 피해자인 마약류 중독은 가족과 사회, 국가에 엄청난 피해와 고통을 준다는 점을 간과한 말입니다.

청소년기에 그릇된 선택으로 마약류 범죄에 노출되는 경우도 있지만 최근에는 잠 안 오는 약, 집중력을 높여 공부 잘하는 약 등의 이름으로 청소년을 유혹하여 단 1~2회 투약으로도 중독에 이르게 하기도 합니다. 마약이 성장기 청소년에게 미치는 신체적 · 정신적 폐해는 성인에 비해 더욱 심각합니다. 청소년의 마약류 투약에 대한 위기감은 법질서 확립을 책임지고 있는 정부 부처는 물론 전 국민이 위기감을 갖고 있는 중요한 문제입니다.

이처럼 국민의 일상을 위협하는 청소년을 대상으로 한 마약류의 무차별적인 확산에 대응하기 위해 『청소년 마약류 중독의 이해와 상담』이라는 전문 서적을 집필해 주신 전 국립법무병원장 조성남 원장님과 발행에 참여해 주신 저자분들께 감사드립니다.

청소년 마약류 중독의 심각성을 인식한 정부에서는 사회관계장관회의에서도 다양한 대책을 모색하고 있습니다. 마약류를 포함한 약물중독 연간 최소 교육시간을 유치원과 초등학교에서는 5시간, 중학교 6시간, 고등학교 7시간 등으로 구체화한 것은 매우 중요한 정책 변화입니다.

청소년 마약류 사용자의 경우 사용양상이 다양하고 법적인 문제를 동반하여 자발적으로 신고하거나 치료받기 어렵기 때문에 관련 전문가들이 다자간 협력체를 구성하여 조기에 발견하고 적기에 개입해야 합니다.

이 책은 청소년 문제와 부모교육의 중요성을 생각하면서 가볍게 읽을 수 있는 입문서이기도 하지만, 청소년 교육이나 비행 예방교육과 상담을 전공하는 분들과 정책 담당자분들에게도 권하고 싶은 책이기도 합니다. 마약류의 심각성을 우려하는 상담 및 중독관련학회의 저명하신 교수님들을 비롯하여 법무부에 근무하신 국립법무병원 병원장, 청소년 전문가들이 공동 집필에 참여하였기에, 청소년 마약류에 대한 이론과 상담 실무를 겸비한 청소년 마약류 상담의 기본서이자 심화학습을 위한 전문 서적이기 때문입니다.

바쁘신 중에도 후학들을 위해 소중한 책을 발간하는 데 수고해 주신 모든 분께 감사드리며, 이 책이 실무에 잘 활용되어 우리나라가 다시 마약 청정국의 지위를 회복할 수 있기를 바랍니다.

2024년 7월

전 경기도지사 남경필

추천사 2

대한민국은 더 이상 마약 청정국이 아닙니다.

이제 마약류 중독은 성인이나 연예인 등 특정 집단에 국한된 문제가 아닙니다. 청소년도 손쉽게 마약류를 구할 수 있는 환경으로 변하고 있습니다. 날로 저연령화되어 가는 마약 문제를 해결하기 위해 처벌의 강화도 중요하지만, 무엇보다도 예방교육과 치료 체계를 갖추는 것이 우선되어야 합니다.

우리 사회 구성원들에게 마약류에 대한 폐해를 알리고 예방교육에 활용할 전문 서적의 필요성이 커졌습니다. 마약 · 약물에 관한 실효성 있는 예방교육을 위한 다양한 활동이 펼쳐지고는 있으나 청소년 마약류 관련 전문성을 함양할 교육이나 교재는 부족한 실정입니다. 이것이 예방교육에 종사할 전문가를 양성하기 위한 교재를 발간하게 된 이유일 것입니다. 마약류의 영역이 광범위하고 분야도 다양해서 전문가 한두 명이 단기간에 집필하여 교재를 발간하는 것은 쉽지 않은 일입니다. 또한 상담이나 교육학을 전공하신 분들과 국민 대다수는 마약류 관련 법률과 형사정책 분야는 생소하고 어려운 것이고, 법률적인 분야는 몇몇 전문가의 영역으로만 생각하시는 분이 의외로 많기 때문입니다.

특히 마약류와 관련한 법과 통계는 더욱 생소하고 다루기 어려운 분야로 여기고 있습니다. 다행히 이 책은 일반인도 '청소년 마약류 중독의 실태' 관련 통계를 쉽게 이해하고 현행화된 통계를 찾아볼 수 있도록 제시하고 있습니다. 또한 관련 법령을 손쉽게 찾아볼 수 있고 활용 시 유의해야 할 사항까지 세심히 설명하고 있습니다.

이 책은 『청소년 마약류 중독의 이해와 상담』이라는 제목처럼 청소년 마약류 예방교육과 상담 관련 초심자는 물론 전문가도 심화학습을 할 수 있도록 구성되어 있습니다. 이처럼 청소년 마약류에 관한 이해력과 전문성을 높일 수 있는 가독성 있는 책으로 출간될 수 있었던 것은 집필진이 전문적 식견과 다양한 경험을 열정으로 녹여 낸 노력의 결실이라고 생각합니다.

형사정책적 측면에서 일단 범죄가 발생하면 피해의 원상회복이 어렵고, 사회적 비용 또한 막대하므로 범죄의 사전 예방은 매우 중요합니다. 청소년 마약류에 대한 전문 서적이 필요한 이 시기에 오랜 기간 국립법무병원에서 마약 사범을 전담한 의사, 법무부에서 비행 청소년 교육과 마약 사범 재활을 담당한 공무원 등의 현장 전문가, 중독상담학회의 전·현직 회장 등 중독상담학계의 중진과 상담전문가들이 함께 이 책을 집필·발간하였다는 점에서 이 분야에 관심 있는 분들의 기대에 부응할 것으로 확신합니다.

모쪼록 이 책이 청소년 마약류 상담 관련 분야 전문가의 육성과 정책전문가의 정책 수립은 물론 학교 현장에서도 마약류를 포함한 약물 중독 예방교육에 널리 활용되어, 마약으로의 진입을 사전에 차단하고, 마약류 중독에서 벗어날 수 있도록 돕는 분들의 전문성 향상에 널리 활용되면 좋겠습니다. 또한 우리 사회 구성원들이 청소년 마약류 중독 관련 범죄를 올바르게 이해하고, 처벌의 중요성 못지않게 예방교육과 보건의료적 자원을 활용한 치료·재활과 상담을 병행해야 성과를 거둘 수 있다는 점을 이해하여 사전 예방과 처벌 및 치료·재활의 필요성에 대한 정책적인 공감대를 형성하는 데도 크게 이바지할 것이라고 기대합니다.

끝으로 '청소년 마약류 중독의 이해와 상담'이라는 시의적절한 주제를 관련 분야 전문가들이 이해하고 현장에서 활용할 수 있도록 연구해 주신 집필진들과 발간될 수 있도록 도움을 주신 많은 분께 깊은 감사의 말씀을 드립니다.

2024년 7월

한국형사·법무정책원장 하태훈

차례

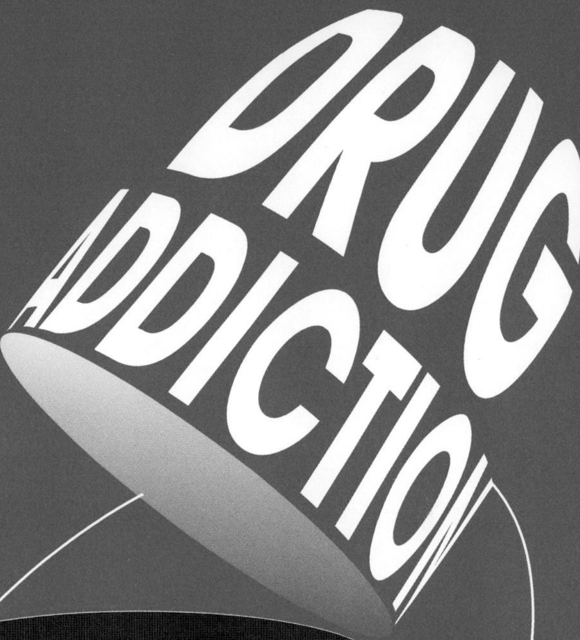

제 1 장

청소년 마약류 중독의 실태

고기원

이 장에서는 마약류 중독 청소년의 상담에 필요한 마약류에 관한 개요, 마약류 범죄 실태, 마약류 범죄 예방, 마약류 공급 억제 방안, 상담자의 윤리와 비밀보장의 한계, 보호자 교육과 상담의 중요성, 마약류 관련 법률 등에 대해 알아보고자 한다.

1. 마약류에 관한 개요

마약류 중독은 과거에는 범죄자나 연예인 등 특정 계층만의 문제로 인식되었다. 그러나 최근 비대면 온라인 거래 활성화, 의료용 마약류 불법유통 확산 등으로 주부, 공무원, 학생 등 전 연령과 계층에 마약류 중독이 늘어나면서 환각상태에서 살인 등 2차 강력범죄가 빈발하며 마약범죄가 폭증하고 있다. 또한 마약사범이 총기를 밀수하는 사례까지 발생하는 등 국가와 국민의 안전을 위협하기에 이르렀다(대검찰청 보도자료, 2023. 4. 10.).

특히 최근에는 청소년들을 속여 마약류 음료를 마시게 하고 부모에게서 돈을 갈취하려는 등 신종 범죄까지 발생하면서 아동·청소년을 비롯한 전 국민을 대상으로 마약범죄의 범위가 확대되고 있다. 현시점에서 정부나 사회가 즉시 대응하지 않으면 되돌릴 수 없는 상황이 되고, 누구나 마약에 노출될 수 있다는 불안감이 일어나고 있다.

중독전문가는 물론 대다수 국민은 마약류 중독이 개인과 가족뿐 아니라 사회 전반에 심각한 문제를 야기한다는 점에 인식을 같이하고 있다. 또한 마약류 중독자의 단순 격리 처벌만이 능사가 아니라 치료, 상담, 교육 등을 통해 중독에서 벗어날 수 있게 돕는 것이야말로 더 근본적인 해결방법이라는 점에 공감하고 있다. 하지만 실제법 집행 현장에서는 처벌과 치료가 동시에 효과를 거두기가 어렵다.

1) 법률의 연혁

범죄와 형벌에 관한 법률 체계인 「형법」은 어떤 행위가 처벌되고 그 처벌이 어느 정도이며 어떤 종류의 처벌인지를 규정하고 있다. 범법행위와 행위자를 처벌하고 규제하는 것을 목적으로 사회 현상을 반영해 온 법률의 하나인 약물 관련 규제법령도 시대의 흐름에 따라 그 당시 남용되던 약물을 규제하고자 제정 및 개정되었다.

아편을 규제하고자 「마약법」(1957. 4. 23.), 대마초가 사회적으로 문제를 야기하자 「대마관리법」(1976. 4. 7.), 필로폰을 규제하고자 「향정신성의약품관리법」(1979. 12. 28.)이 각각 제정되어 약물별로 나뉘어 있다가 2000년 7월 1일부터 「마약류 관리에 관한 법률」로 통합되어 현재와 같은 금지약물 관리체계를 갖추게 되었다.

2) 마약류의 정의

마약(narcotics)이란 중추신경계에 작용하면서 오용하거나 남용할 경우 인체에 심각한 위해가 있다고 인정되는 약물을 말한다. 일반적으로 마약 · 향정신성의약품 · 대마를 구분하지 않고 마약이라고 칭하는데, 정확한 용어는 '마약류'이며, 마약은 마약류의 한 갈래이다(대검찰청, 2023).

마약류를 규제하는 국내법으로 「마약류 관리에 관한 법률」 「마약류 불법 거래 방지에 관한 특례법」 「특정범죄 가중처벌 등에 관한 법률」 및 「형법」 등이 있는데, 현행 법상 단속 규정은 〈표 1-1〉과 같다.

표 1-1 현행법상 단속 규정

구분	법규	행위	처벌 조항	형량
마약류	마약류 관리에 관한 법률	제3조 일반 행위의 금지 등	제8장 벌칙 제58조~ 제69조	무기 또는 5년 이상 징역 등
	마약류 불법거래 방지에 관한 특례법	업으로서 한 불법수익, 불법수익의 은닉 · 가장, 불법수익의 수수, 마약류 물품의 수입, 선동 등	제3장 벌칙 제6조~제18조	사형, 무기 또는 10년 이상 징역 등(벌금 병과)
	형법	아편 등의 제조, 아편흡식기의 제조, 세관공무원의 아편 등의 수입, 아편 흡식 및 동 장소의 제공 등	제17장 아편에 관한 죄 제198조~ 제206조	10년 이하 징역 등
	특정범죄 가중처벌 등에 관한 법률	마약류 관리에 관한 법률 제58조 제1항 제1호~제4호, 제6호, 제7호에 규정된 죄 또는 그 미수죄, 제59조 제1항~제3항, 제60조에 규정된 죄	제11조	무기 또는 10년 이상 징역 등
환각 물질	화학물질 관리법	제22조 위반 환각물질 섭취 · 흡입 · 소지 또는 판매 · 제공	제59조 6호, 제22조	3년 이하 징역 또는 5천만 원 이하 벌금 등

출처: 대검찰청(2023).

「마약류 관리에 관한 법률」은 마약 · 향정신성의약품(向精神性醫藥品) · 대마(大麻) 및 원료물질의 취급 · 관리를 적정하게 하고, 마약류 중독에 대한 치료 · 예방 등을 위하여 필요한 사항을 규정함으로써 그 오용 또는 남용으로 인한 보건상의 위해(危害)를 방지하여 국민보건 향상과 건강한 사회 조성에 이바지함을 목적으로 하고 있다(「마약류 관리에 관한 법률」 제1조).

3) 마약류 관련 용어 정의

「마약류 관리에 관한 법률」에서 '마약류'란 마약 · 향정신성의약품 및 대마를 말하는데 이 법에서 사용하는 용어의 뜻은 다음과 같다(「마약류 관리에 관한 법률」 제2조).

"마약"이란 다음 각 목의 어느 하나에 해당하는 것을 말한다.

가. 양귀비: 양귀비 과(科)의 파파베르 솜니페룸 엘(Papaver somniferum L.), 파파베르 세티게룸 디시(Papaver setigerum DC.) 또는 파파베르 브락테아툼(Papaver bracteatum)

나. 아편: 양귀비의 액즙(液汁)이 응결(凝結)된 것과 이를 가공한 것. 다만, 의약품으로 가공한 것은 제외한다.

다. 코카 잎[엽]: 코카 관목[(灌木): 에리드록시론 속(屬)의 모든 식물을 말한다]의 잎. 다만, 엑고닌 · 코카인 및 엑고닌 알칼로이드 성분이 모두 제거된 잎은 제외한다.

라. 양귀비, 아편 또는 코카 잎에서 추출되는 모든 알카로이드 및 그와 동일한 화학적 합성품으로서 대통령령으로 정하는 것

마. 가목부터 라목까지에 규정된 것 외에 그와 동일하게 남용되거나 해독(害毒) 작용을 일으킬 우려가 있는 화학적 합성품으로서 대통령령으로 정하는 것

바. 가목부터 마목까지에 열거된 것을 함유하는 혼합물질 또는 혼합제제. 다만, 다른 약물이나 물질과 혼합되어 가목부터 마목까지에 열거된 것으로 다시 제조하거나 제제(製劑)할 수 없고, 그것에 의하여 신체적 또는 정신적 의존성을 일으키지 아니하는 것으로서 총리령으로 정하는 것[이하 "한외마약"(限外麻藥)이라 한다]은 제외한다.

"향정신성의약품"이란 인간의 중추신경계에 작용하는 것으로서 이를 오용하거나 남용할 경우 인체에 심각한 위해가 있다고 인정되는 다음 각 목의 어느 하나에 해당하는 것으로서 대통령령으로 정하는 것을 말한다.

가. 오용하거나 남용할 우려가 심하고 의료용으로 쓰이지 아니하며 안전성이 결여되어 있는 것으로서 이를 오용하거나 남용할 경우 심한 신체적 또는 정신적 의존성을 일으키는 약물 또는 이를 함유하는 물질

나. 오용하거나 남용할 우려가 심하고 매우 제한된 의료용으로만 쓰이는 것으로서 이를 오용하거나 남용할 경우 심한 신체적 또는 정신적 의존성을 일으키는 약물 또는 이를 함유하는 물질

다. 가목과 나목에 규정된 것보다 오용하거나 남용할 우려가 상대적으로 적고 의료용으로 쓰이는 것으로서 이를 오용하거나 남용할 경우 그리 심하지 아니한 신체적 의존성을 일으키거나 심한 정신적 의존성을 일으키는 약물 또는 이를 함유하는 물질

라. 다목에 규정된 것보다 오용하거나 남용할 우려가 상대적으로 적고 의료용으로 쓰이는 것으로서 이를 오용하거나 남용할 경우 다목에 규정된 것보다 신체적 또는 정신적 의존성을 일으킬 우려가 적은 약물 또는 이를 함유하는 물질

마. 가목부터 라목까지에 열거된 것을 함유하는 혼합물질 또는 혼합제제. 다만, 다른 약물 또는 물질과 혼합되어 가목부터 라목까지에 열거된 것으로 다시 제조하거나 제제할 수 없고, 그것에 의하여 신체적 또는 정신적 의존성을 일으키지 아니하는 것으로서 총리령으로 정하는 것은 제외한다.

"**대마**"란 다음 각 목의 어느 하나에 해당하는 것을 말한다. 다만, 대마초[칸나비스 사티바 엘(Cannabis sativa L)을 말한다. 이하 같다]의 종자(種子)·뿌리 및 성숙한 대마초의 줄기와 그 제품은 제외한다.

가. 대마초와 그 수지(樹脂)

나. 대마초 또는 그 수지를 원료로 하여 제조된 모든 제품

다. 가목 또는 나목에 규정된 것과 동일한 화학적 합성품으로서 대통령령으로 정하는 것

라. 가목부터 다목까지에 규정된 것을 함유하는 혼합물질 또는 혼합제제

"임시마약류"란 현행 마약류가 아닌 물질 중 마약류 대용으로 남용되어 국민 보건상 위해(危害)가 발생할 우려가 있는 물질을 임시로 지정하여 마약류와 동일하게 관리 · 통제하는 물질을 말한다(「마약류 관리에 관한 법률」 제5조의2).

마약류 관리에 관한 법률을 잘 이해하여 상담 업무에 활용하기 위해서는 관련 법에 규정된 마약류 취급자, 원료물질, 원료물질 취급자, 군수용마약류, 치료보호와 같은 법령상의 용어에 대한 이해도 필요하다.

2. 마약류 범죄 실태

1) 마약류 일반 현황

최근 1년 이내 마약을 사용한 15세부터 65세 인구를 기준으로 볼 때 세계 마약 남용 인구는 2010년 약 2억 2,600만 명에서 2020년 약 2억 8,400명으로 26% 증가하였고, 이 중 약 13.6%가 약물중독(Drug use disorder)을 겪고 있는 것으로 나타났다(대검찰청, 2023).

2023년도 19세 이하 우리나라 청소년 마약류 사범은 481명으로 2011년도 41명보다 약 12배 증가한 역대 최대치를 보이고 있고, '집중력 향상 음료 형태'로 유통되는 등 신종마약류에 전방위적으로 노출되고 있다(대검찰청, 2023).

주요 특징으로 해외 유입 증가, 인터넷 · SNS 거래 확산, 20~30대 국내 체류 외국인의 마약류 사용 증가, 사용 직업군의 다양화 등 누구나 손쉽게 마약에 접근 가능한 환경이 도래하였다.

2) 우리나라 마약류 범죄 현황

최근 특송화물 · EMS를 이용한 밀수 증가와 SNS · 다크웹(Dark Web)을 이용한 마약류 거래가 활발해지면서 2022년 전체 마약류 사범은 〈표 1-2〉에서 보는 바와 같이 18,395명으로 전년(16,153명) 대비 13.9% 증가하였다.

표 1-2 마약류별 단속 현황

구분 \ 연도	2018	2019	2020	2021	2022
전체 사범	12,613	16,044	18,050	16,153	18,395
마약사범	9,613	1,804	2,198	1,745	2,551
향정신성의약품사범	1,467	11,611	12,640	10,631	12,035
대마사범	1,533	2,629	3,212	3,777	3,809

출처: 대검찰청(2018~2022)에서 발췌하여 수정함.

마약사범 범죄유형은 마약류의 밀조, 마약류 및 원료 물질의 밀수 · 밀매 행위, 마약류의 투약 · 소지 및 불법사용 행위, 마약류 취급자의 관계 법령 위반 행위를 포함한다. 2022년 마약류 사범은 2,551명으로 전년(1,745명) 대비 46.2%, 향정신성의약품 사범은 12,035명으로 전년(10,631명) 대비 13.2%, 대마 사범은 3,809명으로 전년(3,777명) 대비 0.8% 증가하였다(대검찰청, 2023).

3) 직업별 마약류 사범 단속 현황

2022년도 전체 마약류 사범 18,395명의 직업별 점유율은 무직 5,792명(31.5%), 회사원 1,137명(6.2%), 노동 790명(4.3%) 순이었다(대검찰청, 2023). 또한 2022년 10월 중학교 기간제 교사가 마약류 유통 범죄로 처벌되는 등 사립학교 교원(교수)이 2017년 9명, 2021년 13명, 2022년(1~11월) 13명, 의료종사자가 2017년 42명, 2021년 156명,

2022년(1~11월) 155명 처벌되는 등 학교 교원 등 공공서비스 종사자의 마약류 범죄도 증가하고 있어 학생 및 위기 청소년이 마약에 노출될 우려가 높아졌다(법무부 보도자료, 2023. 1. 29.).

4) 십대 청소년 마약류 사범 현황

우리나라 전체 마약류 사범은 2017년 14,123명에서 2022년 18,395명으로 대체로 증가하는 추세를 보이고 있다. 2018년부터 2022년까지 최근 5년간 재범률은 연도에 상관없이 30%대를 나타내고 있고, 2022년도 전체 마약류 사범의 재범률은 35.0%를 기록하였다. 참고로, 재범인원은 마약류 사범으로 입건된 전과가 1회 이상 있는 인원이며, 재범률은 2023년 3월 31일자 기준이므로 계속 변경될 수 있다(대검찰청, 2023).

특히 19세 이하 마약류 사범은 2017년 119명에서 2022년 481명으로 304% 급증하였다. 요컨대, 같은 기간 전체 마약류 사범 증가율 30.2% 대비 청소년 마약류 사범 증가율은 무려 10배에 달한다.

표 1-3 19세 이하 마약류 사범 증가 추이

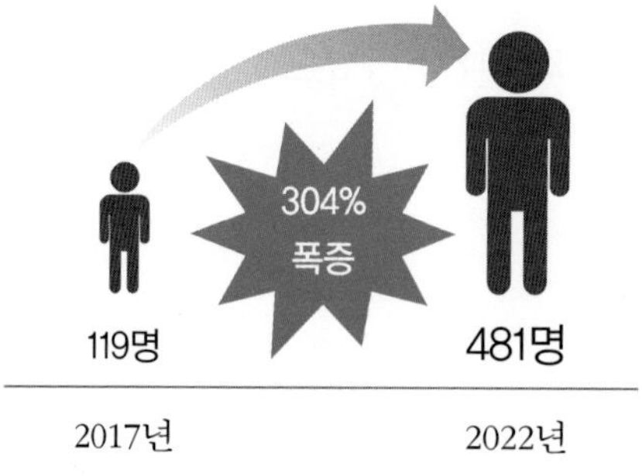

구분	19세 이하(명)	전체(명)
2017년	119(0.8%)	14,123
2018년	143(1.1%)	12,613
2019년	239(1.5%)	16,044
2020년	313(1.7%)	18,050
2021년	450(2.8%)	16,153
2022년	481(2.6%)	18,395

출처: 법무연수원(2023).

표 1-4 19세 이하 범죄자 마약류 등 상용 여부

※ 단위: 인원(피의자 통계원표)

구분	마약류				본드·신나 등	알코올	해당무	미상	전체
	소계	마약	대마	향정신성 의약품					
2018년	33 (0.1%)	1 (0.0%)	11 (0.0%)	21 (0.0%)	56 (0.1%)	1,592 (2.4%)	57,542 (87.5%)	6,561 (10.0%)	65,784 (100.0%)
2019년	49 (0.1%)	8 (0.0%)	19 (0.0%)	22 (0.0%)	55 (0.1%)	1,498 (2.3%)	57,996 (88.0%)	6,309 (9.6%)	65,907 (100.0%)
2020년	93 (0.1%)	35 (0.1%)	18 (0.0%)	40 (0.1%)	15 (0.0%)	1,419 (2.2%)	56,701 (88.4%)	5,924 (9.2%)	64,152 (100.0%)
2021년	81 (0.2%)	40 (0.1%)	13 (0.0%)	28 (0.1%)	7 (0.0%)	1,387 (2.6%)	46,975 (87.4%)	5,310 (9.9%)	53,760 (100.0%)
2022년	81 (0.1%)	12 (0.0%)	10 (0.0%)	59 (0.1%)	4 (0.0%)	1,204 (2.0%)	52,202 (87.7%)	6,200 (10.2%)	60,691 (100.0%)

출처: 경찰청, 범죄통계(2018~2022) 재편집.

〈표 1-4〉의 피의자 통계원표는 전국의 각급 수사기관(검찰, 경찰, 특별사법경찰)에서 범죄사건을 수사하면서 피의자별로 작성하므로 사람(인원) 단위(법인 포함)로 작성하며, 수사중지를 포함한 모든 피의자에 대해서 작성한다. 다만 군사법원 관할의 범죄로 군 수사기관으로 이송하는 사건과 각하 사건, 즉결 심판사건(판사의 명령으로 법원으로 송치하는 사건 제외), 촉법소년으로 소년부 송치하는 사건에 대해서는 피의자원표를 작성하지 않는다.

〈표 1-4〉와 같이 범죄를 저지른 19세 이하 범죄자의 본드·신나 등의 상용은 줄어들었으나, 마약류는 최근 5년간 0.1%, 알코올은 2% 이상을 꾸준하게 점유하고 있다.

5) 청소년 마약류 사범 증가 원인

최근 청소년들이 다크웹(Dark Web)과 SNS로 마약 거래와 투약 방법을 배워 피자 한 판 값에 마약을 쉽게 구입하고 투약함으로써 중독될 뿐만 아니라, 돈벌이를 위

해 직접 마약 유통에 가담할 정도로 청소년층의 마약 확산이 심각하다. 더욱이 무고한 청소년을 대상으로 음료, 아이스크림, 집중력 강화 또는 다이어트 약으로 속여 투약 · 중독시키고 성폭력과 갈취 등 강력범죄를 저지르는 사례까지 발생하였다(대검찰청 보도자료, 2023. 4. 30.).

청소년 마약류 사범의 증가 원인을 다음과 같이 살펴볼 수 있다.

첫째, 인터넷 이용이 생활화된 청소년들이 익명성, 검열 불가, 정보 접근, 불법적인 활동에 노출될 수 있는 다크웹(Dark Web)과 SNS 등을 통해 단 몇 번의 검색만으로 마약 거래와 투약을 학습하고 마약에 손쉽게 접근할 수 있기 때문이다.

둘째, 피자 한 판 값이면 필로폰 1회 투약분을 구할 만큼 값싸진 마약의 유통이 활발해졌고, 가상화폐를 사용하여 SNS를 이용한 마약류 매수가 용이해져서 마약류에 대한 거부감이나 죄책감이 줄어들었기 때문이다.

셋째, 또래문화를 쉽게 수용하는 청소년기의 특징 때문이다. 일부 청소년의 마약 구매와 투약으로 주변 청소년도 쉽게 마약에 노출되는 위험이 발생하여 청소년 마약 유통의 촉매제 역할을 하고 있다. 우리나라 대학생을 대상으로 마약류 정보취득 경로를 알아본 조사에 따르면, 온라인 미디어(68.6%)가 가장 주된 수단으로 나타났다. 또한 20대의 마약류 구입 및 사용경로에 대한 인식을 보면 주변 지인(32.3%), 인터넷(27.3%), 텔레그램(25.0%), 인스타그램이나 페이스북(15.5%) 등으로 나타났다(전영실, 김유근, 2022).

넷째, 마약류 의약품 중복 · 과다 처방 요구 직간접 경험을 보면 연령이 낮을수록 높은 것으로 나타났다. 의료용 마약류의 오남용이 다른 연령층에 비해서 많은 것으로 짐작한 연구들(전영실, 김유근, 2022)에서 보듯이 마약류 의약품 오남용의 경험이 청소년의 죄의식 감소, 마약류의 폐해에 대한 인식 부족으로 작용해서 청소년 마약류 사범의 증가에 중요한 원인이 되었다고 볼 수 있다.

청소년기 마약류 사용이 심각한 이유는 중독의 위험성이 크기 때문이다. 청소년기 마약류 사용은 단 1~2회 투약으로도 중독에 이를 수 있으며, 신체적 · 정신적 발달 및 이후 삶의 기회에 악영향을 미칠 수 있어 성인에 비해 그 폐해가 더욱 심각하다.

이러한 위험에도 불구하고 마약의 위험성을 교육하는 체계적인 마약 예방교육 시스템이 없어 청소년기 마약류 오남용에 대한 그릇된 인식을 바로잡는 것이 시급하다.

3. 마약류 범죄 예방

1959년 의료용 진통제로 개발되어 헤로인보다 최대 50배, 모르핀보다 약 100배의 강력한 진통 효과를 가진 펜타닐 중독 문제는 전 세계적으로 가장 큰 이슈 중 하나이다(대검찰청, 2023).

펜타닐은 마약성 진통제의 일종으로 극심한 고통을 겪는 말기암 환자, 복합 부위의 통증 증후군(CRPS) 환자, 대형 수술 환자용 진통제로 사용되는 합성 마약이다. 어떤 물질의 독성을 실험할 때 실험군의 100%가 사망하는, 즉 치사율이 100%가 되는 투여량을 완전치사량(Lethal Dose 100%: LD100)이라 하는데 펜타닐은 완전치사량(LD100)이 2mg에 불과하여 극미량이라도 잘못 흡입할 경우 인체에 치명적인 결과를 가져올 수 있다.

미국의 경우 펜타닐 중독문제가 매우 심각한데, 펜타닐과 그 유사체의 의료 외 사용으로 인해 2015년도에 약 5,000명, 2016년도에 약 19,000명, 2017년도에는 28,000명 이상이 사망했으며, 매년 사망자 수가 증가하고 있다(대검찰청, 2023). 미국 질병통제예방센터(Centers for Disease Control and Prevention: CDC)의 발표에 따르면, 2020년 5월부터 2021년 4월까지 미국에서 약물 과다 복용으로 사망한 10만 명 중 80% 이상이 펜타닐 중독에 의해 사망한 것으로 나타났다. 현재 미국 내 18~45세 청장년층 사망 원인 1위가 바로 펜타닐 중독이다.

펜타닐이 이처럼 빠르게 확산한 이유 중 하나는 펜타닐 제조에 필요한 설비가 값싸고 인터넷을 통해 쉽게 구할 수 있으며, 제조 공정이 복잡하지 않아 소규모 조직들이 제조시설을 운영하는 경우가 많기 때문이다.

밀조된 펜타닐과 그 유사체들은 강력한 효과를 내기 위해 정확한 함량을 지키지 않

표 1-5 최근 3년간(2019-2021) 국내 정제형 펜타닐 처방 관련 현황

구분 \ 연도	2019	2020	2021
처방기관 수(개소)	2,175	3,034	3,715
환자 수(명)	201,174	188,194	182,657
처방 건수(건)	1,570,298	1,553,434	1,488,325
처방량(개/정)	9,145,958	9,350,547	9,283,214

출처: KOSIS 국가통계포털(https://kosis.kr).

은 알약과 가루 형태의 제품들로 판매되어 2mg 정도의 극소량만 투약해도 인체에 치명적일 수 있다.

최근 3년간 국내 진통제 목적의 주사제 외 정제형 펜타닐 처방 건수는 〈표 1-5〉와 와 같이 연평균 약 150만 건이며, 처방량은 약 925만 개(정)로 나타나 국내에서도 펜타닐이 빠르게 확산하고 있다(대검찰청, 2023).

식품의약품안전처가 제출한 자료에도 해마다 펜타닐 처방량이 가파르게 늘어나고 있는 것으로 나타났다. 2018년에는 806만 건이었으나 2022년에는 1,411만 건으로 4년 만에 175% 급증했다. 이에 따라 펜타닐 관련 마약사범도 크게 증가하는 추세이다.

2021년에는 경남과 대전에서 펜타닐을 불법 처방하거나 투약한 수십 명이 무더기로 경찰에 붙잡히기도 하였다. 의사가 처방하니 안전할 것이라고 생각하고 있지만, 펜타닐 2mg만으로도 치사량에 이를 수 있다는 사실을 아는 사람은 극히 드물다. 국립과학수사연구원의 전체 마약류 감정 건수는 2018년 4.3만 건에서 2022년 8.9만 건으로 2배 이상 증가함에 따라 국립과학수사연구원 내에서는 '마약대응과'를 신설하였다. 인력도 확충하고 2024년 정부 예산안에 합성 대마 · 펜타닐 등 신종마약류의 검출 범위를 대폭 향상한 첨단 감정 장비를 도입하여 감정 · 분석 업무량 증가에 효과적으로 대응하는 등 신종마약류 탐색 역량을 강화하고 있다(법무부 보도자료, 2023. 9. 12.).

하지만 일단 범죄가 발생하면 피해의 원상회복이 어렵고, 사회적 비용 또한 막대하다는 등의 이유로 형사정책에서 범죄의 예방이 중요하다는 점은 재론의 여지가 없다. 마약류 관련 범죄의 개입 방법도 형사처벌이나 치료 재활과 같은 사후적인 개입보다는 예방이 더욱 효과적이다.

예방정책이 실효성을 거두기 위해서는 현실적으로 형사처벌과 보건의료적 자원을 활용한 치료 재활이 병행되어야 한다. 처벌이 먼저인지 치료와 재활이 우선인지 등의 해묵은 오랜 논쟁에 대해서 "처벌만큼 치료도 중요하고, 치료만큼 처벌이 중요하다."라고 말할 수 있다. 왜냐하면 마약류에 대한 범죄의 양상은 다양해서 그 해결 방안 또한 전문성을 토대로 개별화되어야 하고 대다수 사례는 다자간 협력을 통한 법적 · 치료적 개입을 병행하는 것이 더 효과적이기 때문이다.

1) 1차 예방: 사용 예방

1차 예방은 마약류에 노출되지 않은 사람이 마약을 사용하지 않도록 예방하는 활동을 의미한다. 이는 법과 제도의 개선, 취약성 폐해 홍보 및 예방 교육프로그램 등을 통해 마약류 사용 위험이나 취약성을 감소시키고 보호요인을 증가시키는 것을 목표로 하는 가장 이상적인 예방 방법이다.1차 예방의 효과를 높이기 위해서는 평생교육이 중요하며, 유아기부터 노년기에 이르기까지 전 생애에 걸쳐 지속해서 예방교육을 실시해야 한다.

2019년경 사회적인 문제로 부상했던 아산화질소(일명 '해피벌룬') 흡입이 클럽, 가정집 등에서 유행처럼 번져 2020년경까지 아산화질소 사범이 증가하였으나, 2018년 386명이었던 흡입 사범이 2022년 132명으로 급감하였다. 흡입사범 감소의 원인으로는 위험성 홍보와 「화학물질 관리법 시행령」(2017. 8. 1.)을 개정하여 아산화질소를 '환각물질'로 지정하고 2021년 1월 1일부터 아산화질소 소형용기(카트리지) 판매를 금지하는 등의 공급망 차단 정책이 유효하게 작용한 결과로 분석된다(대검찰청, 2023).

하지만 다른 마약류의 소비로 유입될 수 있다는 '풍선 효과'의 우려 또한 높은 것이 현실이다. 해피벌룬이나 본드, 부탄가스 등에 대한 청소년들의 접촉 경로가 차단되는 사이 다른 마약류는 소셜 네트워크서비스(SNS)나 다크웹(Dark Web) 등을 통해 과거보다는 훨씬 저렴한 피자 한 판 가격에 던지기 수법의 배송과 가상화폐를 사용하는 익명성으로 청소년들의 호기심을 자극하며 현혹하고 있다.

효과적인 1차 예방을 위해서는 범정부적인 정책 · 제도 · 법령의 보완이나 단속 등 수사 강화가 함께 이루어져야 하는데, 구체적인 대책은 다음과 같다.

첫째, 한국마약퇴치운동본부 등 유관 기관과 협의하여 교육, 홍보 등 다각적인 예방활동을 전개하고 언론매체를 통해 마약류 폐해 홍보 및 예방 활동을 강화해야 한다. 즉, 사회 내 전문가나 자원을 적극적으로 연계하기 위해 실효성 있는 업무협약 등 지속할 수 있는 상호협력 방안이 모색되어야 한다.

둘째, 자체 생산이나 해외 유입과 유통 시스템에 대한 관련 부처의 정보 공유는 물론 마약류퇴치국제협력회의(Anti-Drug Liaison Officials' Meeting for International Cooperation: ADLOMICO)나 유엔마약범죄사무소회의(United Nations Office on Drugs and Crime: UNODC), 아 · 태지역 약물단속회의(Asia-Pacific Drugs Enforcement Conference: ADEC), 마약위원회회의(Commission on Narcotic Drugs: CND), 국제마약회의(International Drugs Enforcement Conference: IDEC), 아 · 태지역 마약법집행기관장회의(Meeting of Heads of National Drug Law Enforcement Agencies: HONLEA) 등 마약 관련 주요 국제회의 참석과 국제공조체제를 이용하여 마약류 국내 유입을 사전에 차단하고, 국외 도피 마약사범을 추적 · 검거 · 소환하는 등 적극적인 국제협력 및 수사 공조에도 주력하여야 한다.

셋째, 청소년의 경우 신체적 · 정신적 성장이 급격히 이루어지는 시기이므로 단 몇 번의 호기심으로 마약류에 노출된 경우라도 신체 마비증상 등 평생 회복되지 않는 후유증을 남길 수 있다. 신종마약류에 노출될 때 발생할 악영향을 예측할 수 없으므로 지속적인 관심과 예방정책이 필요하다.

2) 2차 예방: 조기 개입

2차 예방은 조기 개입이라고도 하는데, 마약류 접근 경험은 있으나 아직은 심각한 부작용을 경험하지 않은 대상자의 문제에 조기 개입하여 그 부작용이나 중독으로의 발전을 막는 적절한 교정적인 활동을 말한다. 남용의 원인이 되는 마약류와의 접촉 차단이 중요하며, 스트레스 감소와 대처 능력 향상, 자아개념 개발 등을 위한 개별상담, 가족상담, 집단상담, 심리치료 등을 통해 마약류 사용으로 인한 피해를 줄여 나가도록 돕는다.

실제로 2023년 상반기에 일선 현장에 근무하면서 만난 소년원생 중 10% 정도가 마약류로 인한 법적인 조사나 처벌을 받지는 않았지만, 상담이나 면담 과정에서 사용 경험을 밝혔고, 이들 중 일부는 별 부작용을 느끼지 못했다고 응답하였다.

이처럼 마약류 사용의 암수 범죄(暗數犯罪, hidden crime)가 심각한데도 불구하고 관련 연구나 통계는 많지 않다. 과거 어느 때보다 청소년들의 일상에 깊숙이 침투한 마약류 사용 범죄에 대해 청소년들은 정작 별 경각심을 갖지 않고 있다는 점에서 상당히 충격적이다.

3) 3차 예방: 치료 및 재발 예방

3차 예방은 마약류 남용이나 강박적 사용에 이미 연루되어 있는 대상자의 문제 악화를 예방하고, 재발을 예방하기 위한 적극적인 의료적 · 심리사회적 치료를 포함한다. 법적인 문제를 야기하여 사법기관과 지역사회 전문상담기관이나 병원 등과 연계하여 다자간 개입을 하는 경우가 일반적이다.

미국의 경우, 마약청(Drug Enforcement Administration: DEA)은 법집행 기관이면서 마약류 공급 감소뿐만 아니라 수요 감소를 위한 약물사용 예방활동을 하고 있다. 미국 마약청이 마약류 위험성에 대한 예방교육 및 홍보의 중요성을 강조하고 일반 국민의 자각을 증진시키기 위해 도입한 전략의 3가지 주요 개념은 다음과 같다(전영실, 김유근, 2022).

첫째, 부모와 청소년기인 자녀 모두 뇌가 25세까지 발달한다는 것을 알 필요가 있다. 특히 사고, 의사결정, 판단 등의 기능을 하는 전두엽 피질은 25세까지 완전히 발달되지 않는다는 점을 고려할 때 청소년과 젊은 성인의 경우 약물 사용이 뇌 발달에 영향을 줄 수 있기 때문에 사용을 삼가는 것이 매우 중요하다.

둘째, 청소년과 젊은 성인이 약물 사용의 위해성과 위험성을 인식할 때 약물 사용이 극적으로 감소할 수 있다. 하지만 소년원에 수용된 청소년의 경우 마약류 범죄에 노출된 암수범죄 사례가 많지만 정작 당사자인 청소년들은 자신이 가해자이면서 피해자가 될 수 있다는 마약류 범죄의 심각성을 간과하고 있다는 점이 매우 우려된다.

셋째, 청소년과 젊은 성인의 약물 사용을 지연시킬수록 중독 혹은 약물 사용장애가 크게 감소한다는 것이다. 이 점은 '십대 청소년 마약류 사범 현황'에서 자세히 살펴보

표 1-6 법 집행과정에서의 예방정책

1차 예방, 2차 예방, 3차 예방
○ **1차 예방-사용 예방(학교, 청소년비행예방센터)** 약물문제가 발생하기 전 약물사용 방지 · 약물 남용 교육 프로그램, 법적 제재 강화, 대중매체 홍보 등 포함. 약물 사용 시작 전 예방 프로그램 실시가 가장 이상적임. 약물 남용 예방교육은 유치원부터 일생 동안 지속되어야 함.
○ **2차 예방-조기 개입(소년분류심사원, 소년원, 구치소, 교도소)** 이미 약물을 사용하고 있으나 아직 심각한 부정적인 영향은 나타나지 않고 있는 대상자에 대한 조기 개입. 약물 문제를 조기에 규명하고 해로운 영향 감소 · 적절한 교정교육으로 남용의 원인이 되는 약물 차단. 스트레스 감소와 대처능력, 생활능력 향상을 위한 상담치료를 통해 피해를 회복하거나 줄임.
○ **3차 예방-치료, 재활 및 재발 예방(교도소, 국립법무병원, 보호관찰소)** 약물 남용이나 강박적인 사용 대상자의 문제 파급 감소. 적극적인 의료적 · 심리사회적 치료를 포함.
※ 마약류를 포함한 약물중독예방교육 연간 최소 교육시간(유치원 · 초등학교 5시간, 중학교 6시간, 고등학교 7시간) 제시『제2차 학생건강증진 기본계획(2024~2028)』, 제9차 사회관계장관회의(2023. 10. 30.)

기로 한다.

마약류 사용을 예방하기 위한 법 집행과정에서의 예방정책의 예를 들어 보면 〈표 1-6〉과 같다.

4. 마약류 공급 억제 방안

정부는 예방 · 단속 · 재활의 연속선상에서 대국민 마약 예방교육, 마약류 오남용 방지 홍보, 수사 · 감시 장비, 유통 · 밀수 방지, 가상화폐 추적, 중독재활센터 전국 확대, 24시간 마약 상담 콜센터 관련 예산을 증액하여 마약 청정국 지위 회복을 위한 다양한 노력을 하고 있다.

마약 청정국이라는 공식적 기준은 존재하지 않지만, 인구 10만 명당 20명이라는 수치는 약물남용자의 수치를 국제적으로 비교하기 위한 '마약류범죄계수'라는 용어에서 비롯된 것으로 보인다. 이 지수는 인구 10만 명당 연간 마약류 범죄 단속 인원이 20명(5천만 명 기준 1만 명)이 넘으면 확산이 급증할 위협이 있다고 본다. 이를 기준으로 대검찰청에서는 우리나라는 현재 연간 마약사범이 1만 명을 초과하여 이미 마약 청정국 지위를 상실한 상태라고 보도하였다.

청소년에 대한 마약류 억제 방안으로는 마약류 사범의 엄정 처벌, 치료 재활과 수요 억제, 범죄 원인 분석과 교육 · 관리 기능 강화 등을 들 수 있다.

1) 마약류 공급 사범 엄정 처벌

최근 청소년들이 돈벌이를 위해 직접 마약 유통에 가담할 정도로 청소년층의 마약 확산이 심각하다. 특히 무고한 청소년을 대상으로 음료, 아이스크림, 집중력 강화 또는 다이어트약으로 속여 투약 · 중독시키고, 성폭력 · 갈취 등 강력범죄를 저지르는 사례까지 발생하고 있다.

이러한 청소년 마약범죄로부터 사회안전망을 구축하기 위해서는 검찰 단계에서 마약류를 밀수 · 제조 · 밀매하는 마약류 공급 사범에게 무관용 원칙을 적용하여 초범부터 원칙적 구속 수사하고 범죄수익을 철저히 추적하여 박탈해야 한다. 또한 구속영장 청구 시 마약류 범죄의 심각성을 드러낼 수 있는 통계 등을 활용하여 영장 전담 판사에게 충분히 설명하고, 배후 공범들을 끝까지 추적하여 범죄단체 혐의도 적극적으로 적용할 필요가 있다.

현재 검찰에서는 마약류 출처를 함구하거나 거짓으로 진술하는 경우 구형을 상향하여 양형 기준상 최고형으로 구형하고 있다. 특히 미성년자 대상 영리 목적 마약 공급 사범은 최고 법정형인 사형(「마약류 관리에 관한 법률」 제58조 2항)까지 구형하고, 형량 선고가 구형의 80% 미만인 경우 적극 항소하는 등 마약류 범죄를 엄단하겠다는 의지를 밝히고 있다.

또한 마약유통으로 취득한 범죄수익인 부동산, 동산, 예금, 암호화폐 등을 철저히 추적하고, 마약류 불법거래 방지에 관한 특례법을 적용하여 범죄수익을 완전히 박탈하여 범죄 유인을 차단하여야 한다. 2022년 마약류 범죄 몰수 · 추징보전 실적은 59억 7,995만 원으로 전년(47억 404만 원) 대비 27.1% 증가하였다(대검찰청, 2023).

2) 처벌과 치료 · 재활 및 수요 억제

처벌 없는 정책은 '한두 번은 걸려도 괜찮다'는 인식을 퍼뜨려 사회적으로 마약을 확산시키는 위험을 초래할 우려가 있다. 따라서 투약 사범에 대한 처벌과 치료 · 재활을 병행할 필요가 있다. 또한 마약 수요 억제가 수반되지 않은 마약 공급 단속은 마약 유통시장에서 공급 조직이 교체되도록 하는 미봉책에 불과하므로 마약범죄 근절을 위해서는 마약 수요에 대한 강력한 억제력도 필요하다. 예를 들어, 법원이 기소된 투약 사범의 집행유예를 선고할 경우, 검찰은 반드시 치료 명령과 보호관찰을 부과하도록 재판부에 의견을 제출하여 치료 명령을 활성화할 필요가 있다. 또한 구속된 마약중독자라도 재범 위험성이 있고 특수한 교육 · 개선 및 치료가 필요한 사람은 최대

표 1-7 2017~2022년 조건부 기소유예 처분 현황

구분	2017		2018		2019		2020		2021		2021.1.~5.		2022.1.~5.	
	19세 이하	성인	19세 이하	성인	19세 이하	성인	19세 이하	성인	19세 이하	성인	19세 이하	성인	19세 이하	성인
교육이수	722		470		800		897		1,187		507		526	
조건부	12	710	10	460	27	773	27	870	37	1,150	22	485	49	477
치료조건부	13		10		16		4		22		10		17	
	1	12	1	9	0	16	0	4	0	22	0	10	10	7
보호관찰	–		–		388		129		194		69		95	
선도조건부	–	–	–	–	5	333	5	124	10	184	0	69	6	89
총합	735		480		1,154		1,030		1,403		586		636	
	13	722	11	469	32	1,122	32	998	47	1,356	22	564	65	573

출처: 대검찰청 마약 · 조직범죄과 보도자료(2022. 7.)

2년간 치료받을 수 있도록 하는 적극적인 치료감호 청구와 조건부 기소유예를 활성화하여 치료 · 재활의 기회를 제공해야 한다.

만 14~19세 미만의 소년과 성인을 대상으로 하는 형사사법절차상 처우를 보면, 검찰 단계에서의 조건부 기소유예(치료조건부 · 교육이수조건부 · 보호관찰선도조건부)는 마약류 사범에 대한 초기 단계의 개입이라고 볼 수 있다. 참고로 소년에게 해당되는 범죄예방위원의 선도를 조건으로 하는 선도조건부 기소유예의 경우 마약사범은 제외하는 것을 원칙으로 하고 있다(법무부 훈령「소년선도보호지침」제4조 제1항).

마약류 투약사범의 재범 방지를 위해 마약퇴치운동본부 교육이수조건부, 전문병원 치료조건부, 보호관찰선도조건부 기소유예 처분을 적극적으로 활용하고 있다. 2021년 기소유예는 1,403명으로 10년 전인 2011년보다 1,199% 증가하였고, 2022년 1~5월 조건부 기소유예는 638명으로 전년 동기(22명) 대비 195% 증가하였다.

19세 이하 마약류 투약 사범은 검찰 단계의 치료조건부 · 교육이수조건부 · 보호관찰선도조건부 기소유예가 모두 적용될 수 있는데 ① 혐의 인정, ② 마약류 출처 · 상선 진술, ③ 단약 의지 확고, ④ 상습투약자가 아닌 경우 유예 처분을 적극 활용할 수 있도록 조건부 기소유예 제도를 활용하여 치료와 재활의 기회를 제공하는 등 마약류 범죄 근절을 위해 변화된 환경에 맞는 법리를 적용하는 실무적 접근이 필요하다.

3) 범죄 원인 분석과 교육 · 관리 기능 강화

법원소년부(가정법원 소년부 또는 지방법원 소년부) 결정으로 위탁한 소년을 수용하여 그 자질(資質)을 분류 · 심사하는 시설인 서울소년분류심사원(Seoul Juvenile Classification Review Center)은 국내 유일의 분류심사원으로, 과학적인 방법으로 청소년의 자질을 찾아내고 성공적인 진로지도 방향을 제시함으로써 지역사회 청소년 문제해결에 기여하기 위하여 설립된 대한민국 법무부 소속의 소년보호기관이다.

소년의 비행성 개선 및 재비행 예방, 건전한 성장 발달 도모를 목적으로 하는 중요한 기관이지만, 우리나라에는 현재 1개 기관밖에 없다. 2005년 청소년 인구 감소 등을 이유로 구조조정을 실시, 전국에 4개의 소년분류심사원과 4개의 소년원이 폐지됐기 때문이다. 소년분류심사원이 설치되지 아니한 지역에서는 소년분류심사원의 업무를 소년원에서 대행하고 있다(「보호소년 등의 처우에 관한 법률」 제52조).

분류심사는 의학 · 심리학 · 교육학 · 사회학 · 사회사업학 등 전문적인 지식과 기술에 근거를 두고 보호소년의 신체적 · 심리적 · 환경적 측면을 조사 · 판정하여 법원소년부에 분류심사 결과와 의견을 분류심사서라는 양식으로 제시하는 중요한 절차이다. 법원소년부에서 소년보호사건을 조사 · 심리할 때 참작하는 중요한 자료이지만 소년원 기능과 분류심사 기능도 함께 수행하기에는 대행소년원의 역할과 기능에 한계가 있다.

소년 마약류 사범에 대한 전문가 진단을 통한 개입이 중요한데, 이를 위해 정신과 전문의, 임상 전문가 등의 의견을 토대로 특수분류심사를 시행하여 비행 원인을 심층 진단하도록 해야 한다. 마약류를 비롯한 다양한 청소년범죄의 원인을 심층분석하고 소년분류심사원의 분류심사 기능을 강화하기 위해 전문성을 갖춘 인력 육성과 기관 증설이 필요하다.

또한 청소년비행예방센터(청소년꿈키움센터)의 학교 · 검찰 · 법원 대안교육 과정과 초기 비행 단계의 상담조사 교육생을 대상으로 마약류 중독 예방교육 과정을 운영하고, 소년원 인성교육과정에 약물중독 예방교육을 추가하여 마약류 범죄 예방교육을 강화할 필요가 있다.

최근 소년보호관찰 대상자 중에서 「마약류 관리에 관한 법률」 위반자가 증가 추세인 점을 고려하여 보호관찰 준수사항 교육 시 필수적으로 마약류 예방교육을 실시하고, 분류등급에 따른 상시 또는 불시 약물 검사를 시행하여 마약류 재사용을 억제하는 등 체계적인 교육 프로그램 개발을 통해 단계별로 교육과 제재 등 다양한 개입이 필요하다.

5. 상담자의 윤리와 비밀보장의 한계

상담자의 윤리와 비밀보장의 한계를 알아보기 위해 한국상담학회 윤리강령, 한국상담심리학회 상담심리사 윤리규정, 개인정보보호 관련 법 등을 살펴보기로 한다.

1) 한국상담학회 윤리강령

상담자는 사생활과 비밀유지에 대한 내담자의 권리를 최대한 존중해야 할 의무가 있다. 한국상담학회의 윤리강령 제7조에서 상담자는 '비밀보장의 한계'에 대해서도 내담자 또는 내담자의 법정대리인에게 설명해야 한다고 규정하고 있다.

상담자는 다음과 같은 내담자 개인 및 사회에 임박한 위험이 있다고 판단될 때 내담자에 관한 정보를 사회 당국 및 관련 당사자에게 제공해야 한다.

① 내담자가 자신이나 타인의 생명 혹은 사회의 안전을 위협하는 경우
② 내담자가 감염성이 있는 치명적인 질병이 있다는 확실한 정보를 가졌을 경우

③ 미성년인 내담자가 학대를 당하고 있는 경우
④ 내담자가 아동학대를 하는 경우
⑤ 법적으로 정보의 공개가 요구되는 경우

또한 상담자는 비밀보장 및 한계에 관한 타당성이 의심될 때 다른 전문가나 지도감독자 및 한국상담학회 윤리위원회의 자문을 구하도록 하고 있다.

2) 한국상담심리학회 상담심리사 윤리규정

한국상담심리학회 상담심리사 윤리규정에 따르면 상담심리사는 상담 과정에서 알게 된 내담자의 민감 정보를 다룰 때 특별히 주의해야 하고, 상담과 관련된 모든 정보의 관리에 있어 개인정보 보호와 관련된 법을 준수해야 한다. 또한 상담심리사는 사생활과 비밀 유지에 대한 내담자의 권리를 최대한 존중해야 할 의무가 있다. 하지만 다음과 같은 경우 비밀보호의 한계가 있다고 명시하고 있다.

① 내담자의 생명이나 타인 및 사회의 안전을 위협하는 경우, 내담자의 동의 없이도 내담자에 대한 정보를 관련 전문인이나 사회에 알릴 수 있다.
② 내담자가 감염성이 있는 치명적인 질병이 있다는 확실한 정보를 가졌을 때, 상담심리사는, 그 질병에 위험한 수준으로 노출되어 있는 제삼자(내담자와 관계 맺고 있는 자)에게 그러한 정보를 공개할 수 있다. 상담심리사는 제삼자에게 이러한 정보를 공개하기 전에, 내담자가 자신의 질병에 대해서 그 사람에게 알렸는지, 아니면 스스로 알릴 의도가 있는지를 확인한다.
③ 법원이 내담자의 동의 없이 상담심리사에게 상담 관련 정보를 요구할 경우, 상담심리사는 내담자의 권익이 침해되지 않도록 법원과 조율하여야 한다.
④ 상담심리사는 내담자 정보를 공개할 경우, 정보 공개 사실을 내담자에게 알려야 한다. 정보 공개가 불가피한 경우라도 최소한의 정보만을 공개한다.

⑤ 여러 전문가로 구성된 팀이 개입하는 상담의 경우, 상담심리사는 팀의 존재와 구성을 내담자에게 알린다.

⑥ 비밀보호의 한계에 관한 타당성이 의심될 때에 상담심리사는 동료 전문가 및 학회의 자문을 구한다.

3) 개인정보보호 관련 법

개인정보보호 침해 시 벌칙 조항을 가지고 있는 관련 법령은 「개인정보 보호법」 「정보통신망 이용 촉진 및 정보보호 등에 관한 법률」 「형법」 「통신비밀보호법」 「주민등록법」 등이 있다.

반사회성(反社會性)이 있는 소년의 환경 조정과 품행 교정(矯正)을 위한 보호처분 등의 필요한 결정을 하고, 형사처분에 관한 특별조치를 함으로써 소년이 건전하게 성장하도록 돕는 것을 목적으로 하는 「소년법」의 경우 관련 학회의 상담자 윤리규정보다 한층 강화된 모습을 보인다.

소년보호사건과 소년에 대한 형사사건의 특칙을 규정한 법규로 소년보호사건의 심리에 관한 구체적 사항을 규정한 「소년심판규칙」(대법원규칙 제2696호)의 제10조에서는 소년보호사건을 다루는 관계인들은 조사, 심리, 소환 또는 집행 등 사건처리 과정에서 나타나는 소년의 출생, 성장과정, 가족관계 등 사생활의 비밀이 소년 및 타인에게 알려지지 않도록 주의를 기울여야 한다고 규정하고 있다.

또한 소년부 판사는 사건 본인을 보호하기 위하여 긴급 조치가 필요하다고 인정하면 소환 없이 동행영장을 발부할 수 있다(「소년법」 제14조)고 규정하여 사건 당사자인 소년의 보호와 성장 육성을 위한 구체적인 보호조치를 명시하고 있다는 점에서 상담자의 윤리와 비밀보장에 관해서 시사하는 바가 크다.

6. 보호자 교육과 상담의 중요성

소년사건 처리 과정에서 만난 부모와 자녀의 관계에서는 소년의 나이가 어릴수록 부와 모 간의 트라이앵글에 얽매인 움직일 수 없는 삼각형의 세 번째 꼭짓점에 해당하는 경우를 자주 목격할 수 있다. 하지만 부모 또한 더 많이 사랑하는 사람이 사회적 약자라는 자조적인 표현을 할 정도로 자녀와 부모 상호 간에 귀속되어 움직일 수 없는 각각 하나의 꼭짓점에 해당한다고 인식하여 자녀의 일탈행동의 원인을 자신의 이혼이나 가정의 경제적인 궁핍, 맞벌이로 인한 돌봄 부족 등 양육 환경의 책임으로 돌리며 자책하는 경우를 자주 보게 된다.

1) 「소년법」상 보호자

「소년법」과 대법원의 「소년심판규칙」에서 소년은 19세 미만의 자로서 소년인지 여부의 판단은 원칙적으로 '사실심판결선고시'를 기준으로 하며, 보호자는 법률상 감호교육(監護敎育)을 할 의무가 있는 자 또는 현재 감호를 하는 자를 말한다. 또한 보호자는 신분상 권한으로 심리기일 출석권, 의견진술권, 항고권, 보조인 선임권 및 취임권을 가지고 있다.

소년 법정에 선 소년의 모습은 신체적으로 성숙한 모습을 보이지만 경제적, 정서적으로 부모의 등 뒤에 숨는 의존적인 모습을 자주 보인다는 점과 마약류 사범의 경우 재범률이 높다는 점을 고려할 때 보호관찰에 따른 부가처분을 적극적으로 활용할 필요성이 있다. 소년에게는 상담과 교육을 부과하고 보호자의 적절한 지도와 감독을 돕기 위해 야간외출을 제한하거나 보호자 특별교육을 실시할 수 있다(「소년법」 제32조의2).

또한 소년과 보호자에게는 마약류 위험성에 대해 알릴 필요성이 있는데, 보호자 교육 프로그램에 포함될 내용으로는 약물 예방 및 모니터링의 중요성, 지원기관 등에 대한 정보 제공이 필요하다.

2) 학습된 보호자

자녀의 비행이나 일탈행동으로 인해 피하거나 극복할 수 없는 부정적인 상황에 지속적으로 노출되면서, 어떠한 시도나 노력도 결과를 바꿀 수 없다고 여겨 무기력해지고 자녀의 요구를 무조건 수용하고 따르는 보호자를 일선 현장에서 자주 만나게 되는데, 저자는 이러한 보호자를 '학습된 보호자'라고 정의한다. 예를 들어, 비행으로 소년분류심사원에 입원 수용된 자녀가 법원 심리 결과에 중요한 영향을 미친다고 생각하여 "이번에 한 번만 더 좋은 변호사를 선임하여 나가게 해 주면 다시는 사고를 치지 않겠다."라고 말하며 매일 면회를 요구하거나, 규정상 반입이 허용되지 않는 물품이나 불필요한 고가의 용품을 사 달라고 조르는 경우에도 당장 마찰을 피하려고 원하는 대로 응하는 보호자가 의외로 많다.

상당수의 경우, 이러한 현상은 부모의 학력이나 경제 수준과 무관하게 나타난다. 부모는 자녀에 대한 실망으로 의욕을 잃고 무기력한 상태에 빠져 마치 가정폭력 피해자가 지속적으로 폭력에 노출되는 것과 유사한 양상으로 자녀에게 끌려다닌다. 특히 약물 의존적인 학생이 시설에 입원한 경우, 보호자가 대리 처방 약물을 자녀에게 전달하기 위해 다양한 민원을 야기하며 자녀의 아바타가 된 모습을 보이는 경우도 자주 목격할 수 있다.

학습된 보호자가 되는 원인 중 하나는 자녀가 비행 선배들로부터 듣고 배운 정보가 부모보다 많은 경우, 정보의 진위를 떠나서 자녀의 말을 무조건 믿고 옳고 그름에 상관없이 자녀의 요구에 따르는 모습을 보이기 때문이다. 따라서 보호자 교육(「소년법」 제32조의2)을 통해 구체적이고 사실적인 정보를 제공하고 보호자 상담을 통해 학습된 무기력에서 벗어나 자녀 양육의 주도권을 확보하도록 도와야 한다.

3) 부모도 모르는 마약류 투약

청소년이 주로 접하는 마약류는 애더럴(ADHD 치료제, 집중력 향상), 디에타민(일명 '나비약', 식욕억제제), 졸피뎀 등 수면제, 케타민, 프로포폴(전신마취제), 펜타닐(진통제), 필로폰 등이 대표적인데, 대부분의 부모는 자녀들의 비대면 온라인 마약 거래 · 투약 사실을 전혀 알지 못하는 상황이다.

또한 청소년에 대한 의료용 마약류 처방도 증가하는 추세로 의료용 마약류 오남용도 심각한데, 청소년이 자발적으로 신고하거나 치료받기는 어렵기 때문에 부모, 교사와 같은 보호자 및 주변 성인들의 지속적인 관심과 주의가 필요하다.

마약류 중독상담 관련자는 물론 청소년과 보호자, 교사와 같은 성인들이 마약류 투약 시 증상과 금단증상, 폐해를 잘 알아야 하겠다. 투약 및 금단증상은 개인마다 편차

표 1-8 마약류별 투약 시 증상 및 금단증상

구분	의학적 효능	투약 시 증상	금단증상
애더럴	집중력 향상	과다집중, 우울증, 기면증	우울증 등 정신장애, 자살 충동
디에타민 등	식욕 억제	식욕감소, 불면증, 불안 등 정신장애	극도의 피로, 우울증, 불면, 정신 이상
졸피뎀 등	수면, 진정	알코올과 함께 투약 시 의식 및 기억 상실	의식 및 기억 장애, 우울증, 자살 충동
케타민	전신마취	환각, 흥분, 방향감각 상실 등	불안, 초조, 금단
펜타닐	진통	극도의 황홀감, 근육통, 의식곤란, 호흡 정지 등	강한 통증, 경련, 구토, 설사, 호흡 촉박
프로포폴	전신마취	진정, 저혈압, 무호흡, 기도폐쇄 등	심한 초조감, 불안, 일시적 기억상실
필로폰	–	식욕 저하, 불면, 게임 등 특정 행위에 과다집중 등 다양한 이상증세	폭식, 공격적 행동, 불안, 우울증, 망상 등 정신장애 지속

출처: 대검찰청 보도자료(2023. 4. 30.).

가 있으나, 국립부곡병원과 마약퇴치운동본부, 중독재활센터 등에 자문을 받아 대검찰청에서 배포한 마약류별 투약 시 증상과 금단증상은 〈표 1-8〉과 같다.

이 외에도 마약류가 체질에 맞지 않으면 복통이나 구토를, 과다 투약 시 호흡곤란 등을 동반하기도 하므로 청소년들이 평소와 달리 이상 증세를 보일 경우에 수사기관에 피해를 신고하면 마약류 범죄 피해 청소년은 「범죄피해자보호법」에 의한 치료·심리지원 대상으로 원스톱 지원을 받을 수 있다.

7. 상담자를 위한 알기 쉬운 법률 검색

위기 청소년 혹은 범죄 청소년을 상담하거나 관련 자문 등을 실시할 때는 법령과 용어에 대한 이해가 필수이다. 하지만 연구용역이나 정부의 정책과 관련된 협업을 수행하는 상담자가 법률 전공자나 관련 직종 종사자가 아니라면 단기간에 학습할 수 없는 법률 관련 지식은 상담 현장에서 큰 걸림돌로 작용하곤 한다.

내담자나 정부 기관과 소통하기 위해서 사용하는 법률용어는 상담자나 심리학자들이 사용하는 DSM-5의 용어나 의사가 사용하는 전문의학 용어와 같이 많은 함의를 포함하고 있다. 이러한 공통 용어 사용은 관련 전문가와의 소통을 원활하게 하여 업무의 효율성을 높이는 것은 물론 내담자나 유관 기관의 관련 업무 담당자에게 상담자나 상담 기관의 전문성과 신뢰성을 가늠하는 중요한 척도로 보일 수 있는 민감한 문제이기도 하다.

1) 국가법령정보센터의 활용

상담자나 상담전문가가 법률을 근거로 전문가의 의견을 피력할 때 검토해야 할 법률이 있다면, 국가법령정보센터(www.law.go.kr)에 접속하여 검색란에 찾고 싶은 법령의 주제어를 입력하면 검색할 수 있다.

예를 들어, 검색어에 '마약'이라는 용어를 검색하면 관련 법률과 시행령, 시행규칙 등을 손쉽게 찾아서 한글 문서로 저장할 수 있다. 저장된 한글 문서를 활용하면 짧은 시간에 해당 법조문을 검색하고 저장하여 편집 · 활용하는 등 관련 법률 지식을 단기간에 함양할 수 있다는 장점이 있다. 하지만 다음과 같은 점에 각별히 유의해야 한다.

2) 법령 활용 시 유의 사항

살아 있는 모든 생명체가 생로병사(生老病死)하듯이, 법률과 시행령, 규칙을 포함하는 법령 등도 생주이멸(生住異滅)한다. 대부분의 경우 법률은 사회적 요구가 있거나 어떤 행위가 일어났을 때, 혹은 사후적으로 분쟁이 발생하지 않도록 하거나 발생한 문제를 해결하기 위해 만들어지는 것이 일반적이다. 예를 들어, 사이버범죄나 보이스피싱, 가상화폐가 없었던 시절에는 이러한 행위를 규제하거나 처벌하는 법률도 불필요했다. 대부분의 처벌과 규제 관련 법률은 사회적 요구에 의해 생겨나고(生) 필요한 기간 동안 효력을 발생하다가(住) 현실과의 괴리가 생겨(異) 그 효력이 소멸되면 개정 혹은 폐지된다(滅)는 점에서 생주이멸(生住異滅)한다는 사실이다.

이러한 관점에서 관련 법률을 인용할 때는 개정이나 폐지 여부를 잘 검토해야 한다. 예를 들어, 『2022 대검찰청 마약류 범죄백서』(2023. 5. 6.)의 3면 「마약류 관리에 관한 법률」 제1조(목적)는 이 책과는 다르게 게재되어 있다. 이 부분은 2023년 8월 16일에 개정되었기 때문이다.

또한 법률에 추가된 약물을 확인하는 것도 중요하다. 현행 마약류가 아닌 물질 중 마약류 대용으로 남용되어 국민 보건상 위해(危害) 발생 우려가 있는 물질을 '임시마약류(신종마약)'로 지정하여 마약류와 동일하게 통제 · 관리하고 있다.

임시마약류의 지정 기간은 '지정 공고한 날로부터 3년'이고 효력 기간 중 마약류로 지정되는 경우 그 시행일로부터 임시마약류의 효력은 상실된다. 그래서 임시마약류는 수시로 지정 예고 및 공고되므로 식품의약품안전처(www.mfds.go.kr)의 알림의 공고에서 최근 공고를 확인해야 한다.

8. 결론

이 장에서는 관련 법률과 용어, 예방의 중요성, 마약류 사범의 실태와 증가 원인, 상담자 윤리와 비밀보장의 한계 및 보호자 교육의 중요성 등을 살펴보았다. 상담자는 최근 법령과 공고를 확인해서 수시로 지정되는 임시마약류를 알아야 하는데, 이러한 법률 검색과 활용은 상담자의 법적인 소양을 함양하는 데 도움이 될 것이다.

마약류 관련 범죄의 예방교육은 전 생애에 걸쳐 지속되어야 하며, 마약류 사범은 처벌만큼 치료도 중요하고 치료만큼 처벌 역시 중요하다. 청소년과 젊은 성인의 약물 사용을 지연시킬수록 중독 혹은 약물 사용장애가 크게 감소한다.

1차 예방은 마약류에 노출되지 않은 사람이 마약을 사용하지 않도록 하는 가장 이상적인 예방 방법으로 법과 제도의 개선, 취약성 폐해 홍보 및 예방교육 프로그램 등을 포함한다. 2차 예방은 이미 약물을 사용하고 있으나 아직 심각한 부정적인 영향은 나타나지 않고 있는 대상자에 대한 조기 개입이다. 3차 예방은 약물 남용이나 강박적인 사용 대상자의 문제 파급 감소를 위한 치료, 재활 및 재발 예방이다.

청소년기 마약류 사용은 단 1~2회 투약으로도 중독에 이를 수 있으며, 신체적·정신적 발달 및 이후 삶의 기회에 악영향을 미칠 수 있어 성인에 비해 그 폐해가 더욱 심각하다. 마약류 범죄의 양상도 다양해서 해결 방안 또한 개별화되어야 하며, 법 집행 기관은 물론 사회 내 전문가들이 다자간 협력을 통한 법적·치료적 개입을 병행하는 것이 더 효과적이다.

청소년 마약류 사범의 증가 원인은 인터넷 이용이 생활화된 청소년들이 단 몇 번의 검색만으로 마약에 손쉽게 접근하여 값싼 마약을 가상화폐와 SNS를 이용해서 쇼핑하듯이 구입하는 등 마약류에 대한 거부감이나 죄책감이 줄어들었기 때문이다.

또래문화를 쉽게 수용하는 청소년기의 특징으로, 일부 청소년의 마약 구매와 투약으로 주변 청소년도 마약에 노출되는 위험이 발생하여 청소년 마약 유통의 촉매제 역할을 하고 있고, 마약류 의약품 오남용의 경험이 죄의식 감소, 마약류의 폐해에 대한 인식 부족의 원인으로 작용해서 청소년 마약류 사범 증가의 중요한 원인이 되었다.

처벌 없는 정책은 한두 번은 걸려도 괜찮다는 인식을 퍼뜨려 사회적으로 마약을 확산시키는 위험을 초래할 우려가 있어 투약 사범에 대한 처벌과 치료·재활을 병행할 필요가 있다. 마약 수요 억제가 수반되지 않은 마약 공급 단속은 마약 유통시장에서 공급 조직이 교체되도록 하는 미봉책에 불과하여 마약류 공급 사범을 엄정 처벌하고 범죄수익을 완전히 박탈하여 범죄 유인을 차단하는 등 마약 수요에 대한 강력한 억제력도 필요하다.

또한 범죄 원인 분석을 위한 분류심사 기능 강화와 청소년비행예방센터, 소년원, 보호관찰소에서 마약류 중독과 재사용 억제를 위한 단계별 교육프로그램을 실시하고, 준수사항 위반에 대한 제재가 필요하다. 이러한 과정에서 상담자는 학회의 상담자 윤리와 비밀보장은 물론 개인정보보호 침해 시 벌칙 조항과 비밀보장의 한계에 대한 이해도 필요하다.

2008년 6월 22일부터 시행된 개정「소년법」에 비행청소년의 보호자에게 '특별교육'을 받을 것을 명할 수 있도록 한 것은 부모에 의한 보호요인을 강화하는 데 크게 기여하였다. 기존의 보호자교육 프로그램에 마약류에 대한 정보 제공과 상담을 통해 학습된 보호자가 무기력에서 벗어나 자녀 양육의 주도권을 확보하여 자녀 지도의 책임을 다할 수 있도록 돕는 것이 중요하다.

중독 관련 상담자는 물론 청소년과 보호자, 교사와 같은 성인들이 마약류 투약 시 증상 및 금단증상을 잘 알고 사용을 예방하는 것이 중요하다. 하지만 청소년 마약류 사용자의 경우 사용 양상이 다양하고 법적인 문제를 동반해서 자발적으로 신고하거나 치료받기는 어렵기에 관련 전문가들이 다자간 협력체를 구성하여 조기 발견하고, 적기에 개입해야 하다.

정부는 2022년 11월 범부처 마약류대책협의회를 장관급 주재 관계차관회의로 격상하여 정책 컨트롤타워 기능을 강화하였으나, 청소년 마약류 범죄 확산세를 막기에는 한계가 있다.

청소년에 대한 마약류 억제 방안으로는 법적·제도적 개선을 통한 예방, 교육·홍보, 유입 감시, 유통 단속, 사법처리 등을 전담할 전문 인력과 예산을 확보하고 범정부 차원의 역량을 총집결하여 정책의 효율성과 책임성을 담보할 실효성 있는 대책 기구의 설립을 제안한다.

이를 통해 마약의 위험성을 교육하는 체계적인 마약 예방교육 시스템을 구축하여 청소년기 마약류 오남용에 대한 그릇된 인식을 바로잡고 마약류 사범의 엄정 처벌, 치료 · 재활과 수요 억제, 범죄 원인 분석과 교육 · 관리 기능 강화 등의 다양한 정책 실시 결과를 차시 정책 수립 시 반영할 수 있는 지속 가능한 기구로 운영할 것을 제안한다.

참고문헌

경찰청(2018~2022). 범죄통계.

대검찰청(2023). 마약류 범죄백서.

교육부 보도자료(2023. 10. 29.). 제9차 사회관계장관회의 개최.

대검찰청 마약 · 조직범죄과 보도자료(2022. 7.). 급증하는 마약류 범죄 대응 강화 방안.

대검찰청 보도자료(2023. 4. 10.). 마약범죄 특별수사본부 구성.

대검찰청 보도자료(2023. 4. 30.). 갈수록 심각해지는 청소년 마약범죄, 사회적 안전망을 구축하겠습니다.

대법원 소년심판규칙. 제10조.

마약류 관리에 관한 법률. 제1조, 제2조, 제5조의2, 제58조 2항.

법무부 보도자료(2023. 1. 29.). 법무부, 청소년 마약예방과 재범방지 강화에 나선다.

법무부 보도자료(2023. 9. 12.). 마약 청정국 지위 조기 회복을 위해 범정부 역량 총결집.

법무연수원(2023). 2022 범죄백서.

법무부훈령. 소년선도보호지침. 제4조 제1항.

소년법. 제14조, 제32조의2, 제60조 2항. / 보호소년 등의 처우에 관한 법률. 제52조.

전영실, 김유근(2022). 대검찰청 연구용역보고서. 10대 · 20대 마약류사범 증가 대응방안에 관한 연구.

제 2 장

청소년 약물중독

조성남

1. 마약류의 종류와 특성

1) 마약류 물질의 정의

세계보건기구(WHO)에서는 마약류를 ① 약물 사용에 대한 욕구가 강제적일 정도로 강하고(의존성), ② 사용 약물의 양이 증가하는 경향이 있으며(내성), ③ 사용을 중지하면 온몸에 견디기 힘든 증상이 나타나며(금단증상), ④ 개인에 한정되지 아니하고 사회에도 해를 끼치는 약물로 정의하고 있다.

2) 마약류 물질의 분류

마약류란 중추신경계에 영향을 미쳐 중추신경의 작용을 과도하게 하거나 억제하는 물질 중 신체적 · 정신적 의존성이 있는 것으로서 관련법규에 따라 규제대상으로 지정된 물질을 말하며, 약물의 특성에 따라 중추신경억제제(진정제)와 중추신경흥분제(각성제) 등으로 분류하며,「마약류 관리에 관한 법률」에 따라 마약과 향정신성의약품, 대마, 임시마약류로 분류되며, 법적 규제에 따라 불법적 마약류와 의료용 마약류로 나눌 수 있다.

(1) 특성에 따른 분류

① 중추신경흥분제(CNS Stimulants)

뇌를 자극하기 때문에 잠이 오지 않으며 포만감을 증가시켜 잘 안 먹게 되며, 피로감을 줄여 주고, 집중력을 높여 반복적 행동을 해도 지루하지 않게 된다. 신체적 금단증상은 심하지 않으나 정신적 금단증상으로 잠이 너무 오거나 피로감이 심해지고, 많이 먹기도 하고 우울증상이 심해져서 재발하는 경향을 보인다. 주로 자극추구(novelty seeking: 새로운 것이나 자극적인 것에 호기심을 느끼는 경향)의 성향이 있는 사람들이 주로 남용한다. 대표적인 흥분제는 메스암페타민(methamphetamine, 필로폰), 코카인(cocaine), 메틸페니데이트(emthylphenidate), 엑스터시(ecstacy), 카페인, 니코틴 등이 있다.

② 중추신경억제제(CNS Depressants)

뇌를 억제하기 때문에 잠이 오고, 통증이 줄어들며, 불안이 해소되는 특징이 있어 수면제나 진통제, 진정제, 마취제 등으로 사용되며, 정신적 금단증상은 많지 않으나 신체적 금단증상이 심하여 갑자기 끊거나 양을 줄이면 통증이 심해지고 불안과 초조, 불면, 섬망, 혼수, 간질발작 등이 나타나 심하면 사망할 수 있어 합성마약(메타돈, 부프레노프린 등)으로 대체하여 치료하기도 한다. 대개 위험회피(harm avoidance: 힘들거나 고통스러움에서 벗어나고 싶은 경향)의 성향이 있는 사람들이 남용한다. 대표적인 억제제는 알코올(alcohol), 헤로인(heroine), 펜타닐(fentanyl), 모르핀(morphine), 대마(marijuana), 프로포폴(propofol), 케타민(ketamine), 수면제(zolpidem), 항불안제(benzodiazepine) 등이 있다.

(2) 마약류 관리에 관한 법률에 따른 분류

마약류에는 마약, 향정신성의약품, 대마, 임시마약류 등이 있다.

① 마약

마약은 생액에서 추출한 천연마약과 추출 알칼로이드, 화학적으로 합성한 합성마약으로 분류한다.

표 2-1 마약의 분류

분류	품명	지정 성분 수	비고
천연마약	양귀비, 아편, 코카잎(엽)	3	
추출 알칼로이드	모르핀, 코데인, 헤로인, 코카인 등	35	일부 의료용 사용
합성마약	페티딘, 메타돈, 펜타닐 등	104	일부 의료용 사용

출처: 검찰청(2022).

㉠ 천연마약 및 추출 알칼로이드

• 양귀비: 일명 '앵속'이라 불리며, 1년생 식물로 기원전 300년경부터 재배되기 시작하여 황금의 초승달지대(아프가니스탄, 파키스탄, 이란 접경지역)를 중심으로 거의 전 세계에서 재배된다. 국내에서는 대부분 농어촌, 산간지역 등에서 가정상비약이나 관상용으로 재배되다 적발되기도 한다.

• 아편(opium): 설익은 양귀비 열매에 상처를 내어 흘러내리는 우윳빛 추출물을 건조시킨 암갈색의 덩어리로, 탁월한 진통효과 때문에 사용하며 남용 시에 몽롱한 황홀감 등을 경험하게 되나 지속적으로 남용하면 내성과 금단증상으로 심한 중독 상태에 이르게 된다. 중국은 아편전쟁을 겪기도 하였고, 1950년대에는 우리나라에도 아편 중독자들이 많았으며, 이를 치료하기 위해 합성마약인 메사돈으로 대체하다가 이를 남용하는 사람들이 많아져서 불법화되기도 하였다.

• 모르핀(morphine): 아편으로부터 불순물을 제거하고 일정한 화학반응을 거쳐 추출한 진통성이 강한 알칼로이드(alkaloid)로, 1805년에 독일 의사에 의해 분리되었고 그리스신화 모르페우스(Morpheus, 꿈의 여신)의 이름을 따서 명명하였다. 모르핀은 진통, 진정, 진해 효과가 뛰어나 의료용으로 사용되나 의존성이 심하고 구토, 발한, 발열, 설사, 복통, 간질 신체적 금단증상이 심하게 나타나며, 급성 중독의 경우 호흡장애로 사망에 이른다.

• 코데인(codeine): 메틸모르핀(methyl morphine)이라는 알칼로이드의 일종으

표 2-2 마약의 분류 및 특성

구분	종류		특성	작용
천연 마약	아편계	양귀비	• 키 1~1.5m 식물 • 백색, 적색, 자색 꽃	
		아편	• 설익은 꽃봉우리에 생채기를 내어 우윳빛 즙을 담아두면 암갈색 타르화(생아편) • 응고하면 딱딱한 왁스형 • 달콤하고 톡쏘는 향, 건초향	• 고통 완화, 졸린 듯한 상태에서 편안함, 황홀 • 의존성, 내성, 변비, 얼굴 창백, 신경질적, 식욕 · 성욕 상실, 구토, 동공 수축, 호흡장애
		모르핀	• 아편으로 모르핀 제조, 무취, 쓴맛 • 제형: 분말, 캡슐, 주사	• 의약용으로 사용 • 진통 강력, 도취, 수면 • 아편보다 강한 중독성, 호흡억제, 구토, 발한, 변비
		헤로인	• 모르핀량 1/2로 동일 효과 • 백색, 황백색, 회색, 연갈색 미세결정 • 무취, 쓴맛, 모르핀에 무수초산을 가한 제조	• 쾌감 쇄도 후 졸음, 도취 • 모르핀보다 강한 중독성, 변비, 동공수축, 호흡 감소, 무감각, 내분비계통 퇴화, 자아통제 불능
		코데인	• 모르핀으로부터 분리 • 제형: 주사, 캡슐 정제	• 의약용으로 사용 • 진통 및 진해 특효
	코카계	코카인	• 코카엽에서 추출 • 솜털 같은 백색 결정 분말 • 코로 분말 흡입, 주사 혹은 구강 투여	• 효과 신속, 대뇌 흥분, 동공 확장, 심박 증가 • 심장장애, 호흡곤란, 경련, 공격적 행동, 과대망상, 정신착란
		크랙	• 코카인에 베이킹소다, 물 넣고 가열하여 제조 • 자갈 모양의 결정체 • 워터파이프로 흡연	• 효과 신속하고 강력, 황홀 • 코카인보다 중독 위험 심각 • 코카인보다 저렴 • 코카인과 유사한 부작용
합성 마약	페티딘계		• 정제, 패치형	• 아편계 중독 치료제로도 사용 • 졸림, 호흡 감소, 경련
	메타돈계		• 주사, 정제, 캡슐 • 24시간 장기 지속	• 아편계 중독 치료제로도 사용

출처: 한국과학기술한림원(2019).

로 진통효과는 모르핀의 1/6 정도지만 수면을 촉진하고 기침을 완화하며 통증을 억제하며, 신체적 의존성이 비교적 적은 편이나 의존성과 금단증상을 유발한다.

- 헤로인(heroine): 다이아세틸 모르핀(diacetyl morphine)으로 아편에 소석화와 물, 염화 암모니아 등을 첨가하여 혼합, 침전, 여과, 가열 과정을 거친 후 모르핀 염기에 무수초산, 활성탄, 염산, 에테르 등으로 화학 처리하여 제조한다. 헤로인은 '용감한, 강력한'이라는 의미로 1974년에 최초로 합성되었으며, 모르핀의 10배에 달하는 약리작용을 나타내어 1924년에 전면 금지되었다.
- 코카인(cocaine): 볼리비아, 페루, 콜롬비아 등 안데스산맥 고지대에서 자생하는 코카나무 잎에서 추출한 알칼로이드로 중추신경을 자극하여 쾌감을 야기하는 천연마약이다. 고대 잉카제국에서 제사장들이 종교의식 중에 최면효과를 내거나, 일반인이 배고픔이나 피로감을 잊기 위해 사용하였다. 코카잎은 1532년에 유럽에 전해졌고 1873년에 의료용진통제로 처음 사용되었으며, 의료용으로는 국소용 마취제로 사용된다. 보통 코카잎을 씹거나 코카 반죽(코카페이스트)을 흡입하거나 결정체 분말을 코로 흡입하거나 주사기로 투약한다. 코카인은 약효가 빠르고 강력한 도취감을 일으키는 중추신경흥분제(자극제)로 과도한 양을 사용하면 피부에 벌레들이 기어다니는 느낌의 환각(cocaine bug)이 나타나고, 맥박이 빨라지고 호흡이 불규칙해지며 열과 경련이 나타나고, 호흡곤란으로 사망한다.
- 크랙(crack): 코카인과 탄산나트륨 등을 물에 희석하여 불로 가열한 후 냉각시켜 추출한 백색의 결정체로 코카인보다 몇 배 강하며, 유리관에 넣어 가열하거나 기포화 하여 흡입한다.

㉡ 합성마약

합성마약은 모르핀과 비슷한 진통효과를 내면서도 의존성이 적은 의약품을 개발하는 과정에서 합성된 마약으로 페티딘계, 메타돈계, 모르피난계, 아미노부틴계, 벤조모르핀계로 분류되며, 페티딘계와 메타돈계가 가장 널리 남용된다.

- 페티딘계: 페티딘은 1939년에 최초로 합성되었으며, 페티딘, 펜타닐, 디펜녹실레이트 등이 있으며, 최근 펜타닐 남용으로 인한 사망이 크게 증가하여 사회문제가 되고 있다.
- 메타돈계: 메타돈은 제2차 세계대전 중에 모르핀 부족을 해결하기 위해 개발된 합성마약으로 메타돈, 아세틸메타돌, 디피파논 등이 있다. 모르핀과 화학적 구조는 다르나 비슷한 효과를 나타내고 모르핀보다 지속시간이 길어 현재 마약중독의 치료에서 대체약물로 사용된다. 우리나라에서는 아편중독을 치료하기 위해 메타돈이 사용되다가 남용이 심해지자 1965년에 메타돈 파동이 일어 판매가 중단되었다.
- 펜타닐: 최근에 청소년 사이에서 남용되는 마약성진통제로 2017년에 미국에서 펜타닐 남용으로 사망한 사람이 47,600명에 이르자 트럼프 대통령이 '공중보건 비상사태'를 선언하면서 엄격한 관리를 촉구하였으나, 2022년에 10만 명 이상이 사망하여 세계적으로 비상이 걸렸다. 우리나라에서도 2021년에 고등학생 42명이 펜타닐패치를 불법으로 구하여 남용하다 검거된 사건이 있었다. 펜타닐은 강력한 진통제로 중독성이 모르핀의 100배, 헤로인의 50배에 달할 정도로 위험한 약으로 2mg만 투여되어도 사망에 이른다. 최근에는 멕시코에서 불법으로 제조한 동물성진정제인 자일라진을 포함하여 팔다리에 괴양이 생기는 부작용과 함께 좀비처럼 온몸이 마비되어 사망하게 한 위험한 약물이다. 미국에서는 급성중독으로 생명이 위험할 경우 응급처치로 펜타닐의 길항제인 날록손을 코로 흡입시키는 교육을 하고 있으며, 일반 마트에서도 쉽게 구할 수 있고, 경찰관이나 소방관은 필수로 소지하고 다닌다.

② 향정신성의약품

향정신성의약품은 의료용 목적으로 합성된 물질을 말한다. 다만, 개발 목적이었던 효과보다 습관성 물질로서의 부작용이 심각하여, 의료용 사용을 금지하거나 일부 제한을 두는 약품이다. 이는 「마약류 관리에 관한 법률」 제2조 3항에 따라 가, 나, 다, 라

표 2-3 향정신성의약품의 법적 분류

분류	대표 품명	지정 성분 수	비고
가목	엘에스디(LSD), 메스케치논(Methcathinone) 및 그 유사체, 크라톰(Kratom), 제이더블유에이치(JWH)-018 및 그 유사체 등	83	의료용 불사용, 심한 신체적 또는 정신적 의존성을 일으키는 약물
나목	암페타민(Amphetamine), 메스암페타민(Methamphetamine), 엠디엠에이(MDMA), 케타민(Ketamine) 등	43	매우 제한된 의료용 사용, 심한 신체적 또는 정신적 의존성을 일으키는 약물
다목	바르비탈(Barbital), 리저직산 아미드(Lysergic acid amide), 펜타조신(Pentazocine) 등	61	의료용 사용, 그리 심하지 아니한 신체적 의존성 또는 심한 정신적 의존성을 일으키는 약물
라목	다이아제팜(Diazepam), 펜플루라민(Fenfluramine), 졸피뎀(Zolpidem), 지에이치비(GHB), 카리소프로돌(Carisoprodol), 프로포폴(Propofol) 등	70	의료용 사용, 다목보다 신체적 또는 정신적 의존성을 일으킬 우려가 적은 약물

출처: 대검찰청(2019).

등의 4가지 목으로 구분된다(〈표 2-3〉 참조).

㉠ 메스암페타민(Methamphetamine)

메스암페타민은 우리나라에서 가장 많이 남용되는 중추신경흥분제로 속칭 '필로폰'으로 알려져 있으며, '히로뽕' '백색가루' '술' '뽕' '크리스탈' '물건' 또는 '총' 등의 은어로 불린다. 미국에서는 결정체는 'ice', 가루 형태는 'speed'로 불리며, 중국에서는 '빙두', 북한에서는 '얼음', 일본에서는 '각성제', 필리핀에서는 '사부', 대만에서는 '아미타민' 등으로 불린다. 메스암페타민은 1888년 일본 도쿄대학 의학부 나가이 나가요시 교수가 천식치료제인 마황으로부터 에페드린을 추출하는 과정에서 최초로 발견하였고, 1893년에 최초로 합성에 성공하였다. 일본이 대일본제약회사에서 제2차 세계대전 중에 군인과 군수공장 노동자들에게 피로회복과 전투의욕, 작업능력, 생산

능력 등을 높이기 위하여 '히로뽕'(양문상품명 philopon)이라는 상품명으로 잠을 쫓고 피로감을 없애 주는 각성제로 판매하였고, 제2차 세계대전 이후에는 학생들과 트럭 운전기사들 사이에서 잠을 쫓기 위해 사용되다가 의존성이 심하여 금지되었다.

메스암페타민은 도파민(dopamine)을 과량 증가시켜 정신병(amphetamine psychosis)을 유발하여 조현병과 비슷한 정신병적 증상들을 나타내며, 이로 인한 피해망상과 환청 등으로 살인 사건 등 많은 범죄가 일어난다. 우리나라에서는 메스암페타민에 의해 야기되는 정신병적 증상들을 소위 '쭈라'나 '상태'가 왔다는 식으로 표현하며, 경상도지방에서는 '따라꾸미'라는 말로 불린다.

ⓛ MDMA(Methoxy Dimethyl MethAmphetamine)

MDMA는 1914년 독일에서 식욕 감퇴제로 개발되었으며, 강력한 환각성분으로 인한 뇌손상 등 부작용이 심하여 유통이 금지되었다. 별칭으로는 'Ecstasy, XTC, Adam, Eve, Clarity, Decadence, M&M' 등이 있고, 우리나라에서는 '도리도리' '엑스터시' 등으로 불린다. MDMA를 복용하면 경계심이 없어지고 신체접촉 요구가 강하게 일어나 '포옹마약(hug drug)'으로도 불린다. MDMA는 여러 가지의 다른 환각제나 마약류를 섞어 알약 형태로 만들어지기 때문에 남용하는 사람들은 어떤 성분들이 들어 있는지 알 수가 없으며, 강한 성분이 들어 있는 약물을 다량 복용함으로 인해 사망하는 사고가 많다.

ⓒ LSD(Lysergic Acid Diethylamide)

LSD는 1938년에 스위스 화학자 알버트 호프만(Albert Hofmann)에 의해 합성되었으며, 무미, 무취, 무색의 환각제로 종이 또는 정제에 LSD 용액을 흡착하여 사용한다. LSD는 강력한 환각제로 뇌 손상이 심하며, 과량투여 시 급성 정신병적 증상들을 야기하며, 플래시백(flash back) 현상을 야기하여 약효가 사라진 후 일정 시간이 지나서 갑작스러운 급성중독으로 인한 정신병적 증상들의 악화가 일어나게 된다. 우리나라에서는 2018년에 LSD 급성중독으로 정신병적 상태에서 어머니와 이모를 살해한 사건이 있었다.

㉣ 날부핀(Nalbupine)

날부핀은 일명 '누바인(nubaine)'으로 불리며, 의료용 진통제로 사용되는 약물이며, 과량복용 시 환각효과가 있어 한때 유흥업소 종사자 등 사이에서 필로폰 대용으로 남용되기도 하였다. 신체적 금단증상이 심하며, 통증이 심해져서 한때 병원 응급실에서 날부핀을 구하기 위한 강도 · 절도 사건들이 일어나기도 하였다.

㉤ 덱스트로메토르판(Dextrometorphan), 카리소프로돌(Carisoprodol)

덱스트로메토르판은 일명 '러미나'라고 불리며, 진해 거담제로 처방되는 약물이며, 카리소프로돌은 근육이완제로 일명 'S'정으로 불리며, 낮은 가격과 과량복용 시 환각효과로 인해 유흥업소 종사자나 청소년 사이에서 많이 남용되었으며, 현재는 향정신성의약품으로 등록되어 있다.

㉥ 펜플루라민(Fenflulamine)

중국과 태국 등지로부터 밀수입되며, '불분납명편, 분미림편, 섬수, 상주청, 철심가미교환, 패씨감미환, 건소미감미요환' 등의 제품명으로 일반인에게는 살 빼는 약으로 유통된다.

㉦ 합성대마(Synthetic Cannabis)

대마의 주 성분인 THC(Tetrahydrocannabinol)와 화학구조는 다르나 대마보다 강력한 환각효과를 내는 합성물질로, JWH 계열과 HU-210, CP-47497 등으로 진통효과와 환각효과를 나타낸다. JWH-018은 일명 '스컹크' 또는 '스파이스'로 불리며, 건조된 식물에 합성물질을 흡착시켜 '식물성 제품(herbal product)' 형태로 판매되고, 이를 태운 연기를 흡입하는 방식으로 남용된다.

ⓞ 크라톰(Kratom)

태국과 말레이시아 등 동남아시아 등지에 자생하는 열대성 나무의 잎으로 차나 가루 형태로 남용되며, 힘든 일을 견디기 위한 각성제로 남용된다.

ⓩ 케타민(Ketamine)

케타민은 인체용 또는 동물용 마취제로 사용되며, 데이트 강간약(date rape drug)으로 알려져 있다. 근육이나 정맥주사 혹은 흡연이나 흡입하면 신체에서 벗어난 듯한 강력한 환각 효과가 나타난다. 우리나라에서 유명 가수가 케타민 남용으로 사망한 사례가 있다.

ⓒ 야바(YABA)

야바는 태국어로 '미친약(crazy drug)'이란 의미로 필로폰(30%)에 카페인(60%) 및 기타 성분(코데인 등 10%)을 혼합한 합성마약으로 정제나 캡슐 형태로 제조된다. 값이 싸고 복용하기 쉬우며, 강한 효과로 중독성이 강하다.

ⓚ GHB(Gamma Hydroxy Butyrate)

GHB는 속칭 '물뽕' '데이트 강간약'으로 불리며, 성범죄에 악용되고 있다. 발작성 수면병인 기면증(Narcolepsy)을 치료하기 위한 수면 보조제나 수술용 마취제로 소개되었으나 효과가 미미하여 시장에서 사라졌으며, 보디빌더들 사이에서는 아나볼릭 스테로이드(Anabolic Steroid) 대체제로 남용이 되었다. 백색 분말이나 액체의 형태로 음료나 물에 희석하여 남용하며, 알코올과 함께 남용하면 진정효과가 배가되어 치명적이 될 수 있다. 지속시간이 3~4시간으로 짧으며, 혼수나 발작을 야기하고 24시간 내에 인체에서 빠져나가 사후 추적이 어렵다. 금단증상이 심하여 갑자기 중단하면 불안과 공황 등이 심해지며, GABA를 공유하므로 금단치료가 매우 어렵다.

ⓔ 프로포폴(Propofol)

프로포폴은 수면마취제로 수술 시 전신마취 유도와 유지를 위해 사용되며, 인공호흡 중인 중환자의 진정이나 수면내시경 검사 시에 사용된다. 마취효과가 빠르게 나타나며 중단하면 바로 깨는 특성으로 짧은 시간 마취할 때 의료용으로 많이 사용된다. 깨고 나서 푹 자고 난 것처럼 느껴지며 우울감이 일시적으로 사라져 유흥업소 종사자나 연예인, 의료종사자들이 주로 피로회복의 목적으로 남용하며, 일명 '우유주사'로 불리며, 과량투여로 사망하는 사고가 많아지자 2011년에 향정신성의약품으로 지정되었다.

표 2-4 향정신성의약품 종류와 특성

종류		특성	작용
각성제	암페타민류	• 원료: 염산에페드린 • 백색, 회색, 황색 분말 또는 크리스탈 덩어리 • 약간의 신맛, 물에 잘 녹음 • 주사, 코 흡입, 알코올이나 음료에 타서 남용 • 아시아에서는 주로 필로폰(히로뽕)으로 남용되며, 유럽 지역은 암페타민 유도체로 남용됨	• 기관지 확장, 혈압 상승, 심박 증가, 동공 확대, 혈당 증가, 근력 증가 • 황홀, 공복감 상실, 상쾌, 자신감, 식욕 억제, 피로 억제 • 불안, 흥분, 환각, 망상, 불면, 정신착란, 플래시백
	MDMA 및 유도체	• 3,4-methylenedioxymethamphetamine • Ecstasy, XTC, adam, eve, 도리도리 등으로 통칭됨 • 최초 개발 목적은 식욕감퇴제	• 극적 흥분감, 성욕증가, 심박증가, 혈압증가, 공복감상실 등 • 불안, 초조, 환각 등
	YABA	• 암페타민 25% 함유 • 작은 정제	• 도취, 흥분, 환각, 공격성 • 우울증, 정신착란, 공포

환각제	LSD	• Lysergic Acid Diethylamide • 무색, 무미, 무취 결정분말 • 제형: 투명액, 정제, 캡슐, 각설탕 형태 등 다양 • 소량(0.1mg)으로도 6~12시간 환각	• 자기 모습을 제3자 입장에서 관찰, 감각의 혼란 • 판단력 감소, 자기통제력 감소 • 동공확대, 홍조, 체온저하, 발한, 현기증 등
	PCP	• Phencyclidine • angel dust라고도 불림 • 흡연 혹은 주사로 남용	• LSD와 유사한 환각증세 • 고용량에서는 편집증과 공격성
	메스칼린	• 멕시코 선인장 페이오트(Peyote)에서 추출 • 제형: 분말, 캡슐, 용액	• 환상, 환각
억제제	진정수면제	• 바르비탈제제, 각종 수면제 등	• 불면 치료 목적 의약품 • 의존성, 내성, 호흡곤란, 심장기능 저하, 기억력장애 등 초래 가능
	신경안정제	• 디아제팜, 로라제팜 등	• 불안 및 긴장 완화 치료목적 • 내성, 착란, 졸리움, 장기 복용 시 기억력 저하 가능
	최면마취제	• 프로포폴(propofol)	• 전신마취 유도를 위한 정맥마취제 • 수면내시경 검사에서의 마취 • 무호흡, 혈압저하, 경련, 착란 등
		• GHB(Gamma Hydroxy Butyrate)	• 속칭 '물뽕'으로 불리는 약물로 흔히 성범죄에 악용됨

출처: 한국과학기술한림원(2019).

③ 대마 및 관련 의약품

대마는 카나비스(Cannabis) 속 일년생 식물로서 중국, 인도, 아프리카, 중남미 등 광범위한 지역에서 섬유 원료나 두통 등의 치료 약물로 오래전부터 재배되어 왔었다. 우리나라에서 대마를 유흥의 목적으로 흡입하게 된 것은 1960년대 이후로 당시 유행하던 히피 문화 및 베트남전 파병에 따른 영향 등이 크게 기여하였다.

대마는 '삼(hemp)'이라고 하며, 대마줄기는 삼베나 그물을 짜는 원료로 쓰이고, 열매는 향신료나 한방 약재로, 종자는 조미료용이나 채유용으로, 잎과 꽃은 흡연용으로 사용되어 왔다. 대마의 주요 성분은 TetraHydroCannabinol(THC)이다. THC는 중추신경억제제로 정신신경계에 다양한 영향을 미치는 정신활성물질로 흡연 시 도취와 환각상태에 이르게 되며 'Synesthesia'를 유발하며 '소리를 보고, 빛을 듣는다'는 감각의 변화를 야기하기도 하여 음악이나 예술을 하는 사람들이 많이 남용한다. 대마는 잎, 줄기, 꽃대, 씨앗 등 다양한 부분을 목적에 따라 달리 사용하는데, 대마초는 대마의 잎과 꽃대 윗부분을 건조하여 연초 형태로 만든 것을 말하며, 재배삼의 암그루 꽃이삭과 잎에서 얻은 것은 간자(Ganja), 야생삼에서 얻은 것은 '마리화나(Marihuana)' 또는 브항(Bhang)이라고 불린다. 'Marihuana'는 포루투갈어 'Mariguago(취하게 만드는 것)'에서 유래하였다고 한다. 이 대마초를 건조 후 압착시켜 수지 형태로 만든 것이 해시시(Hashish)로 1kg의 해시시를 얻기 위해서는 약 30kg의 대마초가 필요하다고 하며, THC 함유량이 10%로 대마초보다 8~10배 강하며, 또한 오일 형태로 추출된 해시시오일(Hashish oil)은 반복적인 농축 과정을 거치면서 대마의 중독 물질인 THC 함량이 20%로 더 높아진다.

최근 니코틴 용액 카트리지를 충전해서 전자담배를 흡연하는 것과 유사하게 대마 추출액을 대마 추출액 카트리지를 사용하는 전자대마초가 등장하여 우려를 낳고 있다.

2019년 3월 12일부터 우리나라에서도 의료용 목적으로 대마성분 의약품 처방이 합법화되어 뇌전증 치료와 다발성경화증 환자의 경련 완화 목적 혹은 항암 치료 후 식욕부진을 겪는 환자들에게 제한된 범위 안에서만 처방과 사용이 가능하다. 대마성분 중 환각효과가 없는 CBD(Cannabidiol)가 주성분으로 남용의 여지는 거의 없다고 볼 수 있다. 그러나 의료용 대마의 합법화에서 시작하여 결국 전면적인 합법화가 확산되어 가고 있는 미국의 상황으로 미루어 향후 THC가 포함된 의료용 대마를 수입하려 하거나 전면적 합법화를 주장할 우려가 있어 이에 대한 경계가 필요하다.

표 2-5 대마의 종류와 특성

종류		특성	작용
천연대마	대마초	• 연녹색, 황색, 갈색 잎 • THC 성분이 도취 및 환각 유발	• 흥분과 억제 두 가지 작용 • 초조, 만족감, 이완, 꿈꾸는 느낌, 공복감 • 변비, 환각, 심박 증가, 공포, 집중력 상실, 자아 상실감, 플래시백(중단 후 환각 재현)
	대마수지 (해시시)	• 대마초 30kg으로 해시시 1kg 제조 • 갈색 혹은 흑색 수지 • THC 2∼10% 함유	
	대마 오일 (해시시 오일)	• 해시시 3∼6kg으로 해시시 오일 1kg 제조 • 암록색 혹은 흑색 오일 형태 • THC 10∼30% 함유	
대마성분 의약품	Marinol®	• 성분: Dronabinol	• 적응증: 식욕부진을 겪는 에이즈 환자, 항암 치료 후 구역 및 구토 증상
	Cesamet® Canemes®	• 성분: Nabilone	• 적응증: 항암 치료 후 구역 및 구토 증상
	Sativex®	• 성분: THC, CBD	• 적응증: 다발성경화증 환자의 경련 완화제
	Epidiolex®	• 성분: CBD	• 드라벳증후군(영아기 중근 근간대성 간질), 레녹스가스토증후군(소아기 간질성 뇌병증)

출처: 대검찰청(2023).

④ 임시마약류

현행 마약류가 아닌 물질 중 마약류 대용으로 남용되어, 국민 보건상 위해 발생 우려가 있는 물질을 임시마약류로 지정하여 마약류와 동일하게 관리 · 통제하고 있다. 임시마약류는 1군과 2군으로 구분하여 지정하고 있다. 1군 임시마약류는 중추신경계에 작용하거나 마약류와 구조적 · 효과적 유사성을 지닌 물질로서 의존성을 유발

표 2-6 임시마약류의 분류

분류	물질명	지정 성분수	비고
1군	2,3DCPP, Norfludiazepam 등	9종	오피오이드 계열 등
2군	Alkyl nitrite, 1P-LSD 등	81종	암페타민, 합성대마 계열 등

출처: 대검찰청(2023).

하는 등 신체적 · 정신적 위해를 끼칠 가능성이 높은 물질 14종이 지정되었고, 2군 임시마약류는 의존성을 유발하는 등 신체적 · 정신적 피해를 끼칠 가능성이 높은 물질 91종이 지정되어 있다.

⑤ 다이어트 의약품

다이어트 목적으로 처방되는 의약품은 크게 식욕억제제, 지방흡수억제제, 하제 등으로 구분할 수 있다. 그중에서 식욕억제제는 암페타민계 성분이 포함되어 있어 오남용의 우려가 있다. 이와 같은 약물들은 중추신경계를 자극하기 때문에 불면, 어지러

표 2-7 국내에서 처방 가능한 비만억제제

분류	성분명	상품명	향정신성의약품 여부
식욕억제제	펜터민(Phentermine)	푸리민®, 아디펙스®, 디에타민®, 휴터민®	○
	펜디메트라진(Phendimetrazine)	푸링®	○
	디에틸프로피온(Diethylpropion)	디피온®	○
	마진돌(Mazindol)	마자놀®	○
	로카세린(Lorcaserin)	벨빅®	○
	부프로피온(Bupropion)+날트렉손(Naltrexone)	콘트라브®	×
지방흡수 억제제	오르리스타트(Orlistat)	제니칼®	×
GLP-1 유사체	리라글루티드(Liraglutide)	삭센타펜®	×

출처: 약학정보원(2018).

움, 두통 등의 부작용과 심계항진 등의 문제가 일어날 수 있다. 이에 일반적으로 체질량지수(BMI)가 30 이상인 비만환자나 당뇨, 고혈압, 고지혈증이 있는 경우에는 27인 경우에 초기에 한 가지 약물로 4주 이내의 단기간 처방만 허가하고 있으나, 의사의 판단하에 만족할 만한 체중이 감소된 경우 3개월까지 연장할 수 있도록 되어 있다. 각성제는 잠이 오지 않기 때문에 내성으로 양이 많아지면 수면제를 복용하게 되면서 수면제에 중독되는 경우가 많다.

⑥ 화학물질

마약류는 아니지만 톨루엔, 초산에틸, 메틸알코올, 시너, 접착제, 풍선류, 도료, 부탄가스, 아산화질소 등 환각 효과가 있어 의존성이 높은 물질들을 흡입하는 경우 그동안 「유해화학물질 관리에 관한 법률」로 규제하다가, 2015년부터 '환각물질'을 '흥분 · 환각 또는 마취의 작용을 일으키는 화학물질로서 대통령령으로 정하는 물질'로 정의하고 「화학물질 관리법」으로 개정되어 시행 중이다. 소위 '해피벌룬(happy balloon)' 또는 '웃음가스(실제로 웃음이 나오는 것이 아니라 안면근육이 마비되기 때문에 웃는 모습으로 보이는 현상)'로 불리는 마취제인 아산화질소를 풍선에 주입하여 클럽 등에서 불법적으로 판매되었고, 이후 환각물질에 포함되었다. 유해물질 오남용에 해당되는 화학물질은 주로 기체 형태로, 흡입제(inhalants)라고도 불린다. 흡입제는 휘발성 용매로 산업적인 목적으로 만들어진 화학물질이며, 본래의 사용 용도와는 다르게 인체에 흡입하였을 때 환각 작용과 같은 정신과적 증후군을 일으킬 수 있는 물질이다. 구체적인 예로는 탄화수소류로서 본드로 사용되는 아교, 페인트시너, 매니큐어 제거제, 드라이클리닝 용매, 톨루엔, 담배 라이터액, 가솔린, 아세톤, 나프탈렌옥산, 벤젠, 에테르, 클로로포름 등이고, 비탄화수소류로는 에어로졸 스프레이, 질산아밀, 마취제인 아산화질소가 해당된다.

우리나라에서는 1980년대부터는 대표적인 환각물질로 유행하면서 사회문제로 부각되었다. 최근에는 먼지떨이 스프레이를 흡입하는 것이 청소년 사이에서 유행으로 퍼지고 있어 우려된다. 흡입제는 값이 싸고 손쉽게 구할 수 있다는 점에서 청소년이

나 빈곤층에서 많이 남용되었다.

2. 마약류 중독

우리는 많은 약물을 접하며 살고 있다. 약물이란 우리의 신체적 · 정신적 건강이 잘못되었을 때 이를 바로잡아 건전한 몸과 마음을 유지하기 위하여 사용되는 물질로서 아무리 좋은 약이라도 과하게 복용하면 여러 가지 문제를 야기하게 된다. 약물을 잘못 사용하거나 다른 목적으로 사용하게 되면 오히려 몸과 마음을 상하게 하고, 개인적인 파멸은 물론 가정과 사회를 파괴하게 되어 원래의 좋은 목적을 달성하지 못하고 오히려 해치는 결과를 낳게 된다.

우리는 약물을 과신하는 경향이 있으며, 쉽게 약물을 접하게 된다. 그래서 자신도 모르는 사이에 약물을 남용하게 되고 중독되어 가는 것이다. 그러나 약물 오남용이 어떠한 것인지를 모르고 그 피해를 예상하지 못하기 때문에 적절한 치료의 기회를 놓쳐 버리고 점점 더 깊은 의존 상태에 빠지게 되며, 급성 중독증상으로 사망에 이르기도 하고, 금단증상으로 인해 약물에 더 의존하게 되는 악순환을 되풀이하면서도 이를 알지 못한다. 많은 사람이 자신도 모르게 각종 약물을 남용하거나 약물에 의존하고 있으면서도 '부정'과 '합리화'라는 방어기제를 통해 자신은 중독이 아니라고 생각해서 치료를 받을 생각도 못하고 있다. 건강상의 문제나 가족의 걱정에도 불구하고 계속 술을 마시거나 담배를 피우는 사람들이 얼마나 많은가? 술주정을 하거나 숙취 때문에 다음 날 고통을 겪고, 직장에 지각을 하고, 가족의 걱정에도 불구하고 술을 마시지는 않는가? 남들이 담배냄새를 싫어하는데도 불구하고, 금연구역에서 참지 못하고 남의 눈치를 봐 가며 담배를 피운 적은 없는가? 법으로 금지되어 있는 약물을 몰래 사용한 적은 없는가?

아무도 중독이 되고 싶어서 약물을 남용하지는 않을 것이다. 호기심이나 주변의 유혹 등으로 한두 번 정도야 괜찮겠지 하고 시작을 하는 것이다. 그러나 자신도 모르게 점차 양과 횟수가 많아지며 깊게 빠지게 된다. "바닥을 친다(hitting the bottom)."는 말이 있듯이, 모든 것을 잃고 나서야 비로소 후회하며 치료를 생각하게 되지만 그때는 이미 너무 늦었다. 마치 암을 초기에 방치하다가 암세포가 온몸으로 전이된 말기에 치료를 받는 것과 같다. 그러나 모든 질병과 마찬가지로 중독이라는 질병 역시 조기에 발견하여 빨리 치료하면 회복이 가능하며, 그러기 위해서 우리는 중독이 어떠한 질병인지를 알아야 할 것이다.

매스컴에서 약물중독의 문제를 연일 대서특필하는데, 약물중독이 도대체 무엇인지를 잘 모르고 있는 것이 우리의 현실이다. 우리는 암에 걸려 보지 않았어도 암을 겪어 본 많은 사람들을 통해 암이 어떻게 시작되고 발전하며 사망에 이르는 무서운 질병인지를 잘 알고 있기에 스스로 암을 예방하려고 노력하며, 건강검진을 통해 초기에 발견하여 치료하려고 노력한다. 마찬가지로 약물남용과 의존, 중독이 어떠한 것인지를 이해하고 그 피해가 얼마나 심각한지를 미리 알게 된다면, 약물남용과 중독의 위험을 예견하게 되고 따라서 이를 미리 예방할 수도 있으며, 남용이 이미 시삭되었다라도 빨리 치료를 받아 보다 쉽게 빠져나올 수 있을 것이다.

1) 용어의 정의

(1) 약물 오용(drug misuse)

의도적인 것은 아니지만 적절한 용도로 사용하지 못하고 잘못 사용하여 피해를 보게 되는 것을 의미한다. 예를 들면, 소화 불량을 치료하기 위하여 항생제를 사용하여 오히려 증상을 악화시키는 경우이다.

(2) 약물 남용(drug abuse)

약물을 의도적으로 다른 목적을 위해 사용하는 것으로, 원래 약물이란 한 가지 이상의 효과를 가지고 있어서 원래의 치료적 목적을 달성하더라도 많은 부작용을 가지고 있다. 원래의 목적이 아니라 부작용을 경험하기 위하여 일부러 사용하는 경우가 바로 약물 남용이다. 예를 들면, 접착제인 본드나 연료인 부탄가스, 감기약인 러미라 등을 원래의 목적을 위해 사용하는 것이 아니라 일시적으로 기분을 좋게 하기 위하여 사용하는 경우들을 말한다. 이런 경우 약물에 대한 내성이 생겨 점차 약물의 양을 늘려 가게 되고, 나중에는 이를 끊지 못하고 지속적으로 사용하게 되는 의존 상태에 빠지게 된다.

(3) 약물 의존(drug dependence)

말 그대로 약물의 노예가 되어 약물 없이는 지내기가 불편하고 괴로운 상황이 되어 계속 약물을 찾게 되는 상태를 말한다. 의존은 남용으로부터 시작되며, 우리가 일상적으로 말하는 중독이란 보통 의존을 지칭하는 것이다.

(4) 급성중독(intoxication)

약물이 신체 내에 과도하게 존재하여 여러 가지 부작용을 나타내는 상태로 가벼운 오심이나 구토, 두통, 복통에서부터 들뜬 기분, 혼동, 착각, 환각 등의 정신병적 상태를 나타내거나 혼수상태와 사망에까지 이르는 상태를 말한다.

2) 중독의 특성

모든 마약류는 모든 장기에 작용하여 신체적 부작용을 일으킬 뿐만 아니라 뇌에 도파민을 급작스럽게 높여 주므로 정신병을 유발한다. 자신의 몸과 마음이 약물로 인해 망가져 가는 것은 물론, 가족에게도 심각한 피해를 끼치며, 직업적 · 경제적인 문제뿐만 아니라 사회생활도 약물중심이 되어 이전의 건전한 친구들은 멀어지고 오직 약물과 관련된 사람만 만나게 되어 악순환이 지속되는 것이다. 자기 자신이나 주변에서 일어나는 문제들은 전부 남의 탓으로 돌리기 때문에 점차 주위로부터 멀어지고, 법망을 피해야 하기 때문에 숨어서 지내며 남을 의심하게 되고, 매사를 부정적인 것으로 보게 되어 성격도 충동적이고 편집적으로 변하게 된다.

대부분의 사람이 마약류를 잘 조절해서 기분만 좋게 요령껏 사용하면 되지 않을까 하는 생각에서 약물에 중독된다는 것을 이해하지 못하고 있다. 불법이라 하더라도 좋다고 하니까 호기심에서 한 번만 하는 마음으로 시작하게 된다. 대부분의 사람들이 한두 번에 그치기도 하지만, 일부는 그 맛을 느끼게 되어 반복하는 양상을 나타낸다. 고기 맛을 아는 사람들이 고기를 다시 찾는 것처럼, 마약류의 맛을 느껴 본 사람들은 그 맛을 잊지 못해 다시 찾게 된다. 한 번의 시작으로 많은 사람이 자신도 모르게 각종 약물을 남용하거나 의존하게 되는 것이다. 해서는 안 된다는 것을 알면서도 계속 하게 되는 것이 중독의 현상 중 하나인데, 자신의 의지와는 달리 반복해서 조절이 안 되는 이유는 중독이 정신질환의 일종이라는 것이기 때문이다.

필자는 중독을 일종의 정신적 암이라고 말해 왔다. 종합검진을 받다가 우연히 암세포가 발견되면 아무리 초기라 하더라도 모두가 치료를 받으려고 노력을 한다. 왜냐하면 방치하면 점차 암세포가 커져서 손을 쓸 수 없게 된다는 것을 알고 있기 때문이다. 중독이라는 질병도 처음에는 별거 아닌 것처럼 느껴지나 점차 진행될수록 안 하려고 해도 반복하게 되는 재발이 많은 특징을 지닌 질병이다. 중독은 만성질환이자 뇌질환이라는 두 가지 특징을 가지고 있는 질병이다. 만성질환은 일반적으로 완치되는 질병이 아니라 관리하는 질병이다. 당뇨와 고혈압이 대표적인 만성질환으로 당뇨와 고혈압으로 죽는 것이 아니라 그 합병증으로 사망하는 질병이다. 그러므로 혈당이나 혈압을 정상치 수준으로 유지할 수 있도록 꾸준히 관리하는 것이 중요하다. 만성질환을 가지고 있는 사람이라도 초기부터 관리를 잘하면 건강하다고 자부하는 사람들보다 더 건강하게 오래 살 수 있다는 말이 있는데, 만성질환을 관리하는 사람들은 항상 먹는 것을 신경 쓰고, 규칙적인 생활과 운동을 하고, 정기적으로 병원 진료를 받기 때문에 이 만성질환의 관리뿐만 아니라 다른 질병이 생겨도 조기에 발견하게 되어 빨리 치료할 수 있기 때문이다. 이처럼 중독도 조기에 발견하여 재발하지 않도록 꾸준히 관리하는 질병이라 할 수 있다. 중독은 뇌의 질환으로 뇌에 변화를 초래하여 의지와 상관없이 반복되고 진행되는 질병이다. 처음에 약물을 남용하게 되면 일시적으로 뇌에 변화가 일어나 다른 기분을 맛보게 되나 약효가 사라지면 정상으로 돌아온다. 그러나 이것을 반복하게 되면 점차 뇌에 지속적인 변화가 일어나며 정상으로 돌아오는 시간도 길어지고 원하지 않은 부작용을 초래하게 되며 점차 고착화된다. 뇌손상으로 인한 다양한 정신적 · 신체적 후유증을 나타내게 되며 결국은, 사망에 이르는 무서운 결과를 초래한다.

중독치료의 목표는 단약만이 아니라 단약을 통해 남은 인생을 보람되고 행복한 삶으로 만들기 위한 것이다. 그러므로 중독을 치료한다는 것은 결과적으로 의미 있는 삶을 살아간다는 것이다.

3) 중독의 진단기준

중독을 야기하는 물질들에는 약물(drug) 이외에도 본드(glue)나 부탄가스(butane Gas) 같은 물질(substance)들도 있어 이들을 포함하기 위하여 물질(substance)이라는 용어로 통일하여 약물중독보다는 물질중독이라는 용어를 사용한다. 그래서 진단명도 '물질관련장애(substance related disorder)'라고 총칭하며, 물질사용장애(substance use disorder)와 물질유발장애(substance induced disorder)로 구분하였다. 물질사용장애는 일반적으로 의존되는 상태를 말하며, 물질을 사용하지 않는 것이 자신을 위해서 더 좋다는 것을 알고 있음에도 불구하고 반복적으로 사용함으로써 신체와 정신, 사회적 안녕이 위협받게 되는 상태를 말한다. 물질유발장애는 물질을 남용함으로써 유발되는 정신적인 장애로, 특정 물질 사용에 따른 또는 사용하던 물질 중단에 따른 약리적 효과와 관계된 것으로서, 임상적으로 유의한 정신행동적 변화가 나타나는 경우를 말한다. 여기에는 급성중독(intoxication)과 금단(withdrawal), 섬망(delirium), 정신병(psychosis), 기분장애(affective disorder), 불안장애(anxiety disorder), 강박장애(obsessive-compulsive disorder), 수면장애(sleep disorder), 성기능장애(sexual disorder), 신경인지기능장애(neuro-cognitive disorder) 등이 있다.

중독을 야기하는 물질을 알코올(alcohol), 카페인(caffeine), 대마(cannabis), 환각제(hallucinogens), 흡입제(inhalants), 아편유사제(opioids), 진정 · 최면 · 항불안제(sedatives

· hypnotics · anxiolytics), 자극제(stimulants), 담배(tobacco), 기타(others) 등 10가지로 분류하였으며, 이 가운데 카페인은 급성중독증상과 금단증상은 있으나 사용장애에는 해당하지 않는다.

이전까지는 물질남용과 물질의존으로 나누어 진단하였으나, 2013년에 미국정신의학회(American Psychiatric Association: APA)에서 『정신질환 진단 및 통계편람-5판(Diagnostic and Statistical Manual of Mental disorders-5th Edition: DSM-5)』*으로 개정하면서 중독을 남용과 의존으로 나누지 않고 정도의 차이를 보이는 스펙트럼을 가진 한 가지 질환인 물질사용장애(Substance Related Disorder)로 통일하였으며, 최근 12개월 중에 다음의 11개의 증상들 중 2~3개에 해당하면 경도(mild), 4~5개에 해당되면 중등도(moderate), 6개 이상 해당되면 고도(severe)로 구분하였다.

- 종종 의도했던 것보다 더 많이 또는 더 장기간 물질을 사용함
- 물질사용을 중단하거나 조절하려는 지속적인 욕구, 또는 노력을 해도 실패함
- 물질 구하기, 사용하기, 효과에서 회복하기 위한 활동에 많은 시간을 소비함
- 갈망, 물질을 사용하려는 강한 욕구와 충동
- 물질을 거듭 사용한 결과 직장, 학교, 가정에서 중요한 역할임무를 완수하지 못함
- 물질의 효과에 의해 지속적이고 반복적인, 사회적 대인관계 문제가 일어나거나 악화됨에도 불구하고 계속 물질을 사용함
- 중요한 사회, 직업, 여가활동이 물질 사용 때문에 줄어들거나 중단됨
- 신체적으로 위험한 상황에서도 거듭해서 물질을 사용함
- 물질이 일으키거나 악화시켰을 것 같은 지속적이고 반복적인 신체 · 정신적 문제가 있음을 알면서도 물질을 계속 사용함
- 내성: 다음 중 하나로 정의됨

* DSM-IV에 이어 다섯 번째 개정판으로 2013년 DSM-5, 2023년 DSM-5-TR이 발간되었다. 국내에서는 2024년 『DSM-5-TR 정신질환의 진단 및 통계 편람』(제5판 수정판, 학지사)으로 출간되었다.

–중독 혹은 원하는 효과를 얻기 위해 훨씬 많은 양의 물질이 필요함
–같은 양의 물질을 계속 사용하는데 효과는 크게 감소함

• 금단: 다음 중 하나로 정의됨
  –물질에 특징적인 금단증상
  –금단증상을 줄이거나 피하기 위해 같은(또는 관계 깊은) 물질을 사용

또한 회복의 정도를 '초기 관해'와 '지속적 관해'로 나누었는데, 초기 관해(early remission)란 3~12개월간 항목 4를 제외한 어떠한 증상도 없을 때를 말하며, 지속적 관해(sustained remission)란 12개월 이상 항목 4를 제외한 어떠한 증상도 없을 때를 말한다. 병원에 입원을 하거나 교도소에 수감되는 등 물질에 대한 접근이 제한되는 환경에 살고 있을 때에는 '조절된 환경에 거주'라는 표시를 하도록 하였다.

4) 중독의 기전

중독의 가장 중요한 원인으로는 뇌의 변화를 들 수 있다. 우리 뇌는 약 1,000억 개의 뇌세포로 이루어져 있으며, 200조의 연결고리를 가지고 있다. 현재까지는 뇌세포는 한번 죽으면 재생되지 않는 것으로 알려져 있는데, 사춘기가 지나며 뇌 역시 노화가 일어나 하루에 5만에서 10만 개의 뇌세포가 죽는다고 한다. 뇌도 영역별로 특징적인 기능을 가지고 있으며, 우리의 기분을 좋게 만들어 주는 부위가 있는데, 이곳을 보상회로(reward pathway)라 한다. 일상생활에서 즐거움이나 기쁨, 보람이나 행복 등을 느껴야 살맛이 나듯이, 살맛 나게 만들어 주는 부위가 바로 이 보상회로인 것이다. 보상회로에 도파민이 일시적으로 증가하면 기분이 좋아지게 되어 쾌감이나 즐거움, 보람, 행복감 등을 느끼게 되는 것이다. 그래서 보상회로를 쾌감중추(pleasure center)라고 부른다. 약물을 남용하게 되면 이 보상회로에 도파민을 급격히 높여 주어 순간적으로 기분을 좋게 만들기 때문에 반복하게 되어 중독현상이 일어나게 된다. 그래서 보상회로를 중독 중추(addiction center)라고도 한다. 도박이나 게임, 성 중독 같은 행위

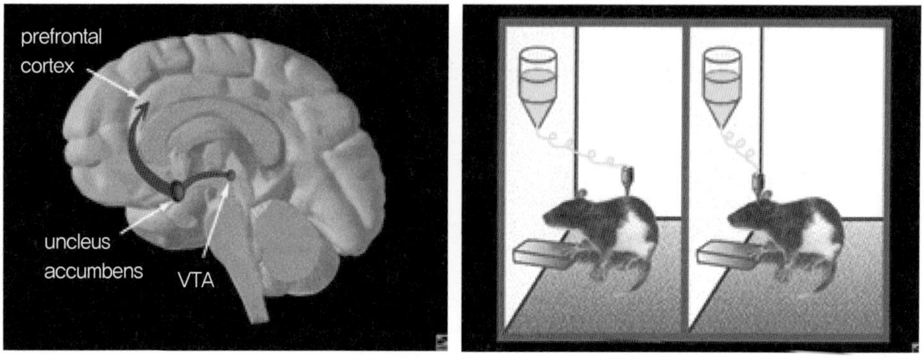

[그림 2-1] 보상회로

출처: http://www.udel.edu/skeen/BB/Hpages/Reward%20Addiction2/reward.html

중독은 물론이고 알코올이나 각종 마약류 등 물질중독들은 모두가 보상회로에 도파민을 높여 주는 작용을 하는데, 이 보상회로는 1950년대에 올즈(Olds)와 밀러(Miller)에 의해 발견되었으며, 다음의 실험을 통해 보상회로의 역할을 알아볼 수 있다.

이 실험은 쥐를 이용한 실험으로 레버를 누르면 혈관으로 코카인이 투여되는 장치를 사용하였다. 쥐가 우연히 이 레버를 누르게 되면 혈관에 코카인이 투여됨과 동시에 이 물질이 뇌를 포함한 전신으로 퍼져 도파민을 높이게 되고, 이로 인해 기분이 좋아진 쥐는 먹지도 않고 자지도 않으며 죽을 때까지 레버만 누르게 된다. 그러나 코카인은 혈관으로 투입되기 때문에 뇌 전체로 퍼져 뇌의 어느 부위에서 쾌감을 느끼는지를 알 수 없었다. 그래서 뇌에 직접 꽂아 부위를 측정해 보았는데, 특정 부위에 코카인이 투여되자 쥐는 기분이 좋아져 레버를 계속 눌렀으나 몇 mm 옆에 꽂았을 때는 레버를 누르지 않았다. 이를 통해 쾌감을 조절하는 중추가 있다는 것을 알게 되었고 이것을 보상회로라고 한다. 중뇌복측피개(Ventral Tegmental Area: VTA)와 측좌핵(Nucleus Accumbens: NA)으로 이어지는 곳으로 이곳에 도파민이 증가하면 쾌감이나 즐거움, 행복감을 느끼게 되는 것이다. 그래서 이곳을 쾌감 중추라고도 하며, 이러한 작용 때문에 중독이 되어서 중독 중추라고도 한다. 인간이 살아가면서 쾌감이나 행복, 보람이나 즐거움을 느끼게 만들어 주는 곳이므로 인간이 살맛 나게 만들어 주는 곳이며 없어서는 안 되는 매우 중요한 부위라 할 수 있다. 마약류는 바로 이 보상회로에 도파민을 일시적으로 증가시키는 작용을 하여 순간적으로 기분을 좋게 만드는 것이다.

5) 중독이 뇌에 미치는 영향

약물을 처음 사용하는 사람들은 약물 사용을 스스로 잘 조절할 수 있다고 생각하지만 약물은 그들의 생활을 급격하게 파괴시킨다. [그림 2-1]에서처럼 쥐는 아무것도 안 하고 오로지 레버만 누르다가 죽고 만다. 이것이 바로 중독의 무서움이다. 약물을 지속적으로 남용하게 되면 뇌가 파괴되기 때문에 도파민의 양이 점차 줄어들게 되며, 초기에 느꼈던 즐거운 행동들이 덜 즐거워지기 시작하고, 효과를 보기 위해서 점차 양을 많이 늘리게 되며, 나중에는 약물을 해도 기분이 좋아지지 않지만 파괴된 도파민으로 인해 인생의 즐거움을 맛볼 수 없기 때문에 이를 벗어나고자 약물을 남용하게 된다. [그림 2-2]는 메스암페타민으로 인해 파괴되는 뇌의 부위를 나타내며, 주로 해마(Hypocampus)와 변연계(limbic system)가 파괴되는 것을 알 수 있다. 해마는 기억을 담당하는 곳으로 이곳이 파괴되면 기억력의 장애가 생길 수밖에 없다. 더구나 감

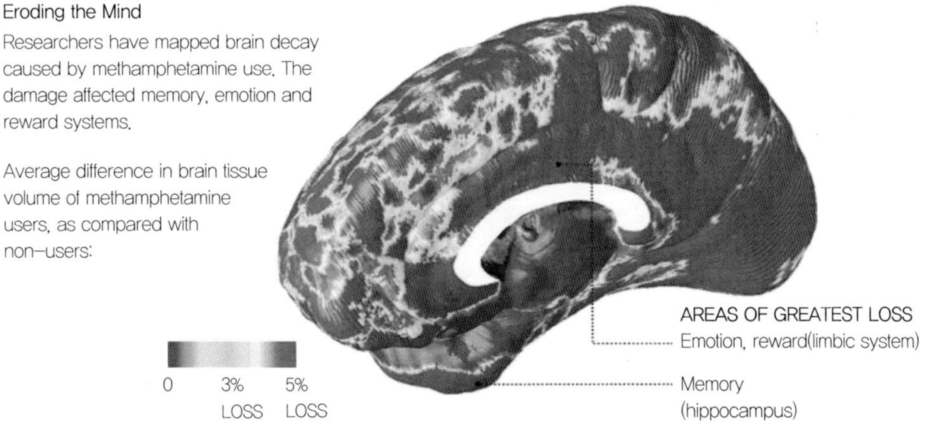

[그림 2-2] 메스암페타민에 의해 파괴되는 뇌의 부위

출처: Thompson et al. (2004).

정을 조절하는 기능과 보상회로가 있는 변연계가 파괴되어 감정조절이 안 되기 때문에 분노조절장애나 심한 우울증으로 고생을 하게 되며, 예전과 달리 조그만 자극에도 쉽게 흥분하고 공격적으로 변해 가게 된다. 더 중요한 것은 바로 즐거움을 느끼게 해주는 보상회로가 파괴되기 때문에 점차 즐거움이나 쾌감, 행복감 등을 제대로 느끼지 못하게 되는 것이다. 역설적이지만 순간적으로 기분을 좋게 하려고 마약류를 남용하였는데 결과적으로는 평생 자신에게 즐거움을 가져다주는 보상회로를 파괴시키고 있던 것이다. 이는 순간적인 즐거움을 맛보기 위해 고리대금을 빌려 쓰다가 가산을 탕진하는 어리석은 행동과 같은 것이다.

6) 중독에서의 회복이 가능한가

한번 파괴된 뇌세포는 재생되지 않는다. 그러나 살아 있는 뇌세포가 활성화되면 기능은 어느 정도 회복될 수 있다. 고무줄을 잡아당겼다가 놓으면 초기에는 원상으로 돌아오지만 자꾸 반복하게 되면 늘어지게 되며 계속 당기다 보면 결국은 끊어지게 되는 이치와 같다. 이처럼 중독도 초기에는 기능이 회복될 수 있지만 오래되면 회복이 어려울 수 있다.

[그림 2-3]에서 메스암페타민 중독자가 단약을 했을 때 뇌의 도파민 기능이 회복되는 정도를 볼 수 있다. 맨 위의 사진은 정상적인 사람의 도파민 활성도를 나타내며, 가운데 사진은 메스암페타민 중독자가 약을 끊은 후 1개월 뒤에 찍은 사진으로 뇌에 도파민이 현저히 저하되어 있음을 볼 수 있다. 맨 아래 사진은 14개월 동안 단약을 한 후에 찍은 사진으로 도파민이 어느 정도 회복되어 정상 수준에 다다랐음을 보여 준다. 물질남용으로 인한 도파민의 파괴가 정상화되기 위해서는 일 년 내지 일 년 반 이상의 시간이 필요하다. 한두 달 약을 끊었다고 해서 뇌가 회복되지 않는다는 것이다. 뇌가 회복되지 않은 상태에서는 도파민의 저하로 인해 일상생활에서 쾌감이나 즐거움, 행복감을 느낄 수 없기 때문에 살맛이 나지 않아 또다시 물질을 찾게 되는 악순환이 반복되는 것이다. 그러므로 치료는 뇌의 도파민 활성도가 정상화될 때까지 최소

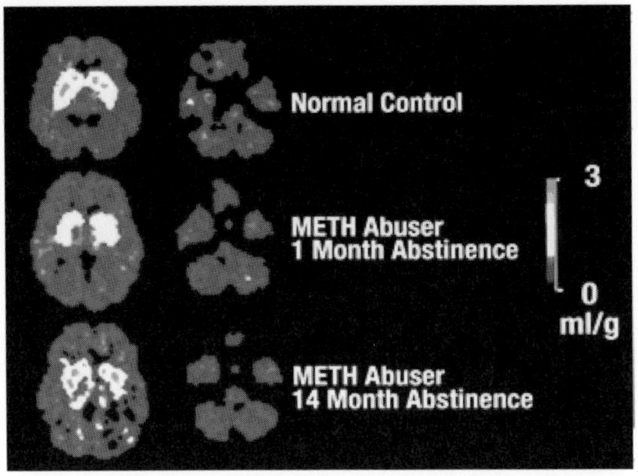

[그림 2-3] 메스암페타민 중독으로부터의 회복

출처: Volkow et al. (2001).

한 일 년 이상 지속적으로 이루어져야 한다.

7) 재발의 원인

약물을 사용하겠다는 초기의 결정은 자발적일 수 있다. 그러나 약물남용이 지속될수록 자기조절 능력은 심하게 손상된다. 약물중독 환자들의 뇌영상(brain imaging)에 관한 연구를 보면, 약물의 남용은 판단력과 의사결정 능력, 학습능력, 기억력, 행동조절 능력 등을 관장하는 뇌의 영역에 물리적인 변화를 야기하는데, 과학자들은 이러한 변화들이 뇌의 기능을 변화시키고, 중독자들의 강박적이고 파괴적인 행동들을 설명할 수 있다고 믿고 있다. 인간은 망각이 있기 때문에 살 수 있다. 쓸모 없는 기억들은 망각을 하게 되고 필요한 부분들만 기억을 하게 되는 것이다. 그러나 충격적인 경험들은 장기기억을 담당하는 해마에 저장되어 평생 잊지 못하게 되는데, 예를 들어 세월호가 침몰되었을 때 죽을 뻔했다가 살아난 사람들이나 가족들은 그 기억을 평생 잊지 못하기 때문에 악몽을 꾸거나 배만 봐도 두려움을 느끼게 될 것이다. 이처럼 약물을 경험했던 기억도 충격적이기 때문에 장기기억 속에 저장되어 평생 지속된다.

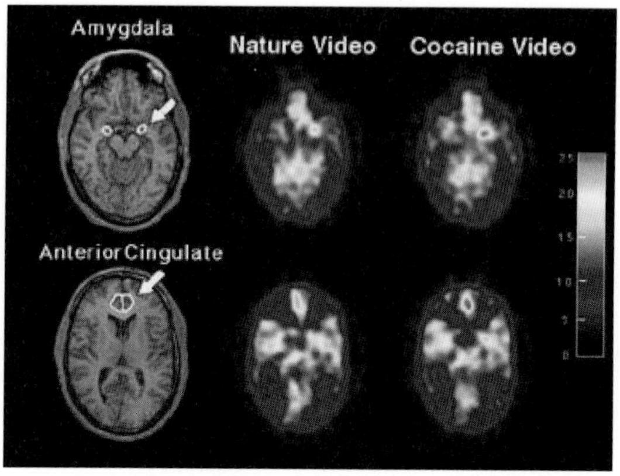

[그림 2-4] 코카인 자극에 의해 활성화되는 변연계

출처: Childress et al. (1999).

[그림 2-4]를 보면, 코카인 중독자에게 평범한 영화를 보여 줄 때에는 평온한 뇌 상태를 보이지만, 화면 속에서 코카인을 하는 장면이 나오자 해마와 전축대상피질에서 반짝반짝 빛이 나는 것을 볼 수 있다. 이와 같이 마약과 관련된 사람을 만나거나 관련된 상황을 접하게 되면 평소에 생각나지 않았던 마약에 대한 기억이 되살아나 또다시 마약을 하고 싶어지는 갈망상태가 야기되는 것이다.

[그림 2-5]는 약물에 대한 기대감으로 인해 약을 투여하기도 전에 이미 뇌 안에 도파민이 증가하는 것을 보여 준다. 쥐에게 코카인을 투여하기 전에 코카인이 투여된다는 신호를 보내자마자 뇌 안의 도파민이 증가되는데, 이는 약물과 관련된 상황을 만나게 되면 약물에 대한 기억이 되살아나 갈망이 생기고 그러한 갈망이 도파민의 증가를 야기하여 쉽게 흥분하게 된다는 것을 의미한다.

이처럼 약을 투여하지 않더라도 약에 대한 이야기를 하거나 관련된 사람들을 만남으로써 도파민의 파괴는 지속된다는 것을 알 수 있다. 그러므로 교도소 내에서 약을 하지 않더라도 서로 모여 약물에 대한 이야기를 하거나 무용담을 이야기하는 것과 같이 간접적인 약물사용을 경험한다면 뇌의 파괴가 지속되기 때문에 약을 하지 않더라도 뇌는 회복되지 못하고 출소 후에도 일상생활에 재미를 느끼지 못하며 재발이 잦

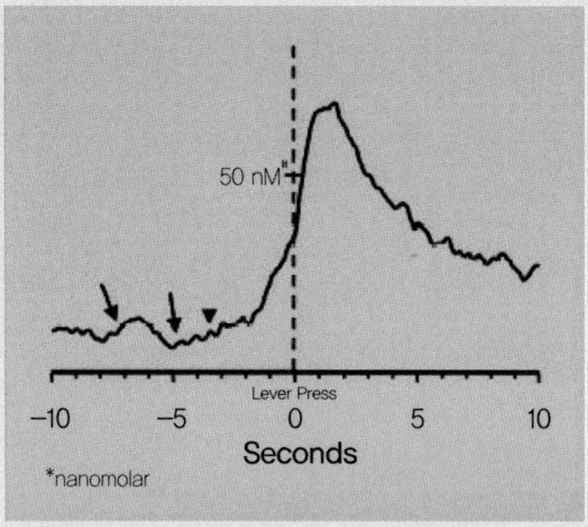

Anticipation of Cocaine Triggers Dopamine Increase in Rats. Rats trained to self-administer cocaine exhibited elevations in dopamine concentrations when they anticipated cocaine and again when they began to seek the drug. Arrows indicate when dopamine levels began to increase; the inverted triangle shows when rats approached the lever that triggered a cocaine infusion.

[그림 2-5] 코카인에 대한 기대감이 도파민 증가를 유도함

출처: Phillips et al. (2003).

게 되는 것이다. 그러므로 중독자들은 이를 항상 경계해야 하며 약물에 대한 갈망이 일어났을 때를 대비한 전략을 가지고 있어야 한다. 약물중독은 당뇨병이나 고혈압과 같이 평생을 관리해야 되는 질병인 것이다. "한번 중독자는 영원한 중독자"라는 말이 있다. 이는 회복이 안 된다는 뜻이 아니라 재발의 위험성을 경고하는 것이다. 관리는 재발 없이 건강한 삶을 살기 위한 것으로, 꾸준히 관리를 잘 하면 오히려 다른 사람들보다 더 건강하고 보람된 인생을 살 수 있다. 위기를 기회로 만드는 것은 언제나 자신의 몫이다.

8) 마약류 중독의 치료단계

마약의 유혹은 뇌에 저장되어 평생 지속되는 특징이 있어 재발가능성이 높기 때문에 항상 중독자임을 잊지 않고 경계하는 것이 필요하다. 치료의 시작은 중독을 인정하는 것이다. 인정해야 중독에서 벗어나기 위한 노력이 시작된다. 치료를 받는 이유는 마약을 끊는 것만이 아니라 그 원인이 되었던 생활양식이나 가치관까지도 이번 기회에 건강한 것으로 바꾸도록 하여 가족들과 함께 행복한 삶을 살아가겠다는 것이다.

마약류 중독의 치료는 다음의 4단계로 나눌 수 있다.

첫 번째 단계는 해독치료(detoxification)이다. 약물에 취해 있거나 금단증상이 있을 때에는 해독치료를 통해 신체적 · 정신적으로 안정시켜야 한다. 메스암페타민과 같은 각성제의 경우에는 잠을 못 자고 예민해지며, 불안하고, 의심이 많아지고, 심하면 피해망상이나 관계망상, 환청 등의 증상이 나타나 정신병적 상태에 있게 되며, 이로 인한 충동적이고 공격적인 행동들이 나타날 수 있다. 헤로인이나 모르핀 같은 마약은 신체적인 금단증상이 심하여 갑자기 끊을 경우 생명이 위태로울 수도 있다. 하품부터 재채기, 불안, 떨림, 설사, 복통, 오한, 심한 통증, 간질 발작까지 다양한 증상들이 나타나 세심한 주의가 필요하다. 일단 해독이 되면 본격적인 치료를 받을 수 있는 준비가 된 상태이다.

해독이 된 후에는 치료에 대한 동기를 만드는 동기강화치료(motivation enhancement treatment) 단계로 들어간다. 대부분의 중독자는 해독만 되면 치료가 다 되었다고 생각해서 더 이상 치료를 받지 않아 잦은 재발로 고생하고 있다. 중독질환의 특징은 부정(denial)과 합리화(rationalization)인데, 자신이 중독되었다는 것을 인정하는 경우는 매우 적다. 치료적 동기를 강화하기 위해서 그동안의 마약류 남용으로 인한 피해를 적극적으로 찾아보는 것이다. 중독자들의 또 다른 특징은 남용으로 인한 긍정적 효과는 극대화하고 그 피해는 최소화하는 경향이 있다는 것인데, 마약의 좋은 경험은 눈앞에 달고 다니지만 그 피해는 등에 지고 있는 것과 같다. 일부러 뒤를 돌아 그 피해를 찾아보지 않으면 잘 느끼지 못하기 때문에 마약 생각만 하면 눈앞의 좋은 경험만 떠올라 재발하게 되는 것이다. 그래서 신체적 피해뿐만 아니라 정신적 · 가정적 · 직업적 · 경제적 · 사회적 · 영적 피해 등 다양한 방면의 피해를 절실히 느끼도록 해야 한다. 피해를 많이 느낄수록 단약하려는 힘은 강해진다.

세 번째 단계는 본격적인 치료(main treatment) 단계로 중독의 원인이 되는 가치관이나 생활습관을 바로잡아 가기 위한 치료이다. 중독자들의 생활은 매우 불규칙적으로, 약에 취해 일상생활이 흐트러져 있는 것이 일반적이다. 이를 법을 잘 지키고, 질서와 예의를 지키고, 규칙적인 생활을 하는 규범적 생활로 바꾸어야 한다. 책임감 있고 정직한 생활로 돌아가야 한다. 생활습관을 바꾸기 위해서는 가치관을 바꾸어야 할 것이다.

치료는 단약만을 위한 것이 아니며 남은 인생을 보람되게 하기 위한 것이다. 부모가 자식에게 하는 당부가 있다. "얘야! 너는 울면서 태어났지만 가족들은 너무 좋아서 웃었다. 너는 죽을 때는 주위 사람들이 안타까워서 울지만 너는 웃으면서 죽을 수 있어야 한다." 이처럼 우리는 죽을 때 웃으면서 죽을 수 있도록 인생을 살아야 하는 것이다. 욕심내지 않고 조그만 것에서 행복을 느끼고 가족과 주위 사람들을 사랑하며 배려하는 삶을 살아가야 한다는 것이다. 이는 많은 시간이 필요하다. 오랫동안 잘못 길들여진 습관을 단번에 바꿀 수는 없기 때문이다.

네 번째 단계는 재발 예방(relapse prevention) 단계이다. 아무리 가치관과 생활습관을 바꾸더라도 완전할 수는 없다. 중독은 재발이 많은 것이 특징인데, 주변의 유혹이나 우울이나 불안 같은 감정의 변화, 스트레스 등이 생기면 예전에 약물을 남용했을 때의 경험이 기억나고 이 때문에 갈망이 생겨 재발이 일어나게 된다. 그러므로 재발의 원인을 알아보고 이에 대한 대처방법을 연습하는 것이 필요하다.

재발의 원인은 크게 세 가지로, 부정적 감정, 대인 간의 갈등 그리고 사회적 압력이 있다. 먼저, 부정적 감정은 화가 나고 우울하고 심심하고, 외로움을 느끼는 등 인상을 쓰게 되는 감정으로 부정적인 사고에서 생겨난다. 그러므로 부정적인 사고를 긍정적인 사고로 바꾸어 가는 것이 필요하다. 긍정적 사고는 긍정적 감정을 낳는다. 매사를 긍정적으로 바라보는 연습을 통해 부정적인 감정을 줄이고 긍정적인 감정을 키워 나가야 할 것이며, 설사 부정적인 감정이 생기더라도 이를 긍정적으로 받아들이는 자세가 필요하다. 우울이나 불안 등은 거부할수록 더 크게 다가오게 된다. 이를 겸허히 받아들이고 수용하며, 그 의미를 찾아보면 마음이 안정될 것이다.

다음으로, 대인 간 갈등은 상대방을 이해하지 못하기 때문에 생긴다. 상대방을 이해하기 위해서는 상대방의 입장에서 생각해 보는 것이 필요한데, 내가 행동하기 전에 먼저 상대방 입장이 되어 생각해 본다면 오해를 줄일 수 있고 갈등도 해결할 수 있다.

마지막으로, 사회적 압력은 본인의 의지와 상관없이 주위에서 은연중에 압력을 가하는 것이다. 약물을 남용할 때 관련된 사람들이 연락을 해 오거나 유혹을 하는 환경이 제일 위험하다. 따라서 약물과 관련된 예전의 사람들의 연락처를 없애고 만나지 말아야 한다. 유혹이 오면 강력하게 거절해야 하며, 이는 연습을 통해 가능해진다. 미국에서는 어린 시절부터 'Say No!' 프로그램을 시행하여 마약에 대해 당당히 "No!"라고 말하도록 가르쳐서 효과를 보았다. 친구와 적을 잘 구별할 줄 알아야 한다. 회복자나 치료자, 상담자 등 회복을 도와주는 사람들이 친구이며, 유혹하는 사람들은 적일 것이다. 적을 멀리하고 친구를 만나 유혹을 이길 수 있는 힘을 기르는 것이 중요하다.

약물 중독의 치료는 또한 입원치료와 외래치료로 나눌 수 있는데, 입원치료는 해독을 하거나 금단증상이 심한 경우에 필요하다. 안정된 환경에서 집중적인 치료를 받을 수 있기 때문이다. 또한 유혹을 이길 힘이 생길 때까지 자신을 보호하기 위하여 입원이 필요하다. 그러나 입원치료는 어디까지나 외래치료를 위한 준비단계라 할 수 있다. 연구결과 얼마나 오랫동안 치료를 받느냐가 회복에 가장 효과적인 인자였다. 사회생활을 하면서 정기적으로 치료를 받아 재발을 예방하는 것이 중요하다. 그러기 위해서는 단약자조모임(Narcotics Anonymous: NA)에 참여하는 것이 중요하다.

9) 단약자조모임

약물중독의 원인은 '약물' 그 자체에 있는 것이 아니라 약물을 사용하는 바로 그 '사람' 전체의 문제라는 근본적인 전제가 있다. 사람이 새롭게 바뀌지 않고는 약물중독에서 빠져나오기란 쉽지 않으며, 약물을 남용해 왔던 그 상태 그대로의 사고방식과 생활양식을 가지고 있는 한 약물중독에서 빠져나올 수 없다는 것이다. 그래서 치료의 원칙은 중독된 사람의 생활양식을 '책임감 있고 정직한 생활양식'으로 바꾸는 것이며, 그러기 위해서는 기존의 부정적 사고방식과 부정적 감정표현, 부정적 행동양상을 모두 긍정적인 것으로 바꾸어야만 가능하게 된다. 이러한 긍정적인 사고와 책임감 있고 정직한 생활이 습관화된다면 산다는 그 자체가 의미가 있고, 약물에 의존하지 않는 생활이 진정으로 행복하다는 사실을 알게 된다.

그러나 수십 년간 쌓아 온 생활양식을 하루아침에 바꾼다는 것은 그리 쉽지 않은 일이다. 습관이 일주일이나 한 달 만에 바꾸어지겠는가? 어느 한 회복된 중독자가 단약모임에서 한 말이 폐부를 찌른다. "피눈물을 흘려 보지 않고는 약물중독에서 회복될 수 없다."라는 것이다. 아무리 단약의 의지가 있더라도 마음속 깊은 곳에서 우러나오는 철저한 반성과 약물 없는 생활을 실천에 옮기려는 끊임없는 노력이 없으면 안 된다는 의미일 것이며, 그동안의 단약의 노력에도 불구하고 수많은 좌절 속에서 회복을 향한 집념을 불태우며 깨우친 말일 것이다. 그래서 단약모임에서 처음에 하는 말이 "나는 약물중독자 ○○○입니다. ○○년간 단약을 유지하고 있습니다."이다. 이 말은 많은 것을 함축하고 있다. "약물중독으로 인해 나는 너무나 많은 것을 잃었습니다. 또한 약물을 끊기 위해 피나는 노력을 해 오고 있습니다. 나는 약물을 끊은 지 10년이 넘었지만 아직도 경계를 게을리하지 않고 있습니다. 나는 약물을 끊음으로써 인생의 참뜻을 알게 되었고, 지금은 너무나 행복합니다. 나는 회복된 약물중독자로서 아직도 약물에서 헤어 나오지 못하는 약물중독자들에게 단약의 즐거움을 전해 주고 싶습니다."

한 회복된 중독자는 다음과 같이 말한다. "내가 약물중독에 빠졌던 것을 너무나 감사하게 생각합니다." "내가 만일 약물중독에 빠지지 않았다면 인생을 되돌아볼 기회도 없었을 것이고, 그랬다면 나는 약물을 접하지 않았더라도 아마 나의 삶은 다른 부정적인 행동과 문제로 얼룩진 인생을 그대로 답습하며 살고 있었을 것입니다. 내가 약물에 중독되었고 중독에서 회복이 되면서 나의 인생을 되돌아볼 수 있었으며, 그랬기에 지금은 새롭고 건강한 삶을 살게 되었습니다." 참으로 역설적인 말이 아닐 수 없다. 약물에 중독이 되었기를 잘했다는 것이 아니라, 중독에서 회복될 기회가 있었기에 진정한 행복을 느낄 수 있었다는 것이다.

우리는 약물뿐만 아니라 다른 많은 것(알코올, 도박, 섹스, 경마, 범죄, 반사회적 행동, 심지어는 일중독까지)에 중독이 되어 있을 수 있다. 물론 이러한 중독에 빠지지 않는 것이 중요하지만, 더 중요한 것은 중독에서의 회복을 통해 깨우치는 것이 있을 때에 인생의 의미가 더 소중해질 수 있다는 것이다. 이는 중독에서 회복된 사람들만이 겪는 인생의 교훈이다. 그래서 이러한 소중한 경험을 함께 나누고, 아직까지 헤어 나오지 못하는 수많은 중독자에게 희망의 횃불이 되고 싶어 단약모임을 만들고 함께하는 것이다.

약물중독으로 인해 수많은 소중한 것들을 잃게 된다. 경제적인 것은 말할 것도 없고 사회적인 지위와 심지어는 취미생활까지도 잃어버렸다. 더 무서운 것은 사람들을 잃어버렸다는 것이다. 진정한 친구는 물론 부모, 자식, 배우자까지도 결국에는 자신의 곁을 떠나가고 나중에는 혼자 외로움에 몸부림치며 또다시 약물에 의존할 수밖에 없다는 것이다. 아무리 단약의 의지가 강하다 해도 주위에 이를 믿어 주는 사람이 없고 지지해 줄 막이 없으면 쉽게 무너지게 되며, 아무리 훌륭한 치료적 기법이 도입되었다고 해도 이를 꾸준히 적용하고 평생 동안 이루어지지 않는다면 소용이 없게 된다. 그러기 위해서는 이를 함께 적용하고 평생의 동지로서 서로를 지지하는 체제가 있어야만 하며, 이는 바로 약물중독자 당사자들의 필요에 의해 자율적으로 만들어지는 단약모임이라고 할 수 있을 것이다. 단약모임이 바로 새로운 삶을 위한 자신들의 보호막이 되고 지지막이 되며 비빌 언덕이 될 수 있다는 것이다. 약물중독의 피해와 이로 인한 처절한 외로움은 약물중독자와 이들의 회복을 도우려는 사명감을 가진 사람들만이 느낄 수 있다.

외국의 경우, 중독에서 회복한 사람들이 약물중독의 치료에 크나큰 도움을 주고 있다. 치료 일선에서 일차적 상담자로서 자신의 부정적인 약물남용의 경험을 치료라는 긍정적인 방향으로 적용하며, 다시는 자신과 같은 약물중독자들을 만들지 않기 위해, 나아가 약물중독의 늪에서 빠져나오려는 사람들에게 용기와 희망을 주는 일을 하는 것이다. 약물중독에서 빠져나오는 지름길은 중독자 자신이 자신의 치료자는 물론 다른 중독자의 치료자가 되는 길이다. 서로가 서로의 회복을 위해 돕는 모임이 바로 단약모임이다. 단약모임에는 12단계와 12전통이 존재하는데, 지나온 약물로 점철된 날들을 철저히 반성하고 혼자의 힘이 아닌 같은 목적을 가진 동료들과 함께 건강하고 새로운 삶을 위해 실천 방안들을 만든 것이다. 이러한 단계와 전통은 비단 약물중독자뿐만 아니라 일상적인 삶을 살아가는 사람들에게도 손쉽게 적용되는 좀 더 인간적인 생활을 위한 것이다. 약물에 중독되었었지만 이제는 회복을 통해서 전에 맛보지 못했던 진정한 즐거움을 새롭게 알게 되는 것이다. 비록 일주일에 한두 번, 한 달에 한 번 만난다 할지라도 그동안 이해해 주고 서로에게 의지가 되었던 새로운 삶을 살고 있는 자신과 동료들을 만나는 것만으로도 행복을 느끼게 된다. 만남을 통해 자신의 회복을 점검하고 나약해지는 자신의 마음을 다스리며 다른 회복자들의 아픔과 어려움을 이해하고 지지하면서 함께 즐거운 인생으로 나아가는 모임이 너무나 고마운 것이다.

3. 결론

우리나라는 마약류관리에 관한 법률로 마약류를 관리하고 있다. 마약류란 중독성이 있는 물질이기 때문에 관리가 필요한 것이다. 마약류에는 마약과 향정신성의약품, 대마로 구분되어 있으며, 또한 불법 마약류와 의료용 마약류로 구분하기도 한다. 작용에 따라 중추신경 자극제와 억제제로 구분하기도 한다. 중독은 재발이 잦은 만성질환이며 뇌질환이다. 재발이 되는 이유는 마약류를 남용하였을 때 느꼈던 좋았던 경험을 잊을 수 없기 때문이다. 우리의 뇌는 강렬한 경험을 하게 되면 중요하다고 생각하여 뇌의 기억장치 속에 저장되며 거의 평생 지속되는 경향이 있다. 그 기억이 남아 있는 한 생각날 때마다 갈망이 생기며 재발의 위험성이 높아진다. 그러나 그 기억을 없앨 수 있는 방법이 없기 때문에 기억이 나더라도 재발하지 않도록 평생 관리하는 만성질환이다. 뇌에는 보상회로가 있어서 도파민이 증가하면 기분이 좋아지게 된다. 일상생활에서 느끼는 즐거움이나 기쁨, 행복, 쾌감, 보람 등 긍정적 기분을 만들어 주는 곳이다. 마약류는 이 보상회로에 평상시보다 많은 도파민을 분비시키는 작용을 하기 때문에 중독성을 나타내는 물질들이다. 그러나 마약류는 내성이 생기기 때문에 점점 많은 양을 남용하게 되며, 진행이 될수록 오히려 보상회로가 파괴되어 나중에는 마약류를 남용하더라도 좋은 기분을 느낄 수가 없게 된다. 대부분의 중독자는 본인이 중독되었음을 인정하지 않기 때문에 스스로 치료를 받는 경우가 매우 적다. 그러므로 대부분 법에 의해서나 가족에 의해서 강제로 치료받는 경향이 많다. 중독의 치료에서 가장 중요한 것은 중독이 되었음을 스스로 인정하도록 하는 동기화 치료다. 동기화가 이루어진 다음에 건전한 가치관과 건강한 생활양식을 습득하도록 치료를 받는 것이 중요하다. "한번 중독자는 영원한 중독자"라는 말처럼 단 한 번의 남용경험이 평생 재발이 잦은 중독으로 이끌기 때문에 한 번도 경험하지 않도록 예방하는 것이 매우 중요하다. 그러므로 예방과 치료에서 왜 한 번만 했는데도 중독이 되는지, 즉 중독의 기전을 이해시키는 것이 필요하다.

참고문헌

국가법령정보센터(2023). 마약류 관리에 관한 법률.

권준수 외(2019). 마약류 남용의 실태와 대책 보고서. 한국과학기술한림원.

대검찰청(2019). 2018 마약류 범죄백서.

대검찰청(2023). 2022 마약류 범죄백서.

조성남 외(2021). 마약류 중독의 이해와 치료. 학지사.

약학정보원(2018). 약물백과–식욕억제제.

APA(2013). DSM-5.

Childress, A. R. et al. (1999). Limbic activation during cue-induced cocaine craving. *Am J Psychiatry, 156*(1).

Morgan, D. I., Grant, K. A., Gaze, H. D., Mach, R. H., Kaplan, J. R., Prioreau, O., Nader, S. H., Buchheimer, N., Ehrenkaufer, R. L., & Nadrr, M. A., (2002). Social dominance in monkeys: dopamine D2 receptors and cocaine self-administration. *Nature Neuroscience vol. 5*(2).

Phillips, P. E. M., Stuber, G. D., Heien, M. L. A. V., Whiteman, R. M., & Carelli, R. M. (2003). Subsecond dopamine release promotes cocaine seeking. *Nature*, vol. 422.

SAMSHA (2022). *National Survey on Drug Use and Health.*

Thompson, P. M., Hayashi, K. M., Simon, S. L., Geaga, J. A., Hong, M. S., Sui, Y., Lee, J. Y., Toga, A. W., Ling, W., & London, E. D. (2004). Structural abnormalities in the brains of human aubjects who use methamphetamine. *J Neurosci 24*(26).

Volkow, N. D., Chang, L., Wang, G. J., Fowler, J. S., Franceschi, D., Sedler, M., Garley, S. J., Miller, E., Hitzenmann, R., Ding, Y. S., & Logan J. (2001). Loss of dopamine transporters in methamphetamine abusers recovers with protracted abstinence. *J Neurosci 21*(23).

http://www.udel.edu/skeen/BB/Hpages/Reward%20Addiction2/reward.html

http://www.health.kr

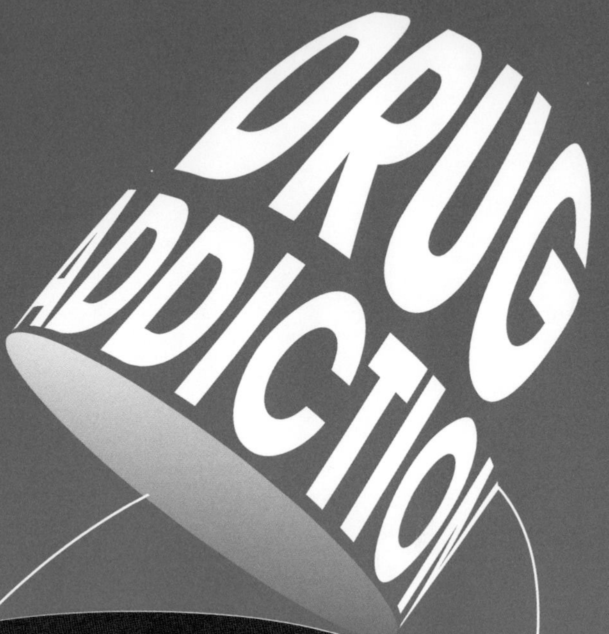

제 3 장

청소년 약물 사용 문제 선별과 평가

김재환

1. 청소년 약물 사용 문제 선별과 평가의 필요성

청소년기는 신체적 · 정서적 · 인지적 · 사회적 발달이 급격하게 일어나고, 이러한 변화를 경험하는 시기이다. 청소년은 점차 더 강한 자기감(sense of self)과 정체성을 형성하고, 독립에 대한 강한 필요를 느낌과 동시에 부모보다는 또래와의 유대감과 관계를 더 중요하게 생각하는 변화가 일어난다(Silvers, Squeglia, Thomsen, Hudson, & Feldstein, 2019). 한편, 청소년은 성인과 구별되는 급격한 심리적 · 사회적 · 발달적 변화 시기를 경험하면서 약물 사용과 같은 위험 행동을 하게 되는 취약성을 가질 수 있다. 신경생리학적으로도 약물 사용과 관련된 전전두엽 발달의 미성숙, 통제의 어려움, 변연계의 과잉 활성화에 따른 충동성 증가 및 호르몬의 변화는 청소년기에 강한 자극을 불러일으키는 약물 사용의 취약성을 증가시킨다(Silvers et al., 2019). 이와 더불어 역기능적 가족 관계와 안전하지 못한 가정환경은 청소년기 약물 사용 가능성을 높이게 된다(Otten, Mun, Shaw, Wilson, & Dishion, 2019).

대표적으로 미국에서는 오랫동안 청소년의 약물 문제가 심각한 공중보건 및 사회문제로 대두됐다. 미국의 만 12~17세 청소년들의 17.2%가 2019년 기준으로 알코올과 담배를 제외한 불법 약물(illicit drugs) 경험이 있는 것으로 나타났으며, 이들 중 4.5%는 물질사용장애 진단을 받았다(SAMHSA, 2020). 최근 미국 국립약물남용통계센터(National Center for Drug Abuse Statistics, 2023)에 따르면, 2016년부터 2020년까지 8학년, 즉 우리나라 나이로 13세 학생의 약물 사용 경험은 61% 증가했으며, 12~17세 청소년 중 약 8.33%에 해당하는 208만 명이 조사일 기준, 불과 1개월 전에 마약을 복용한 적이 있다고 보고했다. 그중 83.88%에 해당하는 청소년은 마리화나를 복용한 것으로 나타났다. 8학년 학생(중학생 정도)의 21.3%가 불법 약물을 최소 한 번 이상

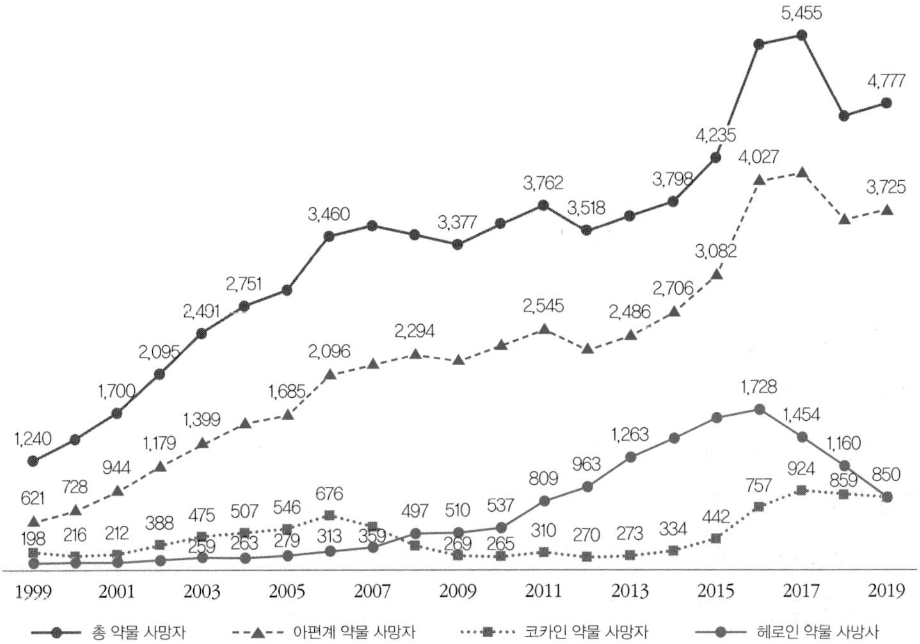

[그림 3-1] 15~24세의 불법 약물 과다 사용 청소년 사망자 수

출처: National Center for Drug Abuse Statistics (2023).

시도했고, 그들이 12학년으로 진급하면서 불법 약물을 다시 사용한 학생의 비율은 46.6%로 증가했다.

마약 복용으로 인한 청소년 사망률도 지속적으로 증가하고 있다. 2019년에는 15~24세의 미국인 중 4,777명이 불법 약물 남용으로 인해 사망한 것으로 나타났다([그림 3-1] 참조). 첫 번째 원 실선은 모든 약물 남용으로 인한 사망자 수를, 세모 점선은 마약성 진통제인 아편계 약물 사용으로 인한 사망자 수, 네모 점선은 코카인(Cocaine), 그리고 마지막 원 실선은 헤로인(Heroin)으로 인한 사망자 수를 나타낸다. 약물 남용으로 인한 사망자 수는 약물의 종류를 불문하고 1999년부터 2019년까지 지속적으로 증가했고, 2018년에 비해 2019년은 조금 감소한 수치를 보였지만 이전에 비하면 상당히 높은 수치이다.

안타깝게도, 우리나라 청소년의 불법 마약류 사용도 폭발적으로 증가하고 있다.

대검찰청(2022)의 자료에 따르면, 2017년 마약류 사범이 119명에서 2022년 481명으로 304% 증가했다. 또한 전영실과 김유근(2022)의 청소년 마약류 사범 특징을 살펴보면, 2020년도 기준으로 18세의 비율이 가장 높고, 연령이 낮아지면서 그 숫자가 줄어들지만 14~15세의 비율도 6~9%로 적지 않은 것으로 나타나고 있다. 청소년들의 약물의 종류 또한 펜타닐 패치, 필로폰, 대마, 향정신성의약품 등 다양해지고 있다. 후기 청소년으로 분류되는 20대 초반의 경우는 더욱 심각해서 우리나라의 약물 사용 문제의 중심 세대로 자리 잡고 있다.

청소년은 발달적 변화와 부정적 가족 및 또래와의 관계 등 심리사회적 요소들의 영향으로 인해 약물 사용에 쉽게 노출되고 취약할 가능성이 크다. 특히 호기심에서 시작한 청소년기의 불법 약물 사용은 자칫 잘못하면 돌이킬 수 없는 심리적 · 신체적 파괴, 나아가 죽음에까지 이를 수 있으므로 선별과 사정을 통한 청소년 약물 사용의 조기 발견과 개입이 절실히 필요하다. 따라서 이 장에서는 국내외 청소년 약물 사용 문제를 어떻게 선별하고 평가할지에 대해서 알아보고, 청소년 약물사용 선별도구의 종류와 특징, 그리고 적용 가능성을 살펴보고자 한다.

2. 청소년 약물 사용 문제의 선별 검사

청소년 약물 사용 문제 예방과 개입에 있어서 강조해야 할 가장 중요한 측면은 바로 선별과 조기 발견일 것이다. 청소년의 약물 사용에 대한 선별(screening)은 청소년의 약물 사용의 심각성과 물질사용장애 진단의 추가적이고 포괄적인(comprehensive) 평가가 필요한지 아닌지를 결정하고, 조기 개입 대상자를 발굴하는 과정이다. 이미 청소년의 약물 사용을 위해 사용되는 다양한 선별도구들이 다수 존재한다. 따라서 청소년 약물 사용과 위험성을 사전에 선별할 수 있는 근거 기반의 다양한 도구들을 알아보고 우리나라에서의 적용 가능성을 모색해 볼 필요가 있다.

먼저, 다양한 선별도구 중에서 어떤 선별도구를 선택해야 하는지에 대한 몇 가지

사항을 고려할 필요가 있다. 첫째, 청소년의 약물과 알코올 사용의 심각도에 대한 정보를 동시에 수집할 수 있고, 둘째, 청소년 약물 사용 선별의 타당도와 신뢰도에 대한 충분하고 신뢰할 만한 연구 결과가 있어야 한다. 셋째, 현장에서 청소년과 임상가가 해당 척도를 신속하고 쉽게 사용할 수 있도록 사용 절차가 편리하고 간단해야 한다. 넷째, 청소년의 약물 사용과 추가적 평가 여부를 판단할 수 있는 적합한 선별 문항과 시행 절차를 담고 있어야 한다. 다섯째, 상담자가 해당 척도의 정보에 대한 접근이 쉬워야 한다. 즉, 검사도구 이용료가 무료이거나 비교적 저렴한 비용으로 사용할 수 있어야 할 것이다. 끝으로, 신뢰할 만한 중독 전문 연구기관 및 정부 기관에서 앞서 살펴본 요소들을 고려하여 오랜 기간 사용해 왔고 검증하여 제안하는 도구들을 우선적으로 고려해 볼 필요가 있다.

이러한 요소들을 고려하여 National Institute on Drug Abuse(NIDA), Substance Abuse and Mental Health Services Administration(SAMHSA), American Society of Addiction Medicine(ASAM), American Academy of Pediatrics 등 공신력 있는 중독 전문 연구기관 및 정부기관에서 추천하고 선별의 효과성에 대한 연구 결과를 가진 몇 가지 대표적인 청소년 약물 사용 선별도구들을 우선적으로 확인하고자 한다. 먼저, 안정적인 신뢰도와 타당도 및 높은 민감성과 구체성에 관하여 가장 많은 연구 결과가 있고, 가장 많이 사용되는 선별도구인 Screening to Brief Intervention(S2BI)과 CRAFFT를 자세히 살펴보고, 상담 현장에서 이 도구들을 어떻게 사용할 수 있는지를 알아본다. 끝으로, 해당 척도들의 우리나라에서의 적용 가능성을 살펴보고자 고려해야 될 사항을 살펴본다.

1) Screening to Brief Intervention(S2BI)

(1) S2BI의 개관

보스턴 아동병원 청소년 약물 남용 프로그램 발달의학과의 샤론 레비(Sharon Levy) 박사와 동료들은 미국 국립약물남용연구소(NIDA)의 지원을 받아 청소년을 위한 전

자기기 및 온라인 기반 선별도구인 S2BI를 개발했다. S2BI는 미국에서 청소년 약물 사용에 선별, 평가 및 조기개입을 위해 가장 광범위하게 사용되고 그 타당도와 유용성이 입증된 선별도구 중 하나이다(Singh, McCann, Weber, Gonzalez, & Alzate, 2018; Levy et al., 2014, 2021). S2BI는 자가 채점과 전문가 면담 기반으로 하며, 알코올, 마리화나, 코카인, 처방약, 흡입제, 합성약물 등 8가지 범주의 물질에 대한 지난 1년간 사용 빈도를 평가하는 단일 질문으로 시작된다. S2BI의 결과를 바탕으로 크게 [그림 3-2]와 같이 4가지의 선별단계를 구분할 수 있는데, 연구에 따르면 S2BI 반응 선택이 DSM-5(Diagnostic and Statistical Manual of Mental Disorders-5)의 물질사용장애 진단과 상당히 일치하는 것으로 나타난다. 실제로 약물 DSM-5 기준의 물질사용장애 진단 기준과 높은 상관을 보이며, 약물 사용 수준에 따른 적절한 개입 수준을 확인할 수 있는 도구로 알려져 있다(Levy et al., 2014). S2BI의 결과를 통해 약물을 사용하지 않는 수준에 따라서 DSM-5의 중증 물질사용장애 수준을 어느 정도 파악할 수 있다. 실제로 지난 1년간 '한두 번' 사용했다고 보고한 경우 약물사용장애가 있을 가능성은 매우 낮고, '매월' 사용한다고 보고한 청소년은 일반적으로 경도 또는 중등도 약물 사용장애에 해당할 가능성이 크다. 끝으로, '매주' 사용한다고 보고하는 사람들은 대부분

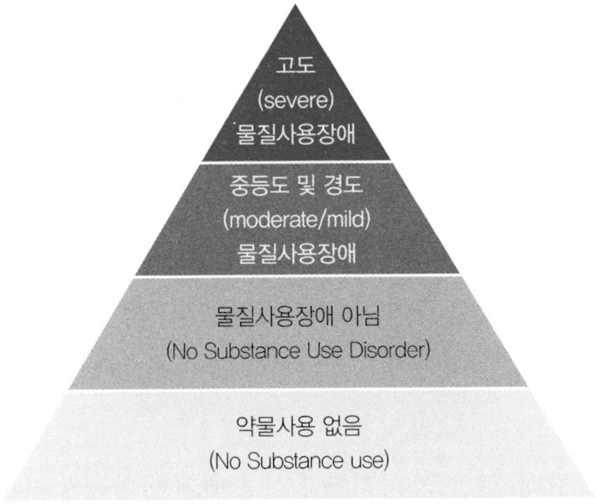

[그림 3-2] S2BI 선별 수준

심각한 물질사용장애의 기준을 충족할 가능성이 크다(Levy et al., 2014). S2BI는 공식적인 진단을 하는 도구는 아니지만, 상담자는 이 결과를 사용하여 적절한 치료 수준을 고려해 볼 수 있다.

(2) S2BI의 실시 방법

① S2BI의 실시 절차

S2BI의 실시는 여러 단계에 여러 가지 경우의 수를 고려하여 시행된다. 물론 S2BI는 온라인이나 전자기기 기반으로 사용되기에 질문에 따라 때론 자동적으로 해당 질문이 중단 또는 지속되지만, 오프라인 사용도 가능하기에 상담자는 S2BI의 실시 절차 및 결과 해석 과정을 잘 숙지하고 연습할 필요가 있다. S2BI는 단계별로 이루어지는데 S2BI의 문항과 온라인상에서 도구는 [그림 3-3]과 같이 나타낼 수 있다.

㉠ 1단계

시작은 S2BI 도구의 소개와 안내로 이뤄진다. 이때 상담자는 청소년에게 안전감을 제공하고, 부드럽고 친절한 태도를 보이도록 한다. 특히 상담자는 청소년에게 응답의 내용이 약물 사용과 관련되어 있기에 제공된 정보가 철저하게 비밀보장되며, 각 질문들이 무엇인지를 간략히 소개한다. 만약 청소년이 약물 사용에 관한 질문에 대해서 놀라고 당황한다면, 둘러서 이야기하기보다는 오히려 더 직접적이고 정확하게 질문하고, 선별 검사는 누구에게나 예외 없이 사용될 수 있는 사안이며, 검사 결과를 사용하여 최상의 치료를 제공할 수 있다고 솔직하게 설명한다. 무엇보다 극도의 위험이 없는 한, 부모나 학교에 상담내용을 공개하지 않을 것을 해당 청소년에게 강조해야 한다.

㉡ 2단계

1년을 기준으로 담배, 알코올, 마리화나 사용에 대한 다음의 기본질문 3가지에 답변하도록 한다.

Screening to Brief Intervention (S2BI) Tool

The following questions will ask about your use, if any, of alcohol, tobacco, and other drugs. Please answer every question by checking the box next to your choice.

IN THE PAST YEAR, HOW MANY TIMES HAVE YOU USED:

Alcohol?

- O Never
- O Once or twice
- O Monthly
- O Weekly or more

Tobacco?

- O Never
- O Once or twice
- O Monthly
- O Weekly or more

Marijuana?

- O Never
- O Once or twice
- O Monthly
- O Weekly or more

S2BI Tool developed at Boston Children's Hospital with support from the National Institute on Drug Abuse.
It is best used in conjunction with "The Adolescent SBIRT Toolkit for Providers"
www.mass.gov/maclearinghouse(no change).

STOP *if answers to all previous questions are "never". Otherwise, continue with questions on the back.*

OVER

Prescription drugs that were not prescribed for you (such as pain medication or Adderall)?

- O Never
- O Once or twice
- O Monthly
- O Weekly or more

Inhalants(such as nitrous oxide)?

- O Never
- O Once or twice
- O Monthly
- O Weekly or more

Illegal drugs(such as cocaine or Ecstasy)?

- O Never
- O Once or twice
- O Monthly
- O Weekly or more

Herbs or synthetic drugs(such as salvia, "K2", or bath salts)?

- O Never
- O Once or twice
- O Monthly
- O Weekly or more

[그림 3-3] S2BI 질문 목록

출처: Massachusetts Department of Public Health (2018).

- 지난 1년 동안 담배를 몇 번이나 사용하셨나요?
- 지난 1년 동안 알코올(술)을 몇 번이나 사용하셨나요?
- 지난 1년 동안 마리화나를 몇 번이나 사용하셨나요?

각 질문에 '없음(Never)' '한 번 또는 두 번(Once or Twice)' '매월(Monthly)' '매주 또는 더 자주(Weekly or more)'로 답변할 수 있다. 만약 첫 번째 모든 3가지 질문에서 '없음'이라고 답한다면, 설문은 그 즉시 중단된다.

㉢ 3단계

앞의 3가지 질문이 모두 '없음'이 아니라면 다음 추가적인 4가지 질문으로 넘어간다. 4가지 질문은 처방되지 않은 처방 약물, 불법 약물, 흡입제 그리고 환각 식물 및 합성 약물에 관하여 동일한 방식으로 질문하고 대답한다.

- 지난 1년 동안 처방되지 않은 처방약(진통제 등)을 몇 번이나 사용하셨나요?
- 지난 1년 동안 불법 약물(illegal drug: 코카인, 엑스터시 등)을 몇 번이나 사용하셨나요?
- 지난 1년 동안 흡입제(아산화질소: 마취제 일종으로 웃음가스로 사용 등)를 몇 번이나 사용하셨나요?
- 지난 1년 동안 허브(herb)나 합성 약물(salvia: 환각식물, K2, 목욕소금 등)과 처방되지 않은 처방약(진통제 등)을 몇 번이나 사용하셨나요?

② S2BI의 실시 프로토콜과 적용

S2BI의 사용 프로토콜은 [그림 3-4]와 같이 이루어진다. 검사를 마친 청소년의 선별 결과에 따라 상담자는 다음과 같은 방식으로 점수를 해석하고 점수에 따라 다른 개입 방식을 고려해 볼 수 있다(Levy & Williams, 2016).

㉠ 선별 결과: '없음'

먼저, 첫 번째 세 가지 기본 질문에서 모두 사용한 적이 없고, 약물 사용이 없는 상황이면, 이 단계의 대상자들에게는 칭찬을 통한 정적 강화(positive reinforcement)를 제공한다. 이때 약물을 사용하지 않아서 개인 자신의 건강과 안전을 지킬 수 있음을 확인시킨다. 약물을 사용하지 않은 상태를 청소년의 '결정'으로 간주하고 청소년에게 현명한 선택을 한 것에 대해 인정해 줄 필요가 있다. 해당 문항에서 문화적 차이가 존재하는데, 미국의 경우 청소년도 운전면허가 발급되기에 음주 또는 기타 약물을 사용한 운전자의 차량에 절대 승차하지 말라는 조언도 포함한다. 이때 '안전 서약서'를 작성하며, 이는 청소년에게 약물 사용 문제가 있는 운전자의 차를 타지 않겠다는 것을 서약하는 문서이다.

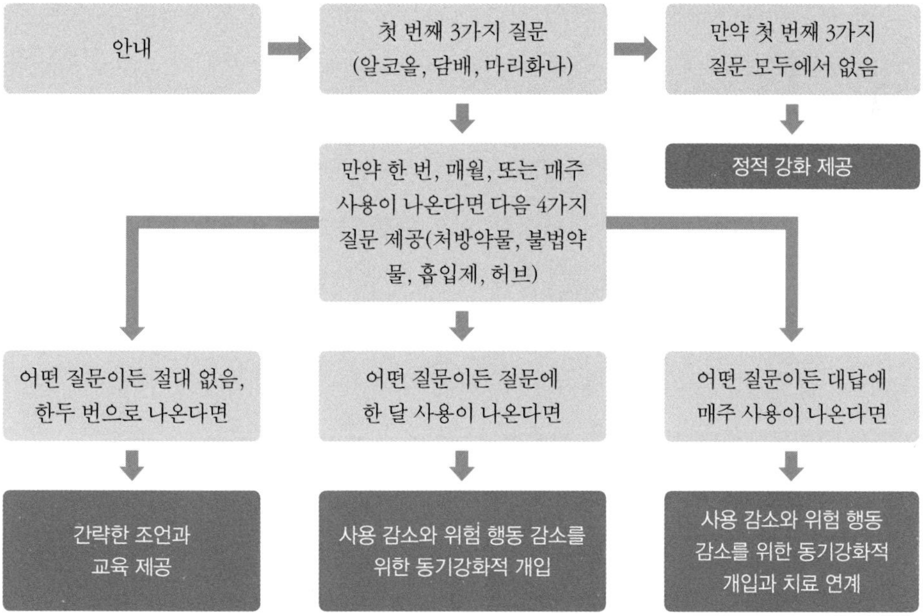

[그림 3-4] S2BI 프로토콜

ⓛ 선별 결과: '한두 번'

1년에 한두 번 사용으로 나타나는 경우 물질사용장애 진단 가능성은 낮다. 이 경우에는 신체와 정신 건강에 미치는 부정적 결과에 대한 간략한 조언과 교육을 제공한다. 실제로 연구에 따르면, 전문가가 제공하는 간단한 조언이 청소년의 음주 시작을 줄이는 데 도움이 되는 것으로 나타났다(Harris et al., 2012).

ⓒ 선별 결과: '매달'

매월 약물을 사용하는 청소년에게는 사용감소와 위험 행동 감소를 위한 간략한 동기강화개입(brief motivational interventions)을 고려할 수 있다. 동기 강화 개입은 동기강화상담(motivational interviewing)의 원칙에 기반을 둔 짧고 구조화된 대화이며 몇 초에서 몇 분 정도 소요될 수 있으며, 대개 2~3분 정도 소요된다.

상담자는 문제를 탐색하고, 약물 사용의 양면성을 인식하도록 조력하고, 특히 청소년의 '변화 대화(change talk)'(Miller & Rollnick, 2013)에 귀를 기울이고 이를 촉진한다. '변화 대화'란 청소년이 약물 사용을 중단하거나 줄이겠다는 의지를 표현하거나 약물 사용의 부정적인 측면을 인정하는 모든 진술을 이야기한다. 간단한 동기 부여 개입은 비교적 복잡한 과정일 수 있지만, 이후 다룰 CRAFFT와 같은 구조화된 형식을 사용하면 속도와 효율성을 높일 수 있다.

선별 결과에서 '매달' 사용하는 것으로 나오는 경우 이후 대상자 특정 주기별 점검(follow-up)을 하는 것이 중요하며, 이를 위해 청소년에게 주기적인 만남을 안내하고 이러한 것이 가능하도록 조치가 필요하다.

ⓔ 선별 결과: '매주 그 이상'

선별 결과가 '매주 그 이상' 사용으로 나타난 경우, 상담자는 청소년의 약물 사용의 수준이 상당히 심각한 상태임을 예상해 볼 수 있는 상황이다. 이런 경우 청소년이 심각한 물질사용장애 가능성이 보이기 때문에 개입의 주요 목표는 청소년을 약물치료 서비스에 의뢰하고 이를 청소년이 받아들일 수 있도록 하는 것이다. 대부분의 이러한 문제를 가진 청소년은 스스로 치료를 받을 수 있는 자원이 없으며, 부모의 참여가 매우 중요하기 때문에 가능한 경우 부모가 치료 논의 및 의뢰 과정에 참여해야 한다. 또한 가정, 학교와 지역사회에서 약물 문제를 가진 청소년을 대상으로 퇴학이나 정학과 같은 배제와 거리두기보다 적극적으로 약물 문제에 대해 개입할 수 있는 최대한의 조치가 필요하다. 무엇보다 모든 차원에서의 협력적 개입은 약물 문제를 가진 청소년의 회복과 단약에 효과적이라는 근거기반적 접근이며, 이런 방식의 개입이 권고된다(Das et al., 2016; National Institute on Drug Abuse, 2003, 2018).

ⓜ 긴급 위험(acute danger) 상황

선별 과정에서 일부 청소년들의 경우 약물 사용과 관련하여 여러 가지 위험 행동 등이 나타날 수 있다. 예를 들어, 1회당 과용량의 약물 사용, 알코올 또는 약물 관련 응급실 방문 경험, 정맥주사 방식의 약물 사용, 여러 가지 처방 약물을 함께 복용, 극심한 폭음, 임신 여부, 음주 상태에서의 운전 또는 기타 잠재적으로 위험한 활동 참여(성행위나 폭력) 등의 행동을 보일 수 있다. 이와 같은 문제가 발견되었을 시 해당 청소년의 안전을 보장하기 위해 즉각적인 개입이 필요하다. 이러한 청소년은 일반적인 선별검사를 통해 발견되기보다는 약물 사용과 관련된 가시적 문제로 눈에 띌 가능성이 크다.

이런 문제를 가진 청소년을 평가하는 첫 번째 단계는 현재 자살 충동과 시도가 있는지 확인하는 것이며, 자살 충동이 있다면 응급실이나 위기 개입 기관에서 즉각적인 심리적 평가(evaluation)를 받아야 한다. 더불어 상담자는 해당 이슈와 관련된 유관기관 및 기타 연계 기관의 연락처 및 자원 리스트를 확보하고, 관련 사항에 대한 개입 프로토콜을 사전에 준비해 놓을 필요가 있다.

만약 내담자가 자살을 시도하지 않는 경우라면, 일반적으로 정신건강 및 물질사용장애 여부를 판단하기 위해 긴급한 평가(향후 며칠 이내)로 충분할 수 있다. 동시에 청소년과 고위험 행동을 피하는 것에 대해 상담하고, 고위험 행동에 대한 세부 정보를 공개하기로 선택한 청소년은 도움을 요청하는 것일 수 있다는 점을 염두에 두고 적극적인 연계와 개입을 한다.

무엇보다, 청소년의 경우 비밀보장이 어려운 경우에는 되도록 거의 모든 경우에 부모가 치료 계획과 과정에 참여해야 할 필요가 있다. 다만 부모에게 알리기 전에 가정폭력 여부를 확인하여 부모 참여로 인해 청소년이 더 큰 위험에 처하지 않도록 하고, 가능하면 청소년이 부모와 어떤 정보를 공유할지 상담자와 논의하고 대화 연습을 할 필요가 있다. 상담자의 입회 여부와 무관하게 청소년에게 부모와 대화를 주도할 수 있는 선택권을 주며, 청소년이 부모와 비공개로 대화하고 싶다고 요청하는 경우에는 부모가 필요한 정보를 모두 전달받고 이해했는지 후속 조치를 취해야 한다.

2) CRAFFT

(1) CRAFFT 개관

CRAFFT는 나이트 등(Knight, Shrier, Bravender, Farrell, VanderBilt, & Shaffer, 1999)에 의해서 개발된 청소년용 약물 사용 선별도구이다. CRAFFT는 6개의 문항에 포함된 각 주제의 첫 글자로 핵심 단어의 축약어이며, 12~21세 청소년의 약물 사용, 약물 관련 승차/운전 위험, 물질사용장애를 파악하기 위한 선별도구이다. 이 검사는 조기 개입과 내담자 중심 상담의 기초가 될 수 있는 정보를 제공한다. CRAFFT는 약물 선별과 관련된 기존 문항들을 수정하고(알코올뿐만 아니라 약물도 선별), 유사한 문항을 결합한 다음, 동시 타당도를 평가하여 약물 남용 치료가 필요한 청소년을 식별하는 데 가장 적합한 문항을 식별하는 방식으로 개발되었다. 무엇보다 CRAFFT는 가장 많은 연구가 이루어진 청소년 약물 사용 선별 검사 중 하나이며, CRAFFT의 민감도는 더 긴 문항을 가진 AUDIT(Alcohol Use Disorders Identification Test) 및 POSIT(Problem Oriented Screening Instrument for Teenagers) 검사와 유사하며, 청소년에게 사용하기에 권장되지 않는 CAGE보다 훨씬 큰 것으로 나타났다. 해당 도구는 Mass Health(메사추세츠건강보험)에서 승인한 행동 건강 선별도구로, 미국 소아과학회의 약물남용위원회(The American Academy of Pediatrics Committee on Substance Abuse), NIDA(National

Institute on Drug Abuse), 미국 약물남용 및 정신건강 서비스국(SAMHSA), 국립 알코올 남용 및 알코올 중독 연구소(NIAAA), 하버드 의과대학 교습병원, 보스톤 어린이 병원(Havard Medical School Teaching Hospital, Boston Children's Hospital)의 청소년 검진 가이드에서 권장하고 있다.

CRAFFT는 여러 가지 장점이 있는데, 먼저 6개 문항으로 구성되어 있어 청소년들이

CAR

- Have you ever ridden in a **CAR** driven by someone (including yourself) who was 'high' or had been using alcohol or drugs? (알코올 또는 약물을 사용했거나 취한 사람(자신을 포함하여)이 운전하는 차 또는 오토바이를 타 본 적이 있습니까?)

RELAX

- Do you ever use alcohol or drugs to **RELAX**, feel better about yourself, or fit in? (긴장을 풀기 위해, 자신에 대해 더 좋은 느낌을 갖기 위해, 또는 어울리기 위해 알코올 또는 약물을 사용한 적이 있습니까?)

ALONE

- Do you ever use alcohol or drugs while you are by yourself, **ALONE**? (혼자 있는 동안에 알코올을 마시거나 또는 약물을 사용한 적이 있습니까?)

FORGET

- Do you ever **FORGET** things you did while using alcohol or drugs? (약물을 사용한 사이에, 또는 취중에 했던 일을 기억하지 못한 적이 있습니까?)

FRIENDS

- Do your family or **FRIENDS** ever tell you that you should cut down on your drinking or drug use? (가족 또는 친구들이 알코올 또는 약물을 줄이라고 나에게 말한

TROUBLE

- Have you ever gotten into **TROUBLE** while you were using alcohol or drugs? (알코올을 마시거나 또는 약물을 사용하던 중 다른 사람에게 폐를 끼친 적이 있습니까?)

[그림 3-5] CRAFFT 문항

출처: 김용식(2010).

응답하기에 용이하고 각 문항은 알코올뿐 아니라 약물에 관한 내용으로 구성되어 있어 전반적인 약물 사용과 관련된 문제를 빠르게 선별할 수 있는 도구로 인정받고 있다. 약물 사용과 관련된 문제에 대해 자세히 알아보려면 '예'라고 대답할 때마다 후속 질문을 하며, 다음 구체적인 약물 사용 패턴에 관한 이야기를 듣는 방식으로 진행된다.

또한 CRAFFT는 다양한 사회경제적 배경과 인종/민족적 배경을 가진 청소년에게 적용할 수 있다. 실제로, 알코올과 약물, 남학생과 여학생, 다양한 연령층의 청소년들, 다양한 인종/민족 배경의 다른 청소년들에게도 사용할 수 있음이 검증되었다(Knight, Sherritt, Harris, Gates, & Chang, 2003). 그래서 CRAFFT는 스페인어, 포르투갈어, 히브리어, 프랑스어, 체코어, 크메르어, 러시아어로, 베트남어, 아이티 크리올어, 라오스어, 중국어, 일본어 등 다양한 언어로 제공되고 있으며, www.ceasar.org에서 확인할 수 있다. 무엇보다 CRAFFT는 김용석(2010)에 의해 국내 중 · 고등학생들 대상으로 타당화되었으며, 내적 일관성, 폭음, 흡연, 약물 남용 등에서 수렴 타당도 또한 확보되었다. CRAFFT의 원문항과 김용석에 의해 타당화된 한국판 CRAFFT의 번안된 문항은 [그림 3-5]와 같다.

(2) CRAFFT의 실시 방법

① CRAFFT의 실시 절차

CRAFFT는 청소년 스스로가 채점하는 자기 보고식과 전문가가 질문하는 방식으로 시행할 수 있다. 해당 도구는 온라인과 종이로 모두 실시가 가능하다. 상담자, 의사, 보건관련 의료인 등에 의해 사용되며, 상담 현장, 병원, 보건소, 청소년 관련 기관에서 사용할 수 있다. 원판에서는 청소년 약물 문제 개입의 절단점 점수를 2점으로 보았으나, 김용석의 연구(2010)에서는 한국판 CRAFFT의 경우 1점을 절단점으로 보았다. 보안적 연구가 필요하다고 보았기에 상담자가 절단점 점수(1~2점)를 적절히 고려할 필요가 있다(Massachusetts Department of Public Health Bureau of Substance Abuse Services, 2009).

㉠ 사전단계(비밀보장)

CRAFT의 효과를 극대화하려면 가장 솔직한 응답을 보장할 수 있는 방법을 고려해야 한다. 이를 위해 실시 전에 상담자가 반드시 고려해야 할 사항은 비밀보장이다. 종이 또는 온라인 기반 CRAFFT를 시행하는 경우, 부모 또는 보호자가 함께 있지 않을 때 청소년에게 선별검사표를 전달하고, 사적인 장소에서 작성할 수 있도록 한다. 상담자가 직접 질문하는 경우, 부모 또는 보호자가 떠난 후 질문을 할 수 있다. 청소년에게 답변이 비밀로 유지될 것임을 반드시 알릴 필요가 있다.

그러나 예외적으로 비밀보장 제한을 고려해야 할 사항도 존재한다. 약물 사용이 심각한 수준이라고 판단되는 청소년은 추가적 평가가 필요하며, 특별히 상담자는 평가 과정에서 생명과 안전에 위협이 되는 사항(예: 주사 약물 사용, 불법 행위, 치명적일 수 있는 양의 알코올 섭취)이 있는 경우 그 즉시 치료적 연계를 고려해야 한다. 청소년의 경우 위험 및 치료 의뢰에 대해 부모에게 알려야 하지만, 필요한 경우 비밀보장의 어려움과 생명과 안전의 위험성에 대해 가능한 한 빨리 청소년에게 알리고, 공개할 수도 있는 구체적 정보를 청소년과 함께 검토하는 것이 필요하다. 선별 검사의 결과만으로는 안전에 위협이 되는지를 판단할 수 없으며, 모든 가용 정보를 바탕으로 개별 상담자의 임상적 판단에 따라 결정해야 한다.

㉡ 1단계

먼저, 청소년에게 "다음 질문에 솔직하게 대답해 주세요."라고 요청한 후, 비밀보장에 관한 것을 안내하고, 3가지 기본질문을 하는 것으로 시작한다.

- 지난 12개월 동안 다음과 같은 행동을 한 적이 있습니까?
  - 술을 마신 적이 있습니까?
  - 마리화나 또는 해시시를 피운 적이 있나요?
  - 취하기 위해 다른 약물을 사용하나요?

  ('기타'에는 불법 약물, 일반 의약품 및 처방약, 냄새를 맡거나 '흡입'하는 것이 포함됨)

㉢ 2단계

청소년이 3가지 시작 질문에 모두 '아니요'라고 대답한 경우, 상담자는 청소년에게 첫 번째 질문인 'CAR' 질문만 하면 된다.

㉣ 3단계

청소년이 3가지 시작 질문 중 1개 이상에 '예'라고 대답하였을 때 상담자는 6개의 CRAFFT 질문을 모두 한다. CRAFFT 질문에 '예'라고 응답할 때마다 1점이 부여된다. 알코올이나 약물을 사용하지 않는다고 보고하고 CRAFFT 점수가 0점인 청소년은 칭찬과 격려를 통해 해당 행위를 강화받을 수 있도록 한다. [글상자 3-1]은 CRAFFT의 사용 예시를 보여 주고 있다.

글상자 3-1 CRAFFT 사용 예시

위(Wee)센터 상담자는 청소년에게 CRAFFT 사전 질문을 던졌습니다. 명수는 음주에 관한 질문에 '예'라고 대답했습니다. 상담자는 명수에게 6개의 CRAFFT 질문을 했고, 명수는 3개에 '예'라고 대답했습니다. 술을 마신 사람과 함께 오토바이를 탔다고 말했습니다(CAR). 가끔 기분이 나아지거나 친구들과 어울리기 위해 술을 마신다고 답했습니다(RELAX). 그리고 친구들과 술을 마시다가 문제를 일으킨 적이 있다고 답했습니다(TROUBLE). 명수의 CRAFFT 총점은 3점입니다.

② CRAFFT의 사용 프로토콜과 적용

㉠ 시작 질문 3개에서 모두 '아니요'라고 답한 경우

3가지 시작 질문에 '아니요'라고 대답한 청소년에게는 약물을 사용하지 않은 것에 대해 칭찬하고 단약(abstinence)을 유지하도록 격려하는 것이 좋다(1~2분 정도 실시). 전문가와 권위자의 칭찬과 격려가 청소년의 현재 행동을 유지시키는 데 도움이 될 수 있다. 만약, 'CAR' 질문에 '예'라고 답한 경우, 상담자는 청소년에게 '안전 서약서'를 제공하고, 서약서를 부모 또는 보호자 집으로 가져가서 약물 사용과 관련된 상황에서 차량 서비스 제공 또는 승차에 관해 이야기해 볼 것을 제안한다(해당 내용은 가정에서 실시한다). 안전 서약서는 '파괴적인 결정에 맞서는 학생들(Students Against Destructive Decisions)' 단체에서 만든 것으로 청소년이 음주 또는 기타 약물을 복용한 운전자의 차량에 같이 타지 않겠다는 서약서이며, 청소년과 보호자가 함께 읽고 서약하고 작성한다. 실제로 안전 서약서를 작성한 청소년은 서약서를 작성하지 않은 청소년들에 비해 알코올이나 약물을 사용한 운전자와 함께 차에 같이 탈 위험이 현저히 낮은 것으로 나타났다(Knight et al., 2018). 그러나 이 영역은 우리나라의 실정과 맞지 않기에 이륜 자동차 등으로 우리나라 청소년 실정에 맞게 수정할 필요가 있다.

㉡ 시작 질문에서 3개 중 1개 이상이 '예'와 CRAFFT 질문에서 전체 점수가 0 또는 1점

상담자는 청소년에게 약물 사용을 완전히 중단하도록 조언(advise)하는 것이 좋다(보통 2~5분 정도의 대화). 청소년에게 약물 사용을 자제하도록 설득하는 전략에는 알코올과 약물이 건강에 미치는 악영향에 초점을 맞춘 내용이 포함되어야 하지만, 상담자는 부모나 형제자매가 약물 사용 사실을 알게 되면 어떻게 반응할지 자유롭게 대화하도록 한다. 또한 동기 강화 상담적으로 청소년의 미래와 자신의 건강과 능력에 약물 사용이 미치는 영향에 관하여 초점을 맞추며, 사용 중단 경험이나 주로 약물이 가지는 폐해에 대한 정보를 제공한다.

㉢ 시작 질문에서 1개 이상이 '예'와 CRAFFT 질문에서 전체 점수가 2 또는 그 이상 (고위험 상황)

2개 이상의 CRAFFT 질문에 '예'라고 응답한 청소년은 약물 관련 문제를 가지고 있거나 물질사용장애로 진단될 가능성을 가지고 있다. 따라서 ㉮ 물질사용장애의 진단 여부와 ㉯ 적절한 개입 전략을 결정하기 위해 추가 평가가 필요하다. DSM-5의 물

질사용장애 기준에 근거하여 청소년의 사용 정도, 최근 사용 패턴, 약물 사용으로 인한 신체적 · 심리적 · 사회적 · 학업적 부정적 결과, 사용 중단 시도 등을 평가(assess)해야 할 필요가 있다. 평가를 위한 후속 방문 예약은 15분 이내에 완료하며, 연락처와 추후 상담 서비스 및 개입 방안을 위한 연락처와 연계 방법을 구체적으로 설명할 필요가 있다. 다음 질문을 기본적으로 사용하여 청소년의 약물 사용을 간략하면서도 심도 있게 탐색해 볼 필요가 있다.

- 사용한 술/약물 사용에 대해 알려 주세요. 언제부터 사용하기 시작했나요? 현재 사용량은 어느 정도인가요?
- 학교, 집 또는 법과 관련된 문제가 있었나요? 그렇다면 그런 일이 발생하기 직전에 술을 마시거나 약물을 사용했나요?
- 약물 사용을 끊으려고 시도한 적이 있었나요? 시도한 이유는? 어떻게 되었나요? 얼마나 오랫동안 사용하지 않았나요? 그 후 어떻게 되었나요?

상담자가 가장 중점적으로 고려해야 할 사항 중 하나는 주사기 사용 여부, 법적 문제, 학교 성적의 현저한 저하, 정신건강 문제 등 더 심각한 문제를 보고하는 청소년에게 상담자가 더욱 철저하게 평가하거나, 약물 중독 전문가나 병원에 의뢰할 필요가 있다. "네가 정말 걱정돼."와 같이 개인적인 관심, 배려, 공감을 표현하는 것은 행동 변화를 촉진하는 데 권장되는 접근이다.

3) 기타 권장되는 청소년 약물 선별도구

앞서 살펴본 S2BI, CRAFFT와 더불어, 청소년의 약물 문제를 선별 및 평가하는 데 타당도와 신뢰도에 대한 근거를 가지고 있으며, 공신력 있는 약물 중독 공인 기구에서 권고하는 국내외 청소년 약물 문제 선별도구들을 추가적으로 살펴보고자 한다.

(1) Brief Screener for Tobacco, Alcohol, and Other Drugs(BSTAD)

BSTAD는 켈리 등(Kelly, Gryczynski, Mitchell, Kirk, O'Grady, & Schwartz, 2014)에 의해 청소년의 담배, 알코올, 기타 약물 사용의 선별 위해 미국 국립 알코올 오용 및 알코올 중독 연구소(the National Institute on Alcohol Abuse and Alcoholism: NIAAA)에서 이미 권고된 척도들을 보완하여 만들어졌다. BSTAD는 DSM-5 기준의 담배, 마리화나, 알코올 사용장애 등에 높은 민감도(sensitivity)와 특이도(specificity)를 보였으며, 안정적인 타당도와 신뢰도를 나타냈다(Kelly et al., 2014).

BSTAD는 12~17세를 대상으로 전문가 인터뷰 또는 전자기기 및 온라인 기반으로 자기 보고식으로 작성을 통해 실시된다. BSTAD는 [그림 3-6]과 같이 지난 1년간의 사용 여부를 묻는 선별 질문은 3가지 약물 사용 영역(담배, 알코올, 약물)에 대해 질문하게 되는데, 비교적 나이가 어린 12~14세 청소년에게는 약물 사용이라는 주제에 덜 위협적으로 접근하기 위해 친구의 사용에 대한 질문을 먼저 던지고, 15~17세 청소년에게는 해당 단계를 생략하고 개인적인 사용(personal use)에 대해 바로 질문을 한다.

BSTAD는 알코올과 담배를 비롯하여 마리화나, 코카인, 헤로인, 메스암페타민, 환각제, 흡입제를 비롯하여, 처방 약물(진통제, 진정제, 자극제, 상비약품 등)에 이르기까지 다양한 약물 종류 사용 여부를 확인할 수 있는 장점이 있다. 모든 영역에서 개인적인 사용을 체크한 참가자에게는 지난 30일, 90일, 365일 기준으로 사용 날짜를 단계별로 사용 빈도를 측정하기 위한 추가 질문이 주어진다.

BSTAD는 ROC(Receiver Operating Characteristic) 분석에서 민감도와 구체도를 분석한 결과, 1년 기준으로 담배의 경우 6일 이상, 알코올은 2일 이상, 기타 약물은 2일 이상이 DSM-5 기준 물질사용장애 진단 절단점으로 사용될 수 있는 것으로 나타났다(Kelly et al., 2014).

FRIENDS' USE

Do you have friends who
smoked cigarettes or used other tobacco products <u>in the past year</u>? □ No □ Yes

Do you have friends who
drank beer, wine, or any drink containing alcohol <u>in the past year</u>? □ No □ Yes

Do you have friends who <u>in the past year:</u>

- sniffed or "huffed" anything;
- took illegal drugs like marijuana (weed, blunts), cocaine, etc;
- took prescription medications that were not prescribed for them; or
- took prescription or over-the-counter medications and took more than they were supposed to take?

□ No □ Yes

PERSONAL USE

In the past year, have you
smoked cigarettes or used other tobacco products? □ No □ Yes

In the past year, have you
had more than a few sips of beer, wine, or any drink containing alcohol? □ No □ Yes

In the past year, have you:

- sniffed or "huffed" anything;
- taken illegal drugs like marijuana (weed, blunts), cocaine, etc;
- taken prescription medications that were not prescribed for you; or
- taken prescription or over-the-counter medications and took more than you were supposed to take?

□ No □ Yes

[IF DRUGS ARE ENDORSED IN THE PERSONAL USE QUESTION, ASK THE FOLLOWING:]

Which of the following substances have you used in the past year? (check all that apply)

□ Marijuana or Hashish
□ Cocaine or crack
□ Heroin
□ Amphetamines or methamphetamine (nonpharmaceutical)
□ Hallucinogens (eg, Mushrooms, LSD)
□ Inhalants

Which of the following medications have you used in the past year that were not prescribed for you or which you took more of than you were supposed to take? (check all that apply)

□ Prescription pain relievers (eg, morphine, percocet, vicodin, oxycontin, dilaudid, methadone, buprenorphine)
□ Prescription sedatives (eg, Valium, Xanax, Klonopin, Ativan)
□ Prescription stimulants (eg, Adderall, Ritalin)
□ Over-the-Counter Medications (eg, Nyquil, Benadryl, cough medicine, sleeping pills)

[FOR EACH SUBSTANCE WHERE USE WAS ENDORSED, ASK:]

In the <u>past 30 days</u>, on how many days have you...
smoked cigarettes or used other tobacco products/used alcohol/used [SUBSTANCE]? □□ days

In the <u>past 90 days</u>, on how many days have you...
smoked cigarettes or used other tobacco products/used alcohol/used [SUBSTANCE]? □□ days

In the <u>past year</u>, on how many days have you...
smoked cigarettes or used other tobacco products/used alcohol/used [SUBSTANCE]? □□□ days

[그림 3-6] BSTAD의 질문지 및 프로토콜

출처: Kelly et al. (2014), p. 821.

(2) Drug Abuse Screening Test(DAST)

DAST는 캐나다 토론토의 중독 및 정신건강센터(Center for Addiction and Mental Health)의 스키너(Harvey A. Skinner)에 의해 개발되었다(Skinner, 1982; Skinner & Goldberg, 1986). DAST는 초기 28문항에서 이후 추가적으로 3개 버전이 더 개발되었고, 4가지 버전(DAST-28, DAST-20, DAST-10, DAST-A)이 있다. 뒤의 숫자는 문항 수를 나타내고 DAST-10과 20은 성인을 대상으로 개발되었으며 DAST-A(20문항)는 청소년을 대상으로 개발된 약물사용 선별도구이다(Martino, Grilo, & Fehon, 2000). DAST-A는 집단 선별 검사, 임상 사례 발견 및 치료 평가 연구를 위한 간단한 자가 보고 도구를 제공하기 위해 고안되었으며, 청소년 약물 남용과 관련된 결과의 정도에 대한 정량적 지표를 산출한다. 현재도 DAST는 약물 사용 선별도구로 비영리 연구, 임상 및 교육 목적으로 일반적으로 광범위하게 사용되고 있다.

DAST-20은 20문항 기준으로 약 5분 정도 소요되며 인터뷰 또는 자기보고 형식으로 실시할 수 있으며, 인터뷰와 자기보고 형식 모두 동일한 결과를 제공하지만 일반적으로 대규모 집단을 효율적으로 평가할 수 있다는 점에서 자기보고 형식이 선호된다. 그러나 ㉮ 내담자가 특히 방어적이거나 사회적 불안이 높아 대면 면담 형식에서 문제를 과소 보고할 수 있는 경우, 또는 ㉯ 내담자가 항목 내용을 읽고 이해하는 데 어려움을 겪는 경우에는 평가 결과의 정확성이 보장되기 어렵다. 따라서 현재 약물의 영향을 받고 있거나 약물 금단 반응을 겪고 있는 내담자에게는 DAST를 실시해서는 안 되며, 이러한 조건에서는 DAST의 신뢰성과 타당성을 보장하기 어렵기 때문에 DAST를 실행하기 전에 내담자가 약물영향이 없는 상태(해독 상태)인지 확인해야 한다.

DAST 결과의 해석은 점수가 높을수록 심각한 약물 문제를 시사하며, DAST-20은 6점 이상, DAST-10은 3점 이상, DAST-A의 경우 7점 이상인 경우, 약물과 관련된 장애가 있을 가능성을 염두에 둘 필요가 있다(Yudko, Lozhkina, & Fouts, 2007). 절단점 이하인 경우 단기 상담을 제공하고, 절단점 이상인 경우 적극적인 치료가 요구될 수 있다. 단, 점수가 낮다고 해서 반드시 약물 관련 문제가 없다는 것을 의미하지는 않으며, 청소년의 약물 사용 기간을 고려한다.

(3) Alcohol Use Disorders Identification Test(AUDIT)

AUDIT(Babor, de la Fuente J, Saunders, & Grant, 1992)는 세계보건기구(WHO)에서 위험한 알코올 섭취를 선별하기 위한 도구로 개발되었다(Saunders et al., 1993). AUDIT의 10가지 객관식 응답 항목은 시행하는 데 약 2분, 채점하는 데 약 3분이 소요된다. AUDIT는 각 문항에 대한 가능한 답변은 1~8번까지는 0, 1, 2, 3, 4점으로 채점되며, 9번과 10번은 0, 2, 4점으로 채점된다. 가능한 점수 범위는 0~40점이며, 0점은 알코올로 인한 문제가 전혀 없음을 나타낸다. 세계보건기구의 가이드라인에 따라 1~7점은 저위험 음주를 의미하고, 8~14점은 위험하거나 유해한 음주를 의미하며, 15점 이상이면 알코올 의존(중등도 및 고도 알코올 사용 장애)의 가능성을 나타낸다. 이 지침에 따르면 총 점수가 8점 이상이면 문제성 알코올 사용 가능성이 높다고 볼 수 있다. AUDIT는 성인과 대학생의 현재 문제성 알코올 사용을 식별하는 데 유용한 도구로 입증되었으며, 한 연구에서는 13~19세 응급실 환자의 알코올 장애를 식별하는 데 AUDIT의 민감도와 특이도가 우수한 것으로 밝혀졌다(Chung et al., 2000). 그러나 일부 다른 연구에서는 AUDIT가 본 청소년에게 사용하기에 실용적이지 않을 수도 있다는 상이한 결과도 존재한다(Foster et al., 1997).

(4) Problem Oriented Screening Instrument for Teenagers(POSIT)

POSIT는 미국 국립약물남용연구소(NIDA)에서 12~19세의 청소년을 대상으로 개발된 약물 문제 선별도구이다. POSIT는 종이와 컴퓨터 기반의 자가 설문으로 대략 30분 정도 수행시간이 소요되며, 현재는 영어, 스페인어, 포르투칼어로 사용이 가능하다. POSIT는 청소년들을 대상으로 좋은 신뢰도와 타당도를 가지고 있다(Dembo et al., 1996; Knight, 2001).

POSIT는 총 139개의 '예/아니요' 문항으로 구성되어 있으며, 청소년 문제와 관련된 9개 영역의 주제로 문항이 구성되어 있으며, 그중 1개 영역이 17개 항목으로 구성된 약물 사용/남용 척도이다(Allen & Columbus, 1995). 이 척도에서 1점 이상이면 약물 관련 문제에 대한 '위험 신호(red flag)'로 간주된다(Rahdert, 1991).

(5) 청소년 약물사용 고위험군 선별 검사표 및 한국형 청소년 약물중독 선별 검사표 2

청소년 약물사용 고위험군 선별 검사표는 1996년 서울시내 남녀 고등학교 약물사용자를 중심으로 하여, 청소년들의 생활 관련한 6개 부분에서 70문항을 질문하여 약물을 사용할 가능성이 높거나 이미 사용했을 가능성이 높은 청소년들을 선별하는 것으로, 김경빈(1997)에 의해 개발된 청소년 약물사용 고위험군 선별검사 도구이다. 청소년 약물사용 고위험군 선별 검사표는 6개 부분 70가지 항목에서 100점 만점에 32점 이상이면 약물사용의 위험이 있는 것으로 판정한다. 6개 부분은 '개인 및 주변 환경 부분' '친구 및 학교와 개인생활 부분' '성격 및 가치관 부분' '학생들의 부모님 술 문제 걱정 부분' '심리 및 건강상의 문제 부분' '집안 내력이나 부모 특징'이 포함된다고 말한다.

한국형 청소년 약물중독 선별 검사표 2형은 12개 항목 중 3개 이상이면 중독에 해당한다고 판정한다. 총 12문항으로 각 문항은 3점 척도로 되어 있으며, 점수 배점은 0점(아니다), 0.5점(애매하게 해당된다), 1점(그렇다)로 채점된다. 해석 방법은 약물남용 0.5~2.5점, 약물중독 3점 이상(mild: 30.0~5.5, moderate: 6.0~8.5, severe: 9.0~12.0)으로 해석할 수 있다.

약물사용 고위험군 선별 검사표와 한국형 청소년 약물중독 선별 검사표 2는 다음과 같이 활용할 수 있다. ① 학교에서 약물사용 가능성이 높은 학생이나 이미 사용한 학생들 찾아내기, ② 군대 신체검사나 입대 직전 약물사용 가능성이 높은 대상자 찾아내기, ③ 경찰서에 드나드는 청소년들에게 상시 적용하여 약물사용자 조기에 발견하기, ④ 역학 조사 시 설문지 내용으로 활용할 수 있다.

(6) 청소년 약물남용 잠재군 선별척도

청소년 약물남용 잠재군 선별척도(Screening Scale for Potential Drug-use Adolescents: SPDA)는 2003년 개발되었으며(이기영 외, 2004), 이후 이기영 등(2005)에 의해 타당화되었다. SPDA는 층화표집과 할당표집을 기반으로 전국에 재학 중인 중 · 고등학생 4,307명을 대상으로 조사하였으며, 비교집단으로 보호관찰청소년 305명도 포함시켰다. SPDA의 타당화 결과, 신뢰도, 내용타당도, 구성타당도, 기준관련타당도, 동시타당도 등에서 통계적으로 유의미한 수치를 나타내었다. 판별분석에서는 이 척도의 분류 적중률이 86.6%(중학생 78.8%, 고등학생 87.4%)로 나타나 적절한 예측타당도를 가지고 있음이 확인되었다. 또한 SPDA 총 약물사용에 대한 잠재군과 비잠재군(일반 중·고등학생)에 대해 유의미한 변별력을 가지고 있었다.

SPDA는 개인특성, 문제행동, 부모의 문제와 약물경험, 부모와의 관계, 음주환경과 태도, 약물 사용 환경과 태도 등 7가지 요인으로 구분되며, 총 43문항으로 구성되어 있다. 평정은 4점 리커트 척도로 '매우 그렇다(1점)' '대체로 그렇다(2점)' '별로 그렇지 않다(3점)' '전혀 그렇지 않다(4점)'으로 평정된다. 실제적 활용을 위해 잠재군을 분류할 수 있는 절단점으로 *t*점수(표준편차+0.5)를 이용하였으며, 잠재 약물 고위험으로 분류될 수 있는 대상은 총 점수 77점 이상이다. 척도의 하위범주별로 절단점은 개인특성의 경우 19점, 문제행동의 경우는 9점, 부모의 문제와 약물경험은 7점, 부모와의 관계는 9점, 음주환경과 태도는 19점, 흡연환경과 태도는 13점, 약물 사용 환경과 태도는 8점으로 나타났다.

3. 청소년 약물 사용 문제의 사정

1) 청소년 약물 사용 사정

앞선 선별을 통해서 선발된 고위험 청소년들의 경우 추가적인 평가가 필요하다. 사정(assessment)은 청소년의 약물 문제가 가진 특징, 증상, 영역을 포괄적으로 확인하고, 증상의 정도, 기간, 응급 정도를 판단하는 과정으로 상담적 개입에 매우 중요한 절차이다. 진단도 중요하겠지만, 사정은 내담자의 현재 약물 및 관련된 모든 심리적·신체적·사회적 측면을 면밀히 평가하고, 병리적 측면뿐만 아니라 내담자의 강점, 욕구, 사회적 관계 차원을 살펴 내담자에 맞는 적절한 치료개입 수립을 목표로 한다.

약물 중독과 관련한 다양한 사정 도구가 존재하지만, ASAM(American Society of Addiction Medicine)과 UCLA에서 개발한 The ASAM Criteria Assessment Interview Guide를 중심으로 살펴보고자 한다. 아직 국내 약물 문제 사정 도구가 표준화되어 있지는 않기에 해당 도구를 참고하여 상담자가 기존의 사정 도구들의 요소들을 수정·보완할 부분들이 존재한다. 또한 의료적 세팅에 맞춘 측면이 있기 때문에 일반 지역사회 상담센터에서는 각 요소들의 변용 및 수정도 고려해 볼 필요가 있다.

2) ASAM 기준 사정 인터뷰 가이드

(1) The ASAM Criteria Assessment Interview Guide 개괄

ASAM 기준 사정 인터뷰 가이드(이하 ASAM 사정 도구)는 ASAM과 UCLA에 의해 개발되고 표준화된 ASAM 사정 도구이다(ASAM, 2022). ASAM 사정 도구는 중독 또는 공존 질환이 있는 내담자의 상담, 입원, 장기 입원 등의 개입 수준을 판단하고 결정하기 위해 가장 널리 사용되는 포괄적인 사정 가이드라인이다. ASAM 사정 도구는 무료로 제공되며, 다양한 임상 현장에서 사용할 수 있기 때문에 약물중독 사정에 있어서 내담자를 다차원적으로 평가하게 됨으로써, 포괄적 사정을 하는 데 유용하다.

ASAM 사정 도구는 물질사용장애 가능성을 가진 내담자에게 필요한 치료의 유형과 강도를 결정하기 위해 내담자의 예후에 영향을 미치는 광범위한 생물학적·심리적·사회적 요인을 검토하고, 약물 사용 및 동반되는 신체적·정신적 건강 문제와 관련된 내담자의 요구와 위험에 영향을 미치는 사회적·환경적 요인을 평가할 수 있다. 이를 통해 상담자 및 의료진이 임상 면담에서 내담자의 포괄적인 평가를 수행하고 개입 수준 결정하는 데 도움이 될 수 있다.

(2) ASAM 사정 도구의 내용과 적용

ASAM 사정 도구는 총 6개의 사정 영역을 다루고 있다. ① 급성 약물 중독 및 금단 잠재성, ② 생물 의학적 상태 및 합병증, ③ 정서적·행동적·인지적 상태 및 기타 문제, ④ 변화 준비도, ⑤ 재발, ⑥ 계속 사용 또는 지속적인 문제 가능성, 회복/생활환경 등의 6가지 차원으로 나눠지며 구체적은 내용은 다음과 같다.

① Dimension 1: 급성 약물 중독(acute intoxication) 및 금단 잠재성(withdrawal potential)

이 영역에서는 약물 사용과 관련하여 심각한 내담자의 증상과 긴급한 개입 여부를 결정하게 된다. 사정과정에서 다양한 사용약물과 사용패턴과 방식을 확인한다. 알코올, 오피오이드 불법약물, 오피오이드 처방약물 오용, 벤조다이아제핀, 안정제, 수면제, 코카인, 메스암페타민 및 기타 자극제, 처방 자극제 오용, 기타 처방약물 오용, 마리화나, 담배, 그 밖의 기타 약물 등을 세분화하여 내담자의 약물 종류를 파악한다. 약물 종류에 따라 사용 방식(구강, 구강 점막, 연기흡입, 주사, 및 기타 방식), 마지막 사용한 날, 처방 여부, 사용 기간, 빈도, 사용 용도, 사용 후 나타나는 문제의 구체적 결과들(과용, 금단, 기타 증상 등)을 리커트 및 서술형으로 평가하게 된다.

다음으로 동기강화상담을 기반으로 해서 약물 사용과 금단증상에 대해서 탐색하고, 그 정도와 증상에 대해 '예/아니요' 또는 '전혀 그렇지 않음' '조금' '어느 정도' '그렇다' 또는 '매우 그렇다' 중 하나로 채점하게 된다. 내담자 중심의 해당 문제에 대해서 치료적 목표를 서술하고 끝으로 수집한 정보를 바탕으로 환자의 현재 서비스 필요성의 강도와 긴급성에 대해 '전혀 그렇지 않음(none)' '경미(mild)' '보통(moderate)' '심각(severe)' 또는 '매우 심각(very severe)' 중 하나로 채점하게 된다.

② Dimension 2: 생물 의학적 상태 및 합병증

이 영역에서는 현재 받고 있는 의학적 치료나 문제를 확인하고, 해당 의료적 문제로 인해서 처방받고 있는 약물에 대해서 처방 약물의 양(dose), 먹는 횟수, 처방 목적 등을 살펴본다. 이후 인터뷰를 통해서 17가지 질병과 기타 질병, 그리고 전염병이나 임신에 대해서 인터뷰를 하고 필요한 기록을 남긴다. 자기 보고식 질문에서는 현재 의학적 문제가 자신의 약물문제와 치료 과정에서 미치는 영향에 대해서 스스로 평가

하도록 한다. 다음으로 해당 문제에 대해서 치료적 목표를 서술하고, 끝으로 수집한 정보를 바탕으로 환자의 현재 서비스 필요성의 강도와 긴급성에 대해 '전혀 그렇지 않음' '경미' '보통' '심각' 또는 '매우 심각' 중 하나로 채점하게 된다.

③ Dimension 3: 정서적 · 행동적 · 인지적 상태 및 기타 문제

해당 영역에서는 먼저 인터뷰를 통해서 지남력, 인지와 기억에 문제가 있는지의 여부를 확인하고, 이후 의학적 치료경험, 뇌수술, 정신건강 문제의 정도를 확인한다. 이후 현재 처방받은 정신과 약물에 대해서 동일하게 약물 종류, 처방 정도, 사용 빈도, 처방 목적 등을 확인한다. 다음에 지난 30일 이내에 우울, 불안, 정신증을 중심으로 기타 정신건강 문제로 수면, 기억, 도박, 성문제, 공격성, 자해, 자살 등을 탐색한다. 여기서 또한 중요한 부분은 내담자의 상태가 약물에서 기인한 것은 아닌지 확인한다.

이후 자기 채점 형식으로 현재 증상이 자신에게 미치는 정도를 '전혀 그렇지 않음' '조금' '어느 정도' '그렇다' 또는 '매우 그렇다'로 체크하고 증상에 대해 설명하도록 한다. 다음으로 해당 문제에 대해서 치료적 목표를 서술하고, 끝으로 수집한 정보를 바탕으로 환자의 현재 서비스 필요성의 강도와 긴급성에 대해 '전혀 그렇지 않음' '경미' '보통' '심각' 또는 '매우 심각' 중 하나로 채점하게 된다.

④ Dimension 4: 변화 준비도

먼저 약물 사용이 직장, 학교, 정신건강, 법, 관계, 취미 생활 등 자신의 일상에 미치는 영향에 대해서 '전혀 그렇지 않다' '조금 그렇다' '어느 정도 그렇다' '그렇다' 또는 '매우 그렇다'로 체크한다. 그다음에 약물을 줄임으로 인해 생기는 변화가 긍정적일지 여부를 질문하고 동시에 치료를 받는 것이 얼마나 유익할지를 '전혀 그렇지 않음' '조금' '보통' '유익' 또는 '매우 유익'으로 체크하고, 발생할 수 있는 여러 가지 어려움에 대해서 탐색한다. 만약 내담자가 알코올이나 다른 사용을 변화할 준비가 되어 있지 않다면 다른 영역에서 변화를 시도할 준비가 되어 있는지, 내담자가 변화를 원하는 다른 영역에 관한 정보를 얻는다. 끝으로 수집한 정보를 바탕으로 환자의 현재 서비

스 필요성의 강도와 긴급성에 대해 '전혀 그렇지 않음' '경미' '보통' '심각' 또는 '매우 심각' 중 하나로 채점하게 된다.

⑤ Dimension 5: 재발, 계속 사용 또는 지속적인 문제 가능성

첫 질문은 가장 오래된 단약기간을 질문하고, 어떤 점들이 단약에 도움이 되었는지를 탐색함과 동시에 위험 요인이 무엇인지를 탐색한다. 이 과정에서 재발 시 재발 대체 계획과 재발 시 개입이 이뤄지지 않았을 때 발생하는 최악의 시나리오를 탐색한다. 내담자와 함께 치료 목표를 설정하고, 이후 자기 보고를 통해서 재발 가능성에 대해서 '전혀 그렇지 않음' '경미' '보통' '심각' 또는 '매우 심각'으로 체크한다.

⑥ Dimension 6: 회복/생활환경

가장 먼저 지난 2개월간 주거가 안정되어 있는지를 점검하고, 함께 거주하고 있는 사람이 누구인지를 확인한다. 다음으로 가정 이외에 직장, 학교, 재정 순으로 확인한다. 추가적으로 약물 회복에 있어서 필요한 생활적 영역이 무엇인지를 확인하고 필요한 사회적 서비스를 받을 수 있는지의 여부를 점검한다. 현재 가까운 관계에서 있어서 학대나 위험성이 없는지를 확인하고 자조 모임 참석 여부를 점검한다.

자기 보고를 통해 현재 자신에게 관계된 사람, 장소, 자원들을 기록하도록 하고, 해당 내용이 자신에게 얼마나 도움이 되는지, 재발에 위험한지를 '전혀 그렇지 않음' '조금' '보통' '그렇다' 또는 '매우 그렇다'로 체크하도록 한다. 핵심 문제가 무엇인지, 어떤 변화가 필요한지를 서술하고, 끝으로 수집한 정보를 바탕으로 환자의 현재 서비스 필요성의 강도와 긴급성에 대해 '전혀 그렇지 않음' '경미' '보통' '심각' 또는 '매우 심각' 중 하나로 채점하게 된다.

(7) 종합

앞선 사정 내용을 바탕으로 전체적으로 약물사용과 관련된 증상, 위험 및 보호요인, 신체적 · 심리적 · 사회적 수준 탐색, 물질사용장애 진단, 공존질환 진단 및 기타

정신질환 진단을 바탕으로 치료 수준을 결정하도록 한다. 또한 생명에 위협이 되는 금단, 자살, 자해 등을 수준별로 결정하고 치료 수준 및 개입을 실시한다. 끝으로, 신체적 · 심리적 접근뿐만 아니라 기타 주거, 직장, 환경적 요인에 개입할 수 있는 추가적인 서비스 내용을 결정한다. 6가지 차원에서의 다차원적 사정과 개입 방향 및 수준을 세부적으로 판단함으로써 내담자에게 보다 세밀하고 정확한 치료 서비스 계획 수립이 가능하다.

4. 결론

이 장에서는 청소년의 약물 문제 선별과 사정에 있어서 공신력 있는 정부 기관과 중독 연구소에서 공인하고 사용을 권면하고 있고, 전문 상담 영역을 비롯한 병원, 학교, 법률 기관에서 청소년 약물 사용 여부와 물질사용장애 여부를 판단하는 중요한 평가도구들을 살펴보았다. 해당 도구들은 다수의 연구결과를 가지고 있는 근거기반 도구들이기에 분명 상담자와 연구자들이 주의 깊게 살펴보고 우선적으로 사용 여부를 검토해 볼 필요가 있다.

검증되고 공신력 있는 도구들이지만 우리나라에서 적용하고자 할 때 분명 고려하고 주의해야 될 점도 보인다. 먼저, 척도가 개발 및 적용된 국가와 우리나라는 약물 문제의 정도의 차이가 분명히 존재한다. 국내 청소년 약물 문제가 심각하다고 해도 아직까지 미국과 유럽에 비해서는 그 심각성이 크지 않을 뿐만 아니라 사용되는 약물의 종류도 다양하지 않다. 이러한 점들을 고려하여 다시 국내 실정에 맞게 척도에서 측정하는 약물의 종류와 사용 심각성 등을 고려할 필요가 있다.

다음으로, 척도 내용의 사회적 · 문화적 차이가 존재한다. 앞서 제시한 청소년 약물 사용 선별 척도를 보면 자동차 운전, 파티, 노숙자, 퇴역 군인 등 사회 · 문화적 차이를 보이는 문항과 사정 항목들이 존재한다. 예를 들어, 자동차와 관련된 문항들은 청소년 운전면허 발급과 관련된 미국의 문화와 법을 고려하여 만든 문항이다. 그러나 아직 우리나라 청소년의 경우 이륜 오토바이를 제외하고는 자동차 운전이 불가능하다. 우리나라 청소년들의 문화를 고려하여 문화적 차이에 따른 문항의 변형, 수정, 삭제, 추가 등도 고려해야 할 것이다.

끝으로, 수검자의 문항 반응에도 사회적 · 인종적 · 문화적 차이가 영향을 줄 수 있다. 청소년들이 가지는 심리적 · 신체적 · 사회적 특성이 보편적인 측면도 있을 수 있지만, 심리적 · 사회적 · 문화적 차이에 따른 응답자의 문항 반응의 차이가 존재할 수 있다. 따라서 언어와 문화가 다르고 특히 약물에 대한 태도나 인식의 차이는 선별 문항에 대한 반응의 차이로 이어질 수 있다. 실제로 수검자 반응과 문항 난이도(item-difficulty)의 차이와 리커트 척도의 간격은 심리적 · 사회적 · 문화적 차이에 민감하게 반응한다. 따라서 이러한 점들을 고려하여 엄격한 타당화 연구를 거친 후에 우리나라에 적용할 때, 원척도가 보여 줬던 신뢰도와 타당도 및 민감도(sensitivity)와 특이도(specificity)를 확보할 수 있을 것이다.

청소년의 약물 문제는 더 이상 간과할 수 없는 심각한 사회문제이자 조기발견과 개입이 절실히 필요하다. 이 장에 살펴본 다양한 선별 및 사정 도구들을 참고하여, 청소년의 약물 문제를 조기발견하고 해당 문제를 철저히 평가하여 적시에 필요한 서비스가 제공될 수 있기를 기대해 본다.

참고문헌

김용석(2010). 청소년 약물남용 선별도구(CRAFFT)의 타당화 연구. **정신건강과 사회복지, 34**, 30-55.

김경빈(1997). 약물사용 및 약물중독 청소년의 조기발견에 대한 연구. **청소년학연구, 4**(1), 209-223.

이기영, 김영미, 임혁, 박미진, 박선희(2005). 청소년 약물남용 잠재군 선별척도(SPDA) 활용을 위한 타당화 연구. **한국사회복지학, 57**(3), 305-335.

이기영, 임혁, 박미진, 윤성호, 박선희(2004). 잠재적 약물사용 청소년 선별척도의 개발과 타당화 연구. **정신보건과 사회사업, 17**, 133-157.

전영실, 김유근(2022). 10대, 20대 마약류사범 증가 대응방안에 관한 연구. 대검찰청.
대검찰청(2022). 2021 마약류 범죄백서.

Allen, J., & Columbus, M. (Eds.) (1995). *Assessing Alcohol Problems: A Guide for Clinicians and Researchers.* National Institute on Alcohol Abuse and Alcoholism, Bethesda, MD.

American Society of Addiction Medicine (2022). Free Paper-Based ASAM Criteria Assessment Interview Guide. Released from https://www.asam.org/news/detail/2022/02/16/asam-releases-new-free-paper-based-asam-criteria-assessment-interview-guide

Babor, T., de la Fuente, J,, Saunders, J., & Grant, M. (1992) AUDIT: *The Alcohol Use Disorders Identification Test: Guidelines for Use in Primary Health Care.* World Health Organization, Geneva, Switzerland.

Chung, T., Colby, S. M., Barnett, N. P., Rohsenow, D. J., Spirito, A., & Monti, P. M. (2000). Screening adolescents for problem drinking: performance of brief screens against DSM-IV alcohol diagnoses. *Journal of Studies on Alcohol, 61*(4), 579-587. doi:10.15288/jsa.2000.61.579

Das, J. K., Salam, R. A., Arshad, A., Finkelstein, Y., & Bhutta, Z. A. (2016). Interventions for Adolescent Substance Abuse: An Overview of Systematic Reviews. *Journal of Adolescent Health, 59*(4), S61-S75. doi:10.1016/j.jadohealth.2016.06.021

Dembo, R., Schmeldler, J., Borden, P., Turner, G., Sue, C. C., & Manning, D. (1996). Examination of the Reliability of the Problem Oriented Screening Instrument for Teenagers (POSIT) among Arrested Youths Entering a Juvenile Assessment Center. *Substance Use & Misuse, 31*(7), 785-824. doi:10.3109/10826089609063958

Foster, A., Blondell, R. D., & Looney, S. W. (1997). The practicality of using the SMAST and AUDIT to screen for alcoholism among adolescents in an urban private family practice. *The Journal of the Kentucky Medical Association, 95*(3), 105-107.

Harris, S. K., Csemy, L., Sherritt, L., Starostova, O.,Van Hook, S., Johnson, J., … Knight, J. R. (2012). Computer-facilitated substance use screening and brief advice for teens in primary care: an international trial. *Pediatrics, 129*(6), 1072-1082. doi:peds.2011-1624

[pii] 10.1542/peds.2011-1624

Kelly, S. M., Gryczynski, J., Mitchell, S. G., Kirk, A., O'Grady, K. E., & Schwartz, R. P. (2014). Validity of brief screening instrument for adolescent tobacco, alcohol, and drug use. *Pediatrics, 133*(5), 819-826. http://www.ncbi.nlm.nih.gov/pmc/articles/PMC4006430/

Knight, J. R. (2001). The Role of the Primary Care Provider in Preventing and Treating Alcohol Problems in Adolescents. *Ambulatory Pediatrics, 1*(3), 150-161. doi:10.1367/1539-4409(2001)001〈0150:trotpc〉2.0.co;2

Knight, J. R., Csemy, L., Sherritt, L., Starostova, O., Van Hook, S., Bacic, J., … Harris, S. K. (2018). Screening and Brief Advice to Reduce Adolescents' Risk of Riding With Substance-Using Drivers. *Journal of Studies on Alcohol and Drugs, 79*(4), 611-616. doi:10.15288/jsad.2018.79.611

Knight, J. R., Sherritt, L., Harris, S. K., Gates, E. C., & Chang, G. (2003). Validity of Brief Alcohol Screening Tests Among Adolescents: A Comparison of the AUDIT, POSIT, CAGE, and CRAFFT. *Alcoholism: Clinical and Experimental Research, 27*(1), 67-73. doi:10.1111/j.1530-0277.2003.tb02723.x

Knight, J. R., Shrier, L. A., Bravender, T. D., Farrell, M., Vander Bilt, J., & Shaffer, H. J. (1999). A New Brief Screen for Adolescent Substance Abuse. *Archives of Pediatrics & Adolescent Medicine, 153*(6).591-596. doi:10.1001/archpedi.153.6.591

Levy, S. J., Williams, J. F., & COMMITTEE ON SUBSTANCE USE AND PREVENTION (2016). Substance Use Screening, Brief Intervention, and Referral to Treatment. *Pediatrics, 138*(1), e20161211. https://doi.org/10.1542/peds.2016-1211

Levy, S., Weiss, R., Sherritt, L., Ziemnik, R., Spalding, A., Van Hook, S., & Shrier, L. A. (2014). An Electronic Screen for Triaging Adolescent Substance Use by Risk Levels. *JAMA Pediatrics, 168*(9), 822-828. doi:10.1001/jamapediatrics.2014.774

Levy, S., Weitzman, E. R., Marin, A. C., Magane, K. M., Wisk, L. E., & Shrier, L. A. (2021). Sensitivity and specificity of S2BI for identifying alcohol and cannabis use disorders among adolescents presenting for primary care. *Substance abuse, 42*(3), 388-395. https://doi.org/10.1080/08897077.2020.1803180

Martino, S., Grilo, C. M., & Fehon, D. C. (2000). Development of the drug abuse screening test for adolescents (DAST-A). *Addictive Behaviors, 25*(1), 57-70. doi:10.1016/s0306-4603(99)00030-1

Massachusetts Department of Public Health (2018). *Adolescent SBIRT Toolkit for Providers.* Retrieved From https://files.hria.org/files/SA3541.pdf

Massachusetts Department of Public Health Bureau of Substance Abuse Services (2009). *Adolescent Screening, Brief Intervention, and Referral to Treatment for Alcohol and Other Drug Use Using the CRAFFT Screening Tool.* Massachusetts Department of Public Health Bureau of Substance Abuse Services. Retrieved from https://www.masspartnership.com/pdf/CRAFFTScreeningTool.pdf

Miller, W. R., & Rollnick, S. (2013). *Motivational interviewing: Helping people change*(3rd ed.). Guilford Press.

National Center for Drug Abuse Statistics (2023). *Drug Use Among Youth: Facts & Statistics.* Retrieved fromhttps://drugabusestatistics.org/teen-drug-use/

National Institute on Drug Abuse (2018). *Principles of Drug Addiction Treatment: A Research-Based Guide 3rd Edition*. Retrieved from https://archives.nida.nih.gov/publications/principles-drug-addiction-treatment-research-based-guide-third-edition.

National Institute on Drug Abuse, National Institutes of Health, U.S. Department of Health and Human Services (2003). *Preventing Drug Use among Children and Adolescents, A Research-based Guide for Parents, Educators and Community Leaders 2nd.* NIH Publication No. 04-4212 (A)

Otten, R., Mun, C. J., Shaw, D. S., Wilson, M. N., & Dishion, T. J. (2019). A developmental cascade model for early adolescent-onset substance use: the role of early childhood stress. *Addiction*, *114*(2), 326-334. https://doi.org/https://doi.org/10.1111/add.14452

Saunders, J. B., Aasland, O. G., Babor, T. F., de la Fuente, J. R., & Grant, M. (1993). Development of the Alcohol Use Disorders Identification Test (AUDIT): WHO collaborative project on early detection of persons with harmful alcohol consumption: II. *Addiction, 88*(6), 791-804. https://doi.org/10.1111/j.1360-0443.1993.tb02093.x

Silvers, J. A., Squeglia, L. M., Thomsen, K. R., Hudson, K. A., & Feldstein Ewing, S. W. (2019). Hunting for what works: Adolescents in addiction treatment. *Alcoholism: Clinical and Experimental Research. 43*(4): 578-592.

Singh, N., McCann, H., Weber, M. K., Gonzalez, S. J., & Alzate, M. M. (2018). Adolescent screening, brief intervention, and referral to treatment for substance use: An application for school social workers. *Children & Schools, 40*(4), 249-252. https://doi.org/10.1093/cs/cdy018

Skinner, H. A. (1982). The drug abuse screening test. *Addictive Behaviors, 7*(4), 363-371. doi:10.1016/0306-4603(82)90005-3

Skinner, H. A., & Goldberg, A. E. (1986). Evidence for a Drug Dependence Syndrome Among Narcotic Users. *Addiction, 81*(4), 479-484. doi:10.1111/j.1360-0443.1986.tb00359.x

Substance Abuse and Mental Health Services Administration (SANHSA)(2020). *Key substance use and mental health indicators in the United States: Results from the 2019 National Survey on Drug Use and Health (HHS Publication No. PEP20-07-01-001, NSDUH Series H-55*. Retrieved from https://www.samhsa.gov/data/

Yudko, E., Lozhkina, O., & Fouts, A. (2007). A comprehensive review of the psychometric properties of the Drug Abuse Screening Test. *Journal of Substance Abuse Treatment, 32*(2), 189-198. doi:10.1016/j.jsat.2006.08.002

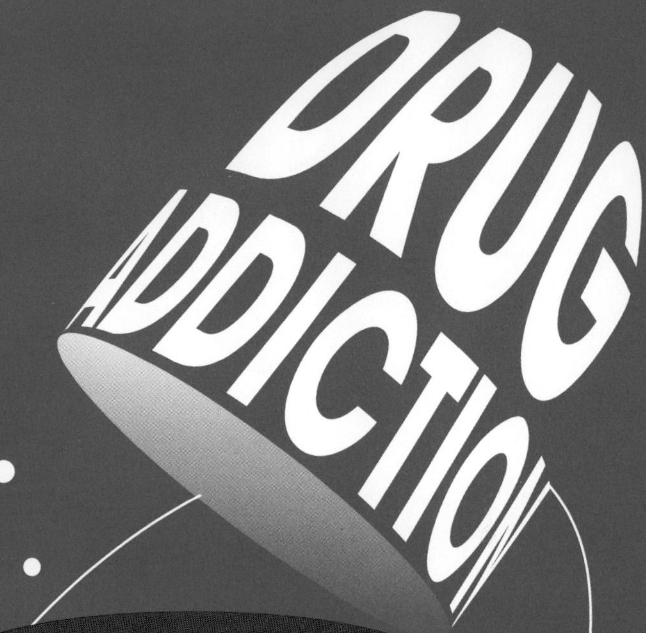

제 4 장

청소년 약물남용의 예방

김영호

1. 방 안의 코끼리[1)]

애써 피하고 싶지만, 더 이상 피할 수 없는 문제를 은유적으로 지칭하는 '방 안의 코끼리'라는 표현이 있다. 방 안에 코끼리가 들어와 있는데 사람들은 마치 코끼리가 없는 듯 외면하고 회피한다. 마약류 중독과 같은 병리적인 중독 문제들이 바로 그런 문제 중 하나이다. 『2022년 마약류 범죄 백서』(대검찰청, 2023)에 따르면, 우리나라에서 2022년에 단속된 마약류 사범이 18,395명이다. 이들 중 30대 이하 청년층이 59.8%를 차지한다.

2022년 정부는 마약과의 전쟁을 선포하면서, 마약류 범죄에 대한 엄벌주의적 접근과 함께 중독에서 회복하고자 하는 마약류 사용자에 대한 치료와 재활도 지원하겠다고 약속했었다. 하지만 마약류 중독자를 바라보는 우리 사회의 시선이 아직은 방 안에 들어온 거대한 코끼리를 상대하는 것만큼이나 두렵다. 아직은 우리 청소년들이 다니는 학교 주변에, 아파트 인근에 중독자 회복 재활센터가 함께 있는 것을 용납하기 어렵다. 뉴스에서 십대 마약류 중독자의 증가에도 불구하고, 국내에 이들을 치료하고 재활할 수 있는 시설이 거의 없다는 사실을 직면할 때면 걱정과 답답함도 느끼지만, 그래도 이 문제는 내 문제가 아니고 내 자식의 문제도 아니라 다행이라는 생각을 할 뿐이다. 사실 대다수의 사람들은 약물사용장애가 있는 개인에 대해 매우 낙인적인(stigmatic) 견해를 가지고 있으며, 낙인의 수준이 다른 정신장애가 있는 개인보다 약물사용장애가 있는 개인에 대한 비율이 더 높았다(Yang et al., 2017). 중독자에 대한

1) 경기일보(2023. 8. 14.). 김영호 [천자춘추] 방 안에 들어온 코끼리 내보내기 재인용.

편견과 차별, 낙인적 시각은 마약류 중독이 치료가 필요한 질병이며, 치료될 수 있다는 사실을 부정하게 만든다. 중독자에 대한 무지와 몰이해 그리고 두려움으로 그들과 연결되는 것을 거부하며, 중독자의 치료와 재활을 방해하고, 일자리, 주택, 대인관계에서 차별이라는 장벽을 만들 수도 있다.

마약류 중독이라는 방 안의 코끼리를 더 이상은 방치할 수 없다. 범죄는 처벌하고, 중독자는 치료하고 재활해야 한다. 지금까지처럼 마약류 중독자를 처벌만 하고 치료재활을 위해 아무것도 하지 않는다면, 방 안의 코끼리는 '검은 코끼리'로 변할지도 모른다. 2021년 미국에서는 불법 마약류의 과다 사용(overdoes)으로 인해 10만 명 이상이 사망했다. 미국 독립의 중심지였던 필라델피아시의 켄싱턴 거리에는 마약에 중독되어 '좀비' 같은 모습을 하고 있는 수많은 중독자들의 모습이 전 세계인을 경악하게 했다. 마약류 중독자를 위한 치료재활 시스템을 지금 시작하지 않는다면, 절대 일어나서는 안 되는 악몽을 우리나라에서 경험하게 될 수도 있다. 정부는 이제라도 마약과의 전쟁을 선포하면서 약속했던 '중독자 치료재활 시스템'의 구축을 위해 법률을 정비하고, 예산을 확보하고, 중독자 치료재활 전문가를 양성해야 한다. 그리고 방 안의 코끼리가 검은 코끼리로 변하지 않도록 관리하면서 방 밖으로 내보낼 수 있는 방법을 찾아야 할 것이다.

2. 청소년 약물남용 예방의 필요성

대부분의 약물 중독자는 일반적으로 청소년기에 약물 사용을 시작한다. 알코올 및 담배는 청소년기에 가장 일반적으로 사용하는 약물이다. 유엔마약범죄사무소(UN Office on Drugs and Crime, UNODC, 2016)의 학교 기반 설문조사의 국가별 데이터에 따르면, 미국 13~15세 청소년 4명 중 1명은 지난 12개월 동안 알코올을 사용했다. 여학생 10명 중 1명, 남학생 5명 중 1명은 담배를 피운다. 담배는 아동 · 청소년이 가장 먼저 사용하는 물질인 경우가 많다. 유럽에서는 청소년 10명 중 1명이 대마초를 피운다. 또한 몇몇 청소년의 경우 유병률은 상대적으로 낮지만, 암페타민 유형의 각성제 및 새로운 향정신성 물질의 사용이 증가하고 있다. 유럽에서 15~24세 청소년의 8%가 신종 마약을 사용하는 것으로 보고되고 있으며, 유럽 29개국의 학교에 재학 중인 청소년의 상당수가 복합 약물(poly-drug) 사용자인 것으로 보고되었다(담배+알코올 12.4%; 담배+대마초 9.7%; 다른 약물들과 신경안정제 사용 7.4%). 일부 청소년들은 이러한 물질이 처방 의약품이거나 합법적인 경우가 많기 때문에 다른 약물들보다 안전하다고 인식하고 있으며, 그래서 더 위험하다. 또한 이런 물질들은 지역사회 내에서 쉽게 접할 수 있으며, 종종 일반 상품처럼 브랜드 포장으로 제공된다. 유럽 일부 국가에서는 주사제 약물을 사용하는 사람들의 70~90%가 25세 이전에 주사를 시작한 것으로 보고되고 있다(UNODC, 2020).

아동·청소년의 경우 알코올, 담배, 약물의 조기 사용과 정기적인 사용은 성인기 이후의 정신활성물질에 대한 의존성이나 유해한 사용의 위험성을 증가시킬 뿐만 아니라, 한 개인이 평생 동안 신체적·정신적 건강 문제와 관련이 될 가능성을 높인다. 또한 청소년의 약물 사용은 다양한 국가와 지역에서 낮은 교육 성과, 학교 중퇴, 중등 교육 및 이후의 교육 미완료 등 전 세계적으로 수많은 부정적인 교육 관련 결과와 연관되어 있다. 기억할 것은 개인, 가족, 학교, 지역사회, 사회문화적 맥락 등 다양한 요인이 청소년의 약물 사용에 위험요인 혹은 보호요인이 될 수 있다.

3. 긍정과 부정, 2가지 중독 예방의 메시지

왜 사람들은 건강증진과 웰빙, 그리고 예방에 대한 증거(evidence), 정보(information), 지식(knowledge), 위험요인(risks) 등이 주어졌을 때 비로소 변화를 받아들일까? 우리 모두가 건강을 해치는 잠재적 위험에 대해 알고 있음에도 불구하고 왜 사람들은 계속 알코올, 담배, 약물, 도박, 게임을 할까? 어떻게 하면 건강위험행동의 시작을 예방하고(prevent), 문제가 있는 사람들에게 조기에 개입할 수 있을까? 그렇게 하려면 무엇을 어떻게 고려해야 할까? 중독문제 예방사업은 지역사회 구성원들의 건강을 지속적으로 보호하고 증진시키며, 중독의 폐해 발생을 지연시키며, 중독문제와 관련된 위험과 폐해를 최소화하는 대책들을 의미한다. 중독문제 예방사업은 중독 행동과 정신건강 문제의 발생 가능성을 줄이기 위한 개입이다. 그러나 예방은 인간의 자유를 간섭하고, 개인적 변화를 요청하고, 자신에게 일어나지 않은 문제를 이야기하는 불편함을 감수한다. 간혹 무계획적인 설득 기술로 복합적인 행동을 변화시키려는 무모함으로 비춰지기도 한다(Kelly, 2008).

예방(prevention)이란 일반적으로, 어떤 부정적인 일, 행동, 질병이 일어나지 않게 하는 것을 의미한다. 어떤 것을 하지 않도록 부정적인 메시지(negative message)를 전달하는 것이다. 그러나 사람들은 "하지 마!"라는 표현을 좋아하지 않는다. 결국 예방의 관점에서 우리가 관심을 가지는 메시지는 사람들에게 어떻게 하면 '중독 물질의 사용을 멈추고, 아예, 시작하지 마세요(stop, don't start)'라는 메시지를 전달할 수 있을까에 대한 질문에 답하는 것이다.

예방은 긍정적이고 부정적인 메시지를 동시에 제시해야 한다. 건강증진과 웰빙이라는 건강행동과 관련된 긍정적인 메시지를 전달하면서, 동시에 건강과 웰빙에 해로운 알코올, 담배, 도박, 마약을 중단하고, 처음부터 시작하지 말라는 메시지를 전달해야 한다. 즉, 예방은 동전의 양면처럼 건강증진과 웰빙을 위해 노력을 '하라!'는 긍정적 메시지 뿐만 아니라, 건강 위험 행동을 '하지 마라!'는 부정적인 메시지를 포함해야 한다.

효과적인 중독 예방 메시지의 전달을 위해서는 건강증진과 웰빙, 그리고 중독 예방을 위한 로드 맵이 필요하다. 예방 로드 맵(prevention road map)은 건강증진과 웰빙, 중독 문제의 예방, 조기치료, 폐해 감소 및 사회 재통합 분야에서 효과가 있는 것과 그렇지 않은 것에 대한 실용적이고 신뢰할 수 있는 정보를 찾는 데 도움이 되도록 설계되어야 한다. 다양한 건강 문제의 예방, 중독자의 조기 발견과 개입, 재활에 이르는 최고의 실천 방법을 제시하며, 다양한 지역사회 자원과 개입의 도구, 치료 표준 및 지침을 마련해 줄 수 있어야 한다.

건강증진과 웰빙의 핵심 메시지는 건강 위험행동(흡연, 음주, 약물사용, 도박 등)의 개인적 · 지역사회적 · 사회경제적 영향에 대해 고려한다면 예방사업에 투자할 수밖에 없다는 것이다. 건강증진과 웰빙을 추구하는 예방은 질병이 생긴 이후에 사후적으로 질병을 치료하는 것보다 경제적으로 더 저렴하고, 개인의 삶의 질을 더 낫게 향상시킨다.

우리가 기억할 것은 예방의 메시지는 동전의 양면처럼 건강증진과 웰빙을 위해 노력 '하라!'는 긍정적 메시지뿐만 아니라, 건강 위험행동을 '하지 마라!'는 부정적인 메시지를 포함한다는 것이다.

4. 청소년 약물남용의 위험요인과 보호요인

청소년의 개인적 특성과 환경적 요인은 상호작용하면서 중독약물 사용의 위험성을 낮추는 보호요인이 되기도 하고, 위험성을 높이는 위험요인이 되기도 한다.

청소년의 약물남용 문제에 있어서 위험요인은 알코올과 다른 약물사용 같은 문제행동의 증가와 통계적으로 관련이 있는 생활사건 혹은 경험들로 정의된다(Hawkins, Catalano, & Miller, 1992). 장기간의 연구들에 따르면, 개인은 그 자신의 발달과정에서 가족, 또래 집단 그리고 더 광범위한 지역사회를 포함한 환경과의 상호작용 안에서 중독문제의 시작 혹은 심화와 관련된 위험요인들을 경험하게 된다. 인간의 결정적인 발달과정 기간 동안 중독의 위험요인에 더 많이 노출된 사람이 중독의 위험성이 더 높은 것으로 보고되고 있다(AADAC, 2006). 위험요인은 사건에 대한 징표, 상관요인 또는 원인이다. 또한 위험요인은 어떤 특성, 변인 혹은 위협으로서 만약 개인에게 이러한 요소가 존재한다면, 그 개인은 일반 인구집단에서 선정된 사람보다 그 문제나 장애를 발달시킬 가능성이 더 많이 존재함을 의미한다(Marzek & Haggerty, 1994). 사회과학에서는 위험요인을 규정하는 연구들을 통해 이에 대한 상당한 합의가 이루어져 왔는데, 위험요인은 개인적 특성 혹은 성향일 수 있고, 부모의 사망과 같은 특별한 생활 경험이나 사건일 수도 있으며, 우범지역에서 생활하는 문제 등의 맥락적 요인일 수도 있

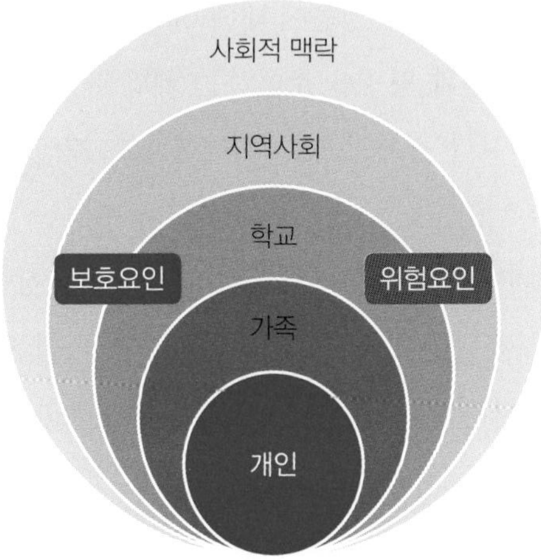

[그림 4-1] 청소년의 약물남용 가능성에 영향을 미치는 요인의 범주

다(Smith & Carlson, 1997). 한편, 위험요인은 특수(구체적) 위험요인과 일반(비구체적) 위험요인으로 나누기도 하는데(Kirby & Fraser, 1997; Fraser et al., 1999; 박정숙, 2002에서 재인용), 빈곤, 아동학대, 미숙한 부모역할, 학교에서의 학업실패, 동년배 따돌림, 인종 및 성차별 등은 일반적 위험요인에 해당되며, 중독문제 발행 현장 인근에 살면서 중독문제에 자주 노출되는 것은 더 중요한 특수 위험요인에 해당된다.

한편, 보호요인은 위험요인에 노출되는 것을 경감시키거나 조정하는 생활사건 혹은 경험들로 정의된다. 보호요인으로 인해 문제 행동의 발생이 줄어드는 결과가 나타난다(Garmezy, 1985; Rutter, 1979; Pollard et al., 1999).

위험요인과 보호요인은 임신부터 아동기, 청소년기와 성인기까지 전 생애에 걸쳐 개인의 발달에 영향을 끼친다. 위험요인과 보호요인들의 상호작용을 이해하는 한 가지 유용한 방법은 [그림 4-1]과 같이 개인을 중심으로 그가 현재 살고 있는 환경(예: 가족, 학교, 지역사회 및 사회적 맥락)을 대표하는 점점 더 넓어지는 영역의 중심에서 개별적인 아동·청소년을 바라보는 '생태적' 렌즈를 통해 보는 것이다(Bronfenbrenner & Ceci, 1994). 그리고 이를 통해 〈표 4-1〉과 같이 청소년 중독문제의 위험요인과 보호요인을 환경적 차원별로 제시할 수 있다.

표 4-1 청소년 중독문제의 위험요인과 보호요인

	위험요인	보호요인
개인	• 유전적 요인 • 주의력 문제 • 품행 또는 행동 장애 • 비행 및 범죄 문제 • 정신건강 문제(예: 감각추구성향, 불안) • 약물 사용에 우호적인 태도 • 약물 사용이 흔하다는 인식	• 친사회적 행동 • 연령에 적합한 언어 및 수리 능력(인지 능력) • 사회적 및 정서적 능력(예: 충동 조절력, 올바른 정체성) • 신중한 기질
가족	• 모성 흡연 • 약물 사용에 호의적인 부모의 태도 • 부모-자녀 간 갈등 • 부모나 형제자매가 약물을 사용함 • 부모나 형제자매의 정신건강 문제 • 부모의 학대 및 방임 • 부실한 가족 관리 • 물질적 빈곤 • 불안정한 가정 상황	• 가족에 대한 애착 • 부모의 균형 잡힌 의사소통, 규칙 및 모니터링 • 부모의 조화로운 화합 • 따뜻하고 반응적이며 지지적인 양육-성공적인 애착과 유대감 형성 • 영적인 관여
학교	• 교육을 받을 수 없음 • 결석, 무단결석, 자퇴 • 괴롭힘의 피해자 혹은 가해자 • 조기 학업 실패 • 학교 참여 부족 • 학교 성적 부진 • 또래들이 약물을 사용함	• 학교 접근성 및 재학 생활 유지 • 중등학교 수료 • 학교에서 잘할 수 있을 것이라는 기대 • 정학을 방지하는 정책 • 교사, 학부모, 학생 간의 유대감 증진
지역사회	• 어른들과의 긍정적인 접촉 부족 • 물질의 가용성 • 약물사용에 대해 허용적인 사회적 규범과 수용성	• 가족 외부에 돌봐주는 성인이 있음 • 지역사회 문제에 참여
사회적 맥락	• 업계가 집중적이고 표적화되고 조작적인 전술로 어린이와 청소년을 대상으로 담배, 주류를 마케팅함 • 물질에 대한 쉬운 접근성 • 정치적 격변, 자연재해, 분쟁지역 거주 등으로 인해 난민, 이재민으로 생활함	• 주류 및 담배 사용에 대한 대중 광고를 금지하거나 제한하는 법률 • 어린이의 술과 담배 사용을 금지하는 법률 • 긍정적인 성인 역할 모델

출처: UNESCO/UNODC/WHO (2020). Good Policy and Practice in Health Education: Education sector responses to the use of alcohol, tobacco and drugs.

청소년의 삶에 있어서 위험요인 혹은 보호요인의 수준은 개인적 특성과 다양한 생활 영역에서의 경험 간의 상호작용의 산물이다. 예를 들어, 유아기의 약한 부모-자녀 간 애착은 인생 초기의 행동 문제를 야기할 수 있으며, 이는 결국 학교 성적과 또래와의 관계에 영향을 미칠 수 있다. 반면, 이들이 초기부터 증거기반의 학교 예방 프로그램에 참여한다면 교사 및 또래 동료와의 상호작용 능력을 향상시키고 추가적인 행동 문제를 방지하며 부모와의 관계 개선에 도움이 될 수 있다.

인생의 초기에 일어난 일은 이후의 사건과 경험에 영향을 미친다. 이러한 방식으로 초기 경험은 긍정적이든 부정적이든 청소년의 인생 과정 궤적을 설정하는 효과를 가질 수 있다(Webster-Stratton & Taylor, 2001). 청소년의 삶의 과정은 중요한 인생사건(예: 양질의 주택으로 이사)이나 중요한 전환(예: 초등학교에서 중학교로의 진학), 또는 위험요인에 대응하고 인생 초기에 시작된 부정적인 궤적을 바꾸는 예방 프로그램에 의해 긍정적인 영향을 받을 수도 있다.

청소년의 경우에 위험요인과 보호요인을 함께 공유하는 문제들이 있다. 예를 들어, 폭력, 범죄행위, 위험한 성행위 및 낮은 학교성적 등이 그렇다(De la Haye et al., 2014; De Looze et al., 2014). 이 문제들을 해결하기 위해서는 청소년이 보호요인들을 잘 활용하고 위험요인들에 효과적으로 대처할 수 있도록 그들에게 권한부여적이면서 잘 조율되고 포괄적이며 권리에 기반한 접근 방식을 적용하는 것이 필요하다.

5. IOM의 예방 분류 체계

1994년 미국 의학연구소(Institute of Medicine: IOM)는 중독 문제의 취약성을 기준으로 위험의 연속성에 근거하여 위험의 수위가 증가함에 따라 예방적 개입을 보편적 예방, 선별적 예방, 지시적 예방의 3단계로 분류하였다. 보편적 예방 전략은 개인적 위험 수준에 관계없이 모든 지역사회 대상자를 위한 것이며, 약물 사용과 관련된 선행요인과 약물 사용의 시작을 예방하기 위한 것이다. 선별적 예방 전략은 고위험군, 즉 환경적 혹은 생물학적 위험요인(예: 낮은 수입, 약물남용을 하는 부모)으로 인해 더욱 약물 사용의 위험에 처하게 되는 청소년들을 위한 것이다. 지시적 예방 전략은 이미 약물을 사용하고 있거나 위험 추구 행동, 공격성, 품행 문제와 같은 약물 사용과 관련된 선행요인이 나타난 청소년들을 위한 프로그램이다(Rapp-Paglicci et al., 오인수 역, 2013).

1) 보편적 예방

보편적(universal) 예방은 일반 대중이나 모든 인구집단, 모든 청소년을 대상으로 특정 장애나 문제에 개입하는 것으로, 그러한 장애나 문제가 직접적인 위험으로 인식되지 않은 경우에도 개입하는 것을 말한다(IOM, 1994). 이 예방 개념은 중독문제 위험요인 혹은 증상(준거)과 관계없이 모든 사람이 잠재적으로 중독의 위험요인에 노출되어 있음을 전제로 한다. 이 전략은 일반적으로 모든 청소년과 가족을 대상으로 약물 사용과 약물 남용에 대한 저항력(resistance)을 증가시키도록 하는 개입을 말한다. 이는 예방 프로그램을 통해 청소년이 약물 사용을 시작하지 않거나 조기에 그만두도록 유도한다. 보편적 예방 프로그램에서는 이를 위해 모든 국민에게 중독과 관련된 다양한 문제를 예방하기 위한 기술과 정보, 실행 방법을 제공하여 중독 관련 행태의 시작을 못하게 하거나 그만두게 하는 것을 목표로 한다.

일반적으로 보편적 예방 프로그램들은 약물 사용에 대한 잘못된 규범을 바로잡고, 올바른 사회적 규준을 설정하고, 약물남용 문제에 대한 전체 국민의 인식을 증가시키기 위해 대중매체와 TV, 광고 캠페인을 많이 이용한다. 보편적 예방 프로그램은 전체 일반인을 대상으로 하기에 약물 남용에 대해 낙인찍히는 문제도 피할 수 있으며, 1인당 프로그램 참여 비용이 적게 든다는 장점도 있다. 청소년 예방의 경우, 학교는 위험요인에 상관없이 모든 학생이 있는 곳이기 때문에 이러한 보편적 예방 프로그램을 진행하기에 적합한 최적의 장소이다. 그러나 보편적인 예방 전략의 단점은 이미 위험에 처한 청소년의 경우 프로그램 참여 시 높은 결석률과 중도 탈락률을 보이기 때문에 보편적인 예방 접근을 통해 큰 도움을 받지 못한다는 한계가 있다. 그뿐만 아니라 그러한 고위험군과 이미 문제가 시작된 청소년을 프로그램 대상으로 염두에 두고 프로그램을 구성하지 않기 때문에 보편적인 예방 프로그램은 참여 대상자들의 특정한 요구를 맞추기에는 너무 포괄적일 수 있고 의도한 효과를 얻기에는 프로그램의 내용이 충분하지 못한 경우가 있다(Dulmus, & Rapp-Paglicci, 2005).

2) 선별적 예방

선별적(selective) 예방은 특정 장애나 문제를 가지게 될 위험이 높은 개인이나 집단들을 대상으로 개입하는 것이다(IOM, 1994). 중독과 관련하여 평균보다 더 높은 위험을 가지거나 더 많이 노출된 고위험군 인구집단을 대상으로 한 예방적 개입이다. 선별적 예방 프로그램의 대상군은 구체적으로 노출된 중독 위험요인의 크기와 노출과정 등을 통해 결정된다. 예를 들어, 성별, 연령, 가족력 등과 같은 특성이 특정 장애나 문제와 상관이 높을 경우 고위험 집단으로 이해된다. 중독 문제에 있어서 선별적 예방 프로그램의 대상 집단은 약물남용과 관련이 있는 것으로 알려진 위험요인에 기초하여 더 위험한 상태(at risk)에 있는 것으로 여겨진다. 예를 들어, 가족이 중독을 유발하는 산업(알코올, 담배, 마약, 섹스 등)의 종사자이거나 부모나 또래가 정기적으로 알코올, 담배, 대마초 등 중독 약물을 사용하고 있는 아동·청소년의 경우, 사회적 취약계층(예: 저소득, 차상위계층, 안전한 주거가 없음 등), 심리적 취약계층(예: 다른 중독문제 등 정신건강 문제를 가진 대상자) 등이 선별적 예방 프로그램의 대상자인 중독 고위험군으로 분류될 수 있다.

선별적 예방 프로그램은 약물 사용의 고위험군 집단을 대상으로 하기 때문에, 프로그램의 효과를 높이기 위해서는 보편적 예방 프로그램보다 오랜 기간 지속되고 더 집중적으로 실시되어야 한다. 더불어 프로그램에 참여한 하위 집단의 성향에 따라 위험요인과 보호요인에 초점을 맞추어야 한다. 예를 들어, 생물학적인 위험요인에 기초하여 선별적인 예방 프로그램의 대상으로 선정된 집단은 경제적 수준이 낮아 선정된 집단과는 다른 종류의 개입을 필요로 한다. 선별적 예방 프로그램은 고위험군 집단을 대상으로 하는데, 이들이 지니고 있는 강점과 자원을 활용하는 프로그램을 실시하면 보다 효과적일 수 있다. 선별적인 예방 프로그램의 내용은 참여 집단의 요구에 맞게 개발되기 때문에 프로그램의 효과성이 일반적으로 높다. 그러나 고위험 집단의 상태를 정의하는 기준이 너무 모호할 수 있기 때문에 참여자들에 대한 고정관념이 존재할 가능성이 있다. 예를 들어, 특정 소수 집단이라는 위험요인으로 인해 집단이 구성된 경우 각 하위 소수 집단은 위험에 대한 취약성과 문화적 강점의 측면에서 동질적이지 않다(여학생들은 남학생들과 전혀 다른 위험을 드러내기도 한다). 따라서 각 집단의 특별한 성향을 고려하지 않고 프로그램을 실시하면 그 효과가 떨어질 수 있다(Dulmus, & Rapp-Paglicci, 2005).

3) 지시적 예방

지시적(indicated) 예방 개입은 특정 장애나 문제를 지니고 있다고 진단할 수는 없지만 관련 장애의 초기증상이나 이상행동 등을 통해 문제의 확인이 가능한 고위험 개인을 대상으로 개입하는 경우를 말한다(IOM, 1994). 중독 문제의 경우 약물을 사용한 경험이 있거나, 약물남용의 징후를 드러낸 적이 있는 대상자를 위한 개입 전략이다. 지시적 예방 프로그램은 중독으로 인한 심각한 문제 또는 만성적 이용을 방지하기 위하여 이미 중독 관련 행태를 보이는 개인을 대상으로 한다. 중독에 대한 의학적 진단 기준에는 미흡하지만 우울이나 자살사고와 같은 초기 위험한 행태를 보이는 개인들이 대상이 될 수 있다.

지시적 예방 프로그램의 대상이 된 개인들은 이미 약물을 사용해 봤기 때문에 약물의 사용을 지연시키거나 줄이는 것은 개입의 목표가 아니다. 오히려 약물 남용이 연속되는 것을 막고, 약물 사용의 심각성을 줄이는 것이 목표다. 이 접근법은 보편적인 예방적 접근법과는 달리 폐해감소(harm-reduction) 전략에 가깝다. 왜냐하면 불법적인 약물 사용을 피하는 것을 포함하여, 약물 사용과 관련된 해로움을 줄이고 약물 남용 문제에 도움이 되는 것을 찾기 위해서 정보와 기술을 제공하는 것을 목표로 하기 때문이다. 이들은 교사, 부모, 상담사 또는 사법적 체계에 의해서 지시적인 예방적 프로그램에 의뢰될 수 있다.

지시적 예방 프로그램은 개인적인 위험요인에 초점을 맞추며 집중적으로 개입하기 때문에 선별적 예방 프로그램과 유사하다. 하지만 지시적 예방 프로그램은 이미 약물남용 문제가 시작된 대상자의 변화를 이끌어 내기 위해 잘 훈련된 전문인력을 필요로 하며, 약물남용 청소년과 가족 모두를 포함하는 포괄적인 개입을 필요로 하기에 보편적 예방이나 선별적 예방 프로그램보다 비용이 더 많이 들 수 있다(Kumpfer & Baxley, 1997; NIDA, 1997).

6. 중독문제 예방사업과 공중보건모델

공중보건모델은 19세기 유럽 전역에 전염병인 콜레라가 창궐했을 때, 루돌프 피르호(Rudolf Virchow, 1821~1902)가 공중위생과 질병 간의 관련성을 연구한 데서 그 기원을 찾을 수 있다. 질병을 가진 환자를 치료하는 것이 모든 문제를 해결하는 방법이 아니며, 질병에 대한 예방교육과 함께 영양결핍과 불결한 환경 등 질병과 관련된 사회적 요인들에 대한 대처가 함께 이루어질 때 비로소 문제 해결로 나아갈 수 있다는 인식에서 시작되었다. 윈슬로우(Winslow, 1920)는 공중보건은 질병을 예방하고, 생명을 연장하며, 지역사회의 노력에 관한 기술과 과학으로, ① 환경에 대한 위생, ② 지역사회의 감염병에 대한 관리, ③ 개인위생의 원칙에 따라 개인을 교육시키는 일, ④ 질병의 조기 진단과 치료를 위하여 의료 및 간호 서비스를 조직화하는 것, ⑤ 건강을 유지하는 데 적절한 생활수준을 모든 사람에게 보장하기 위한 사회적 장치의 개발 등이 공중보건의 핵심적 기능이라고 정의하였다. 그리고 애치슨(Acheson, 1987)은 "공중보건은 건강증진, 질병예방 그리고 사회의 조직화된 노력을 통한 삶의 연장을 실현하는 예술이며, 과학이다."라고 정의하기도 하였다. 공중보건은 건강증진과 사회활동이라는 사회 개혁과 관련된다.

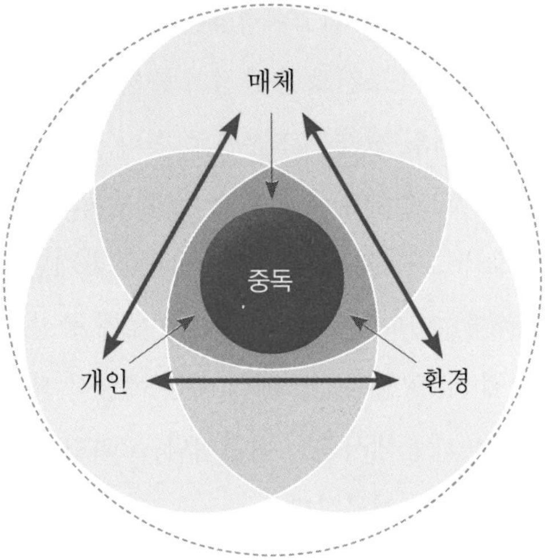

[그림 4-2] 중독을 이해하기 위한 공중보건 3요인 모델

출처: www.cdc.gov./Epidemiologic Triangle

공중보건모델은 중독문제의 원인과 결과를 [그림 4-2]와 같이 매체(agent)와 개인(host) 그리고 환경(environment)이라는 세 가지 요인의 상호작용으로 설명한다. 이는 중독의 책임이 사용자에게만 국한되었다는 개인적 접근에서 더 나아가 중독문제의 예방과 해결에 지역사회와 환경적 요인을 포괄적으로 연결하는 모델이다. 예를 들어, 마약류 중독 문제의 예방을 위해 공중보건의 관점에서, 먼저 정신활성물질 사용에 있어서 개인의 행동을 문제의 원인으로 보고, 개인이나 대상 집단 문제의 심각성과 수준에 부합하는 개입을 할 수 있다. 즉, 중독문제를 가진 사람에 대한 상담과 치료, N.A.(Narcotics Anonymous)와 A.A.(Alcoholics Anonymous) 연결 등 다양한 개입이 이루어질 수 있다. 다음으로, 중독을 유발하는 물질, 즉 매체 자체에 대한 노출과 접근성 문제를 다룰 수 있다. 이때 마약류 혹은 중독성 약물 사용을 대신할 수 있는 다양한 문화와 대안 활동에 대한 제시가 필요하다. 마지막으로, 예방의 관점에서 환경의 맥락을 다룬다. 국가와 같은 거시체계는 사회 내에서 정신활성물질 사용에 대한 규제와 단속 등의 문제에 대해 책임 있는 정책을 실행해야 한다.

중독문제의 예방과 치유에 대한 최근의 경향은 중독문제를 공중보건 문제로 이해한다는 것이다. 중독문제의 공중보건모델 관점의 중재는 대상자의 문제 수준에 따라 1, 2, 3차 예방의 연속적인 개입 전략을 기본으로 한다. 그리고 다른 한편, 지역사회 차원에서의 예방적 개입은 IOM(1994)의 분류에 따라 문제의 심각도를 기준으로 전체 인구를 대상으로 할 수도 있고(보편적 예방), 고위험군의 개인이나 집단을 대상으로 할 수도 있으며(선별적 예방), 이미 문제가 발생해서 초기 증상을 가진 개인을 대상으로 할 수도 있다(지시적 예방). 공중보건모델에 따른 예방적 접근은 [그림 4-3]에서와 같이 중독문제가 없는 일반 대중에서부터 위험집단, 고위험집단, 중독자에 대한 개입에 이르기까지 연속적 개념으로 접근한다.

그러나 예방의 연속성은 본질적으로 '예방' 대 '치료'의 개념 틀 안에서 인식되어 왔으며, 실제에 있어서는 서비스의 연속성이 아닌 분리를 초래했다. 즉, '예방되지 않은 문제들을 치료'했던 것이다. 이와 같은 관점은 일반인이 예방과 치료의 상호 보완성, 즉 치료가 곧 예방이고, 예방이 곧 치료라는 인식을 지니는 데 장애가 되어 왔다. 그

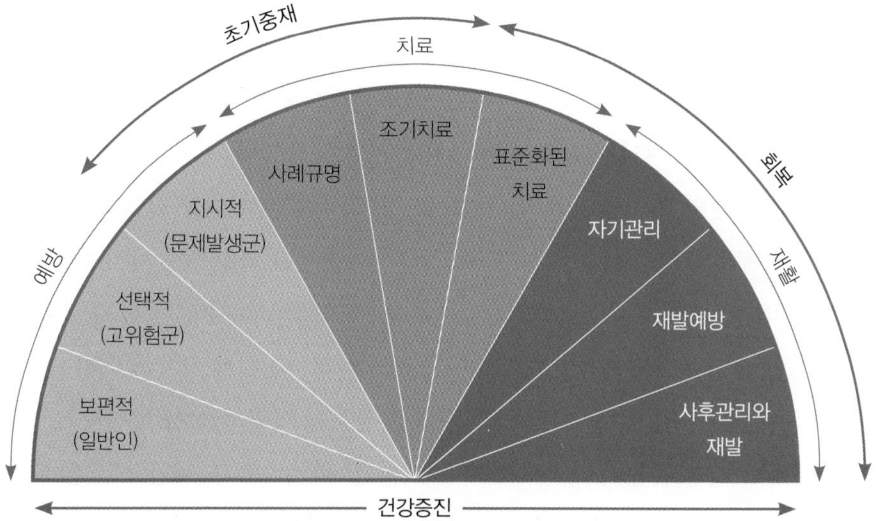

[그림 4-3] 건강증진, 예방, 치료와 회복의 중재 스펙트럼

출처: O'Connell, Boat, & Warner (2009) 재인쇄.

러나 최근에는 개인 수준에 우선적으로 초점을 맞추었던 예방활동에서 사회환경적인 다차원적 접근 방식의 예방활동으로의 변화가 일어나고 있다. 기존의 예방 연속성에 따른 전략들을 대신하는 것이 아니라 보완해 주는 전략들로서 개인과 지역사회라는 이중적 초점에 의해 재배열되고 확장된 것이다(유채영, 2003).

[그림 4-3]은 공중보건모델에 따른 중독문제에 대한 개입에 있어서 건강증진과 예방, 조기치료 및 표준화된 치료와 장기적인 돌봄, 재발예방을 통한 사후관리와 유지가 하나의 연속성 안에서 상호 보완적인 관계임을 설명하고 있다.

공중보건모델을 바탕으로 한 중독 예방의 개념은 일반적으로 개입 대상자(개인, 집단, 지역사회)의 문제 수준에 따라 1차, 2차, 3차 예방으로 구분한다. 먼저 1차 예방은 장애나 질병을 미연에 방지하는 것을 목적으로 한다. 이는 개인의 건강증진을 포함하여 건강한 지역사회를 조성하기 위한 활동이며, 개인과 지역사회의 역량과 회복탄력성을 향상시키는 활동을 통해 중독의 폐해 발생 이전에 위험을 줄이기 위한 활동이다. 2차 예방은 질병 관점에서 중독문제를 조기에 발견하고, 초기 단계에 빨리 효과적으로 개입함으로써 질병 초기 단계의 폐해를 제한하는 활동이다. 3차 예방은 중독문제의 재발 예방을 포함하여, 추후관리와 재활, 장기적인 영향을 치료하는 활동이라고 할 수 있다.

공중보건모델의 관점에서 중독 예방은 중독을 유발하는 위험요인, 개인적 취약성, 중독유발 산업의 발달, 중독의 사회적 폐해, 유병율 증가 등의 문제에 대해 사회를 보호하는 우산(안전망)을 형성하는 것이다. 개인의 문제수준에 따른 1차, 2차, 3차 예방, 지역사회 차원의 보편적 · 선별적 · 지시적 예방의 관점 등 다양한 모습으로 사회적 안전망을 형성한다.

최근의 견해는 중독을 중독물질 사용의 연속선으로 보는데, 이는 공중보건 관점에서의 개입 프로그램 개발로 이어졌다(IOM, 1990). 의존과 남용이라는 이분법적 정의에서 벗어나 연속선상의 사용 수준 및 의료적 · 사회적 · 심리적 관련 결과의 수준으로 중독문제를 정의함으로써 개입 기반이 확장되고 연속선상의 상이한 시점에 따라 적합한 개입 방법들을 사용함으로써 중독문제로 인한 개인적 · 사회적 비용을 감소시킬 수 있다. 위넷 등(Winett et al., 1989)은 공중보건 모델을 적용하여 개인 수준, 대인관계 수준, 조직 수준, 사회 수준의 연속적인 4수준의 개입 접근방법을 제시했는데, 자조 프로그램, 작업장 복지프로그램과 정책, 대중매체 프로그램, 입법 등이 포함된다.

한편, [그림 4-4]에서는 중독문제의 포괄적/연속적 개입의 구체적인 내용을 확인할 수 있다. 우리는 중독문제에 대해 공중보건모델에 기초하여 개입 대상 문제를 그 문제의 심각도와 경험되는 인구집단 규모에 맞추어 역피라미드 형태로 산출해 볼 수 있다. 먼저, 공급 제한적 측면의 각종 규제와 관리 정책을 제시할 수 있다. 지역사회 내에서 중독의 가용성과 접근성을 제한하는 정책들, 정부의 중독관리 거버넌스의 강

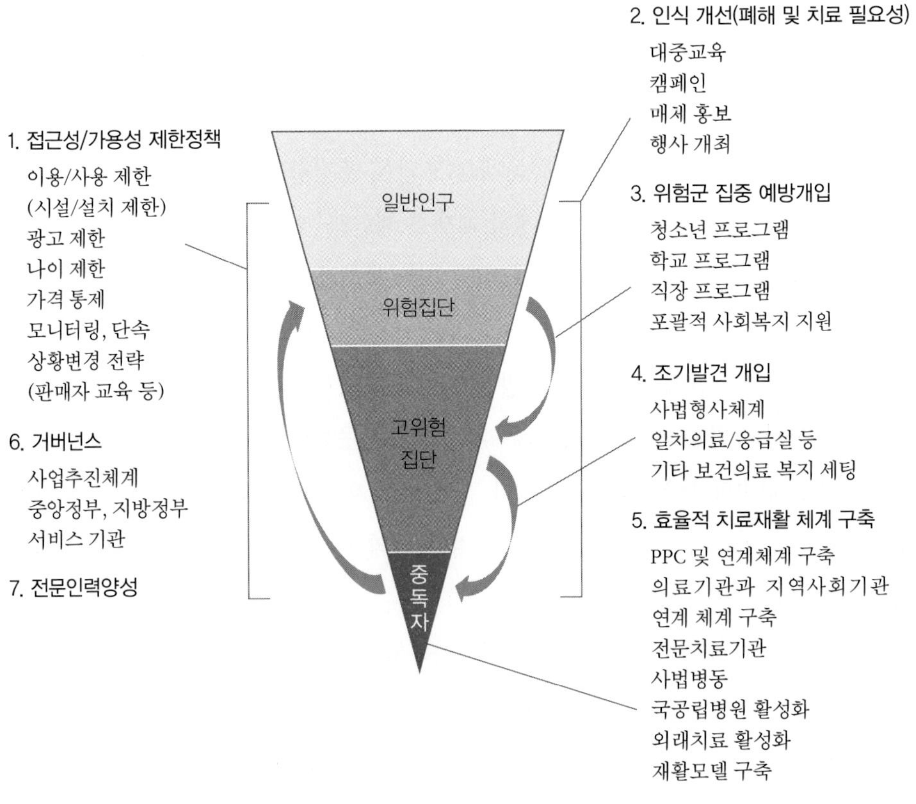

[그림 4-4] 중독문제에 대한 포괄적/연속적 개입 모델

출처: 중독포럼(2013), p. 20.

화가 그 주요 내용이다. 다음으로, 수요 감소 측면의 개입 프로그램들을 제시할 수 있다. 일반 시민의 중독문제에 대한 인식개선을 위한 각종 홍보와 예방교육 프로그램이 보편적 예방의 차원에서 진행된다. 선별적 예방 수준에서는 고위험군 집단에 대한 집중적 개입 프로그램이, 그리고 지시적 예방 수준에서 중독자에 대한 조기발견과 개입, SBIRT, 즉 선별(Screening), 단기개입(Brief Intervention), 전문적인 치료를 위한 의뢰(Referral to Treatment) 등이 진행되면서, 치료의 연속성 관점에서 중독 환자에 대한 치료수준 적정 배치(Patient Placement Criteria: PPC)와 같은 의료기관과 지역사회가 연계된 효율적 치료재활 체계 구축의 내용들이 치료의 포괄성과 연속성 개념으로 제시될 수 있다. 이처럼 중독문제 예방사업은 공급 감소와 수요 감소 측면을 모두 포함하는 근거기반의 포괄적 개입으로 중독 문제를 효율적으로 관리하는 것이 바람직하다.

다른 한편, 미국 국립약물남용연구소(National Institute on Drug Abuse: NIDA)의 다학제간 중독예방 연구 프로그램은 지난 20년간의 연구를 종합하여 중독문제와 관련된 하나의 예방 원리를 발표하였다. 첫째, 중독문제 예방 프로그램은 알코올·약물 사용 등 중독의 다양한 형태의 문제를 모두 그 대상으로 한다. 둘째, 예방 프로그램은 약물사용의 유혹에 저항하는 기술, 약물 사용에 반하여 개인적 헌신을 강화하기, 사회적 역량을 증가시키기 등을 포함해야 한다. 셋째, 예방 프로그램은 아동이 학습한 것을 강화하는 부모 혹은 다른 보호자를 위한 교육 요소들이 포함되어야 한다. 예를 들면, 약물에 대한 사실들(facts)과 해로운 효과들이 그것이다. 예방과 관련한 사실 중의 하나는 "중독문제 예방을 위해 1달러를 사용할 때마다 지역사회는 중독문제에 대한 치료와 상담 비용을 4~5달러 정도 절약할 수 있다."는 것이다(Coombs & Howatt, 2005).

7. 중독문제 예방의 2가지 대립된 관점

중독문제 예방에 대한 2가지 관점인 폐해감소와 금지 모델은 대립되는 이론적 근거를 가지지만, 한 국가 및 지역사회 내에서 공존하면서 예방, 치유, 재활의 연속성 안에서 정책과 제도로 구체화되고 있다.

1) 금지 모델

중독 예방의 관점에서 가장 먼저 거론되는 것은 금지론이다. 국내외의 일반적인 약물치료센터와 12단계 프로그램은 기본적으로 금지(abstinence) 모델, 즉 단주, 단약 등 약물이나 알코올을 완전히 피하는 것을 강조한다.

단주, 단약의 이유는 누군가가 정신활성물질에 중독되면 그 물질이 뇌의 조절 기능을 손상시킴으로써 활성 중독 상태에서 자신의 행동을 통제하는 것을 어렵거나 불가능하게 만든다는 것이다. 하지만 중독자가 해독(detox) 이후 중독(addiction) 치료를 받으면 다시 한번 의지력을 행사하고 행동을 통제할 수 있다. 그러나 이 통제력은 단약을 통한 회복의 삶(sobriety)에 달려 있다. 그가 중독성 물질을 다시 사용하게 되면 단약 이전의 중독자의 삶으로 돌아가는 악순환에 빠지게 될 가능성이 높다.

금지 모델은 단주, 단약이 중독치료에서 가장 안전하고 지속 가능한 접근 방식이라고 믿는다. 때문에 근본적으로 중독의 원인이 되는 중독의 가용성을 규제하자는 정책을 제시하기도 한다. 그러나 중독 예방에 있어서 미국 금주법 시대의 알코올 금지 정책의 결과로 심각한 사회경제적 부작용이 발생하였듯이, 금지 모델만으로 모든 중독 문제를 해결할 수는 없다는 주장도 힘을 얻고 있다.

2) 폐해감소 모델

폐해감소(harm reduction) 모델은 알코올과 약물 사용이 우리 사회에 만연해 있다는 점을 인정하고, 인간의 본능적 행동으로서의 중독 혹은 중독 유발 산업의 존재를 부정할 수 없다는 관점이다. 때문에 알코올이나 약물 사용을 금지하는 대신, 중독으로 인해 발생하는 해로운 결과를 줄이자는 데 초점을 두고 있다. 이를 위해 중독문제 인식 등 다양한 예방적 개입의 필요성을 강조한다.

폐해감소 모델은 다른 유형의 위험한 행동의 사례에서도 찾아볼 수 있다. 혼전 성관계를 금지하는 메시지가 원하지 않은 임신 또는 성병으로부터 청소년 혹은 청년들을 보호하는 데 도움이 되지 않는다. 오히려 공중보건모델의 관점에서 무료 콘돔 프로그램의 적극적인 시행이 지역사회의 성 문제 예방에 도움이 된다. 폐해감소의 또 다른 유형은 여러 사람이 술을 마시러 나갈 때 '지정 운전자 제도'를 이용하는 것이다. 이렇게 하면 모두가 안전하게 집에 돌아갈 수 있다. 니코틴 중독의 피해를 줄이는 방법으로 니코틴 패치, 니코틴 껌 등의 대체제를 사용하는 방법도 여기에 해당된다. 섭식 장애로 고통받는 사람들에게도 폐해감소 프로그램이 필요하다. 분명히 우리는 음식을 금지할 수 없다. 그렇지 않으면 우리는 죽을 것이다. 고통받는 사람들이 음식에 반응하는 방식을 조절하는 방법을 배울 수 있도록 어떤 새로운 유형의 개입 계획을 마련해야 한다.

3) 마약류 중독자를 위한 폐해감소 프로그램

폐해감소는 구조적 피해를 해결하는 혁신적인 접근 방식이다. 여기에는 약물 사용과 관련된 부정적인 결과를 줄이기 위한 실용적인 전략과 아이디어가 포함된다.

마약류 중독자를 위한 폐해감소 프로그램으로는 메타돈 유지 프로그램(methadone maintenance programs), 주사기 교환 프로그램(needle exchange programs), 주취자 안전귀가 프로그램(free-ride-home programs for people who have been drinking), 축제 참

여자 익명성 보호 정책(no-questions-asked policies at music festivals), 약물 과다사용자 익명성 보호 정책(no-questions-asked policies when someone overdoses), 안전한 약물 사용 공간 제공(safe injection sites) 등이다. 폐해감소 프로그램의 가장 극단적인 형태는 지역사회 내 약물사용 시설의 제공이다. 최초의 감독형 약물사용 시설은 1986년 스위스에서 시행되었다. 이러한 유형의 시설은 독일, 네덜란드, 스페인, 노르웨이, 룩셈부르크, 덴마크 및 그리스에서 더 많이 문을 열었다. 2022년 4월 프랑스에서는 지역사회에서의 안전한 마약 사용시설 운영에 내한 6년간의 임상시험이 승인되기도 했다.

폐해감소 프로그램은 마약을 사용하는 사람, 특히 사회적 소수자 및 소외된 지역사회에 있는 사람의 생활 및 실제 경험을 중심으로 하는 원칙에 근거해서 실행되어야 한다. 마약류 중독자 대상의 폐해감소 프로그램의 기본 원리는 다음과 같다(National Harm Reduction Coalition, 2020).

① 좋든 나쁘든 합법 및 불법 약물 사용이 우리 세상의 일부임을 받아들이고, 이를 단순히 무시하거나 비난하기보다 유해한 영향을 최소화하기 위해 노력한다.
② 약물 사용 문제를 심한 약물 사용에서 완전한 단약에 이르는 일련의 행동을 포괄하는 복잡하고 다면적인 현상으로 이해하고, 약물 사용의 일부 방법이 다른 방법보다 분명히 더 안전하다는 점을 인정한다.
③ 성공적인 개입 및 정책의 기준으로 개인 및 지역사회 생활과 복지의 질(반드시 모든 약물 사용 중단은 아님)을 설정한다.
④ 약물을 사용하는 사람들과 그들이 거주하는 지역사회에 수반되는 피해를 줄이는 데 도움이 되도록 비(非)판단적이고, 비강압적인 서비스와 자원을 제공할 것을 요구한다.
⑤ 약물을 사용하는 사람들과 약물 사용 이력이 있는 사람들이 그들에게 도움이 되도록 고안된 프로그램과 정책을 만드는 데 있어 진정한 목소리를 낼 수 있도록 한다.

⑥ 약물을 사용하는 사람들이 약물 사용으로 인한 피해를 줄이는 일차적 행위자임을 확인하고, 이들이 실제 사용 조건에 맞는 전략에서 정보를 공유하고 서로 지원할 수 있도록 권한을 부여한다.
⑦ 빈곤, 계급, 인종 차별, 사회적 고립, 과거의 트라우마, 성에 기반한 차별 및 기타 사회적 불평등의 현실이 약물 관련 피해에 대한 사람들의 취약성과 효과적으로 대처할 수 있는 능력에 영향을 미친다는 사실을 인식한다.
⑧ 불법 약물 사용과 관련될 수 있는 실제적이고 비극적인 피해와 위험을 최소화하거나 무시하려고 시도하지 않는다.

4) 폐해감소 모델과 금지 모델의 상호 보완적 적용

폐해감소 모델과 금지 모델이 서로 대립되는 관점을 제시하지만 중독문제 예방사업 현장에서는 두 가지 관점의 상호 보완적인 적용이 더 바람직할 수 있다. 〈표 4-2〉에 제시된 폐해감소 모델과 금지 모델의 비교를 통해 우리 지역사회에 적합한 절충적

표 4-2 폐해감소 모델과 금지 모델의 비교

	폐해금지(Harm Reduction)	금지(Abstinence)
Symbol	Know Addiction	No Addiction
Communication	Two-way	One-way
Methodology	자율통제	타율통제
Approach	• 현실적 선택 • 인간의 가치, 중독현실을 인식 • 중독으로 파생된 문제에 관심 • 비용과 편익의 균형 • 우선순위	• 이상적 규제 • 불완전한 인간에 대한 간섭 • 중독의 신체적, 정신적 폐해 강조 • 중독행위 자체가 본질적인 문제
사회관	Open Society	Closed Society
규모 추정	확산(만연도) 인식	발생(위험도) 인식

프로그램과 정책을 적용해 볼 수 있다.

지역사회 중독문제의 규모를 추정하여 발생(위험도) 관점 대 확산(만연도) 관점에서 폐해감소와 금지 모델을 선택하게 된다. 먼저, 발생 관점에서 현재의 중독문제가 새롭게 전개되는 양상임을 설명하고 문제 상황의 위험도를 직접적으로 강조한다. 이에 대한 개입은 공급 차단에 중심을 둔 금지 모델을 정책적으로 선택할 가능성이 높다. 반면, 현재의 중독 문제를 확산의 관점에서 이미 발생하고 있는 문제 양상이 보편적이며, 지역사회 내에서 타율적인 규제로 통제하기 어려울 정도로 만연되고 있다면 폐해감소 모델을 선택할 가능성이 높다. 다만, 두 가지 정책적 관점의 선택에 있어서 고려점은 대상 지역사회에 대한 평가를 통해 중독 문제에 대한 규범적 욕구와 상대적 욕구의 정도를 올바로 추정하는 것이 필요하다. 또한 지역사회 자원에 대한 평가를 통해 중독 문제 해결을 위한 재원, 인력, 시설의 필요 정도를 추산해 보아야 한다.

8. 증거기반 중독문제 예방사업 전략의 사용

증거기반(evidence-based: EB) 중독문제 예방사업 전략에서는 청소년 약물 사용에 대한 효과적인 대응을 위해서는 특히 학교와 지역사회 교육 장면에서 이용 가능한 최상의 과학적 증거에 기초한 접근 방식과 조치가 필요함을 강조한다. 유엔마약범죄사무소(UNODC)와 세계보건기구(WHO)의 중독문제에 대한 '증거기반(evidence-based)' 예방사업 전략은 두 가지 원칙을 바탕으로 한다(Colombo Plan, 2016). 첫째, 과학적 엄격성을 기반으로 한다. 증거기반 전략은 과학적 증거를 사용한 체계적인 의사결정이다. 이는 개선된 결과 또는 긍정적 결과와 연관된다. 둘째, 증거기반 전략은 프로그램의 인과성과 관련된 엄격한 기준을 통해 수집된 자료를 바탕으로 한다. 중독예방 프로그램의 내용이 증거기반 전략에 사용되기 위해서는 연구 모집단의 무작위 표집을 통한 실험/통제 집단 비교 연구 혹은, 기저선 또는 개입 이전 정보 수집과 개입 이후 다양한 시점에서의 주요 측정치 수집을 통해 인과성이 확보된 자료를 바탕으로 예방사업 전략을 수립한다. 그리고 체계적 문헌연구(systematic review)와 메타분석(meta-analysis)을 통한 조사 등을 통해 그 효과성을 다시 한번 확인한다.

중독 예방사업에 증거 기반 프로그램의 실행 이유는 증거기반 개입, 기법, 정책은 우리가 적용할 수 있는 최선의 방법이기 때문이다. 증거기반 예방이 최선인 이유는 다양한 집단을 대상으로 이행되고 엄격하게 평가되어, 일반적으로 효과적이고 효율적이기 때문이다. 증거기반 예방 프로그램 이면의 연구는 정책 결정이 이루어질 수 있는 합리적 근거를 제공한다. 증거기반 프로그램의 선택은 지역사회 전체에서 사용되는 공통 언어를 제공하며, 새로이 이용 가능한 과학적 연구를 평가하기 위한 공통 개념을 제공한다. 증거기반 프로그램은 예방교육 및 훈련을 위한 새로운 기반을 형성하여 서비스 제공에 있어서의 균일성, 연구와 실행 모두에서의 격차 또는 누락된 정보를 확인할 수 있게 한다. 증거기반 프로그램, 즉 과학적 근거에 기반한 중독 예방은 아동·청소년 및 모든 사람의 복지에 있어서 효과적이고 비용 효과적인 투자이다.

증거기반 예방 프로그램의 기본 방향은 생애주기별, 일상생활에서의 예방이다. 이 개념은 사람들이 스스로 자기 삶의 맥락 안에서 직접적·지속적으로 참여하는 예방 프로그램이 되도록 인도한다. 생애주기별, 일상생활에서의 중독 예방은 중독문제에 대한 전문적인 서비스 전달의 주목표이고, 동시에 하나의 생활방식이다. 예방전문가의 역할은 '진솔한 중개자'로 개인, 가족, 집단, 조직, 지역사회에 대해 예방 지식, 기술, 전략을 연결시켜 주는 것이다.

증거기반 프로그램의 기본 방향인 생애주기별, 일상생활에서의 예방의 내용은 다음과 같다. 첫째, 효과성이 입증된 예방 프로그램들을 사용한다(마음열기, 소통 프로그램 등). 둘째, 사람중심 기술들을 적용한다(생활기술, 사회기술, 대화기술 훈련 등). 셋째, 체계를 변화시키는 기술들을 적용한다(가정, 학교, 직장의 문화를 바꾸는 기술). 넷째, 효과적인 예방 프로그램들을 개발하고 새롭게 적용하여 넓게 보급시키는 것이 중요하다. 이러한 방법들을 통해 사람들과 사회체계의 힘을 북돋아 개인이 매일의 삶 속에서 좀 더 기능적이 되게 하는 것(즉, 일상생활에서의 예방을 삶의 모든 측면에 적용시키는 것)이 목표이다(Conyne, 2004).

9. 알코올 및 약물 사용에 대해 십대 청소년과 대화하기

알코올 및 약물 사용, 섹스, 피임, 기타 민감한 주제에 대해 십대 청소년과 '대화'를 하는 것은 매우 어려운 일이다. 하지만 반드시 해야 하는 일이다. 특히 부모 혹은 교사가 십대 자녀 학생과 알코올 및 약물 사용에 대해 이야기하는 것은 약물중독 예방의 강력한 요소 중 하나임이 입증되었다.

증거기반의 예방 프로그램은 약물중독으로부터 청소년들을 보호한다. 십대의 경우 감정과 충동을 자극하는 뇌 시스템(변연계, 보상회로)의 활성화와 이러한 감정과 충동을 조절할 수 있는 뇌 시스템(대뇌피질, mPFC)의 성숙도 사이에 시차가 발생한다. 이는 가속 페달은 민감하고, 브레이크가 불량한 자동차를 운전하는 것과 같다. 개인의 자기조절 능력이 감정과 충동의 흥분을 억제할 만큼 충분히 강하지 않으면 우울, 약물남용, 비만, 공격성 및 기타 위험하고 무모한 행동과 같은 문제가 발생할 가능성이 더 높다. 우리는 한때 십대였기 때문에 이 모든 것을 쉽게 식별할 수 있다 (Steinberg, 2014).

스타인버그(Steinberg, 2014)의 연구에서는 유년기와 청소년기 전반에 걸친 가족 기반 예방 프로그램이 청소년기의 약물 사용을 줄이는 것으로 확인되었다. 보편적 양육 프로그램은 행동에 대한 명확한 표준 확립, 가족관리 기술, 분노대처 전략, 아동을 위한 친사회적 기회 창출과 같은 측면을 포함하여 유년기와 청소년기 부모의 양육 기술에 중점을 둔다.

일반적으로 모든 아동과 청소년은 잠재적으로 물질사용장애 및 알코올사용장애로 이어질 수 있는 수많은 위험 요소를 가질 수 있다. 예를 들면, 다양한 유형의 학대, 트라우마, 가정 및 지역사회 폭력 등을 포함하는 해로운 아동기 경험들(Adverse childhood experiences: ACEs), 감각추구 성향 또는 충동성과 같은 행동적 문제들, 생물학적 취약성들(중독 원인의 약 40~60%가 유전적 경향성이 있다), 아동·청소년 자신뿐만 아니라 가족 모두의 정서적·정신적 건강과 안정성, 또래와 지역사회 등의 환경적 요인들 등이다.

다행히도 위험요인 만큼 동등한 수준의 보호요인도 있다. 보호요인은 중독의 위험요인들이 만들어 낼 수 있는 부정적인 결과에 대한 완충 역할을 할 수 있는 특성이나 상황이다. 우리는 지역사회 내에서 보호요인을 강화하고 아동·청소년의 일상생활에서의 위험요인을 최소화하거나 예방하기 위해 많은 일을 할 수 있다. 아동 발달 초기에 다양한 정신건강 서비스 자원을 제공하고, 부모 세대와 아이들과의 의사소통(communication), 회복탄력성(resilience)과 연결성(connectedness) 등을 개선하는 다양한 방법들에 참여하는 것과 건강한 행동 모델링 등의 다양한 기술을 제공하는 노력들이 포함된다.

십대 자녀와 마약 및 알코올에 관해 대화하는 것은 의심의 여지없이 어려운 일이다. 자녀들과 마음을 터놓고 대화하는 데 때로는 장벽이 있을 수 있다. 첫째, 세대 간의 의사소통 격차(communication gap)가 있을 수 있다. 의사소통 스타일과 기술 사용의 세대별 차이로 인해 효과적인 대화 능력이 복잡해지는 경우가 많다. 둘째, 어색함이다. 마약과 술에 관한 대화는 십대와 부모 모두에게 불편하고 어색하게 느껴질 수 있다. 이 어색함은 때때로 청소년이 종종 자신의 정체성과 자아상에 대한 불확실성을 수반하는 복잡한 발달 단계를 탐색하고 있기 때문이다. 셋째, 처벌이나 심판에 대한 두려움이 있을 수 있다. 십대는 자신이 마약이나 알코올의 실험적 사용을 인정할 경우 부모나 교사, 경찰 등으로부터 처벌을 받을까 봐 걱정할 수 있다. 부모를 실망시킬까 봐 두려워서 그 주제에 대해 공개적으로 토론하는 것을 주저할 수도 있다. 넷째, 정서적 민감성이다. 십대의 감정은 강렬하고 예측하기 어려울 수 있다. 마약이나 알코올과 같은 민감한 주제에 관한 대화는 강한 감정적 반응을 촉발하여 의사소통을 어렵게 만들 수 있다. 다섯째, 반항심이다. 청소년기는 독립성을 주장하고 경계를 시험하는 시기이다. 민감한 주제를 논의하는 것은 저항을 유발할 수 있다. 십대들은 이러한 대화를 자신의 선택을 통제하거나 제한하려는 시도로 볼 수 있기 때문이다. 여섯째, 경험의 부족이다. 많은 십대가 약물과 알코올의 부정적인 결과를 경험하지 못했거나, 아직 물질을 사용하지 않았거나, 자신이 천하무적이라고 느끼기 때문에 이러한 부정적인 결과를 이해하지 못한다. 결과적으로 그들은 잠재적인 위험을 완전히 파악하지 못하고 중독의 위험에 대한 경고가 과장된 것으로 인식할 수 있다. 일곱째, 또래의 압력이다. 십대는 종종 또래들의 영향을 받고, 함께 어울리기를 원한다. 십대는 자신이 또래들에게 '쿨하지 않다'고 평가받거나, 그런 꼬리표가 붙는 것에 대해 더 걱정할 수 있다. 이런 때는 마약과 술에 대해 논의하는 것이 어려울 수 있다(Kelley, T. L., 2023).

청소년과 약물 사용에 관한 대화를 시작하는 난계에서 이러한 어려움을 극복하려면 공감, 열린 마음, 비판단적인 태도로 대화에 접근하는 것이 중요하다. 아동·청소년이 이러한 주제에 대해 더 편안하게 토론할 수 있도록 신뢰의 기반을 구축하고 열린 의사소통을 위한 안전한 공간을 만들어야 한다. 더 나은 관계를 형성하기 위해 약물 사용에 대해 논의하기 전, 먼저 다른 주제를 논의하는 것이 도움이 될 수도 있다.

미국 약물남용 및 성신건강 서비스국(SAMHSA)에서는 십대와 알코올 및 약물 사용에 대해 이야기할 때의 5가지 목표를 다음과 같이 제시한다. 첫째, 미성년자의 음주 및 기타 약물남용에 대해 명확히 반대 의사를 표명한다. 둘째, 부모가 십대 자녀의 건강, 복지 및 성공에 관심을 갖고 있음을 보여 준다. 셋째, 부모 혹은 교사가 알코올 및 기타 약물에 대한 좋은 정보원임을 보여 준다. 넷째, 부모 혹은 교사가 십대 자녀들에게 주의를 기울이고 있다는 것을 보여 주면 위험한 행동을 억제할 수 있다. 다섯째, 십대 자녀들이 음주 및 약물 사용을 피하기 위한 기술과 전략을 구축하도록 돕는다.

10. 결론

청소년기의 약물남용은 성인기 이후 약물중독의 위험성을 증가시킬 뿐만 아니라, 한 개인이 평생 동안 신체적, 정신적 건강 문제와 관련될 가능성을 높인다. 때문에 청소년 시기에 약물남용과 건강위험행동의 시작을 지연시키고 예방하기 위한 다양한 예방 프로그램들이 실행될 필요가 있다.

약물남용과 중독예방 프로그램은 미국 의학연구소(IOM)의 분류에 따라 문제의 심각도를 기준으로 보편적, 선별적, 지시적 예방이라는 연속적 개념으로 정의되며, 이는 공중보건모델의 개념 안에서 건강증진, 예방, 치료와 회복의 연속적인 중재 스펙트럼으로 개념화되기도 한다.

다른 한편, 중독문제 예방사업은 공급감소와 수요감소 측면을 모두 포함하는 포괄적 개입으로 관리되는 것이 바람직하다. 이를 위해 특정 지역사회의 중독문제에 대한 준비도와 사회적 규범, 문제 인식의 수준에 따라 적절한 개입의 방법을 모색해야 한다.

중독문제 예방의 원리는 폐해감소와 금지모델이라는 정책과 제도로 구체화되기도 한다. 하지만 이 두 가지 대립되는 예방의 원리는 개별 지역사회의 수준에 맞게 상호보완적으로 절충하여 적용되는 것이 바람직하다.

청소년 약물남용 예방을 위해서 임상가들과 예방 전문가들은 지역사회 중독문제의 심각성과 준비도 등에 대한 평가를 바탕으로 약물중독으로부터 청소년들을 보호하기 위한 증거기반의 예방 프로그램 적용을 위해 노력해야 한다. 더불어 약물남용과 중독예방의 핵심적 요소 중의 하나가 교사와 학부모가 약물과 알코올 사용에 대해 청소년들과 적극적인 대화를 시작하는 것임을 잊지 말아야 한다.

참고문헌

경기일보(2023. 08. 14.) 김영호. 천자춘추, '방 안에 들어온 코끼리 내보내기'.

김주일(2006). 청소년 약물문제의 사회적 관리. **한국학연구**, 24, 33-69.

대검찰청(2023). **2022 마약류 범죄 백서.**

박성수(2017). 청소년의 물질중독 예방전략—마약류 등 유해약물을 중심으로. **한국중독범죄학회보**, 7(4), 43-62.

박영선(2011). 청소년 약물남용 예방 프로그램에 관한 연구. 국내석사학위논문 부산대학교 석사학위논문.

박정숙(2002). 건강증진 프로그램이 중년기 여성의 건강증진 동물과 기록계 위험요인에 영향을 미칩니다. 성인간호학회지, 14(2), 233-243.

유채영(2003). 공중보건 관점에서의 문제성 음주 개입. 2003년 대한임상건강증진학회 추계 학술대회자료집, S156-S163.

중독포럼(2013). 중독에 대한 100가지 오해와 진실.

최영자(2013). 한국 청소년 약물오남용예방교육에 관한 연구. 국내석사학위논문 한성대학교 행정대학원.

양혜정, 김채윤(2022). 미국의 청소년 마약류 사용 대응 정책 고찰을 통한 국내 정책의 시사점. 한국중독범죄학회보, 12(4), 127-145.

Acheson, R. M. (1987). The origins, content and early development of the curriculum in State Medicine and Public Health 1856-1895. *Community Medicine, 9*(4), 372-381.

Alberta Alcohol and Drug Abuse Commission (2006). Canadian Addiction Survey 2004, Alberta Report. Edmonton, Alberta, Canada: Author.

Blume, S. B., & Tavares, H. (2005). Pathologic gambling. Substance Abuse: A Comprehensive Textbook. Lippincott Williams & Wilkins, 488-498.

Bronfenbrenner, U., & Ceci, S. J. (1994). Nature-nuture reconceptualized in developmental perspective: A bioecological model. *Psychological review, 101*(4), 568.

Colombo Plan. (2016). Evidence-Based Interventions in Prevention, UPC Series.

Coombs, R. H., & Howatt, W. A. (2005). *The addiction counselor's desk reference*. John Wiley & Sons.

De la Haye, K., D'Amico, E.J., Miles, J.N.V., Ewing, B. & Tucker, J.S. (2014). Covariance among Multiple Health Risk Behaviors in Adolescents. *PLoS ONE, 9*(5), e98141.

De Looze, M., ter Bogt, T.F., Raaijmakers, Q.A., Pickett, W., Kuntsche, E., & Vollebergh, W.A. (2014). Cross-national evidence for the clustering and psychosocial correlates of adolescent risk behaviours in 27 countries. *The European Journal of Public Health*, cku083.

De Micheli, D., & Formigoni, M. L. (2004). Drug use by Brazilian students: associations with family, psychosocial, health, demographic and behavioral characteristics.

Addiction, 99(5), 570-578.

Dulmus, C. N., & Rapp-Paglicci, L. A. (Eds.). (2005). *Handbook of preventive interventions for adults*. John Wiley & Sons.

Fraser, M. W., Galinsky, M. J., & Richman, J. M. (1999). Risk, protection, and resilience: Toward a conceptual framework for social work practice. *Social work research, 23*(3), 131-143.

Garmezy, N. (1985). *The NIMH-Israeli high-risk study:* commendation, comments, and cautions.

Hawkins, J. D., Catalano, R. F., & Miller, J. Y. (1992). Risk and protective factors for alcohol and other drug problems in adolescence and early adulthood: implications for substance abuse prevention. *Psychological bulletin, 112*(1), 64.

Institute of Medicine (1990). *Broadening the base of treatment for alcohol problems.* National Academy Press.

Institute of Medicine (1994). Reducing risks for mental Patterson. In G. R., Reid, J., & Dishion, T. (1992). *Antisodisorders: Frontiers for preventive intervention re- cial boys. Eugene.* OR: Castalia. search. National Academy Press.

Kelly-Louw, M. (2008). *The prevention and alleviation of consumer over-indebtedness. SA Mercantile Law Journal, 20*(2), 200-226.

Kirby, L. D., & Fraser, M. W. (1997). Risk and resilience in childhood. *Risk and resilience in childhood: An ecological perspective,* 10-33.

Kumpfer, K. L., Williams, M. K., & Baxley, G. (1997). Selective Prevention for Children of Substance-Abusing Parents: The Strengthening Families Program Resource Manual. National Institute on Drug Abuse Technology Transfer Package, Silver Spring, MD, in press-b.

Marzek, P. J., & Haggerty, R. J. (1994). *Reducing risks for mental disorders: Frontiers for preventive intervention research*. National Academy Press, Institute of Medicine, 19-21.

National Harm Reduction Coalition (2020). https://harmreduction.org/

National Institute on Drug Abuse (NIDA). (1997). Preventing Drug Use Among Children and Adolescents (Redbook). https://nida.nih.gov/sites/default/files/preventingdruguse_2_1.

pdf

O'Connell, M. E., Boat, T., & Warner, K. E. (2009). *Preventing mental, emotional, and behavioral disorders among young people: progress and possibilities*. National Academies Press.

Pollard, J. A., Hawkins, J. D., & Arthur, M. W. (1999). Risk and protection: Are both necessary to understand diverse behavioral outcomes in adolescence?. *Social work research, 23*(3), 145-158.

Rapp Paglicci Lisa A., Dulmus Catherine N., Wodarski John S. (2013). **아동청소년을 위한 예방적 개입**. 서울: 학지사. (원저는 2004년에 출간).

Robert, K. C. (2011). *Preventive Counseling*. Taylor & Francis.

Rutter, M. (1979). Maternal deprivation, 1972-1978: New findings, new concepts, new approaches. *Child development*, 283-305.

SAMHSA. Talking with Teens About Alcohol and Other Drugs. https://www.samhsa.gov/sites/default/files/TTHY-Mini-Broch-Bleed-2020.pdf

Smith, C., & Carlson, B. E. (1997). Stress, coping, and resilience in children and youth. *Social service review, 71*(2), 231-256.

Steinberg, L. D. (2014). *Age of opportunity: lessons from the new science of adolescence*. Houghton Mifflin Harcourt.

UNESCO/UNODC/WHO (2020). Good Policy and Practice in Health Education: Education sector responses to the use of alcohol, tobacco and drugs.

UNODC (2013). *International Standards on Drug Use Prevention*. United Nations Office on Drugs and Crime. https://www.unodc.org/unodc/en/prevention/preventionstandards. html

UNODC. 2016. World Drug Report 2016. https://www.unodc.org/wdr2016/en/wdr2016.html

UNODC (2020). *World Drug Report 2020*.

Webster-Stratton, C., & Taylor, T. (2001). Nipping early risk factors in the bud: Preventing substance abuse, delinquency, and violence in adolescence through interventions targeted at young children (0-8 years). *Prevention science, 2*, 165-192.

Winett, R. A., King, A. C., & Altman, D. G. (1989). *Health psychology and public health.* Pergamon.

Winslow, C. E. (1920). The untilled fields of public health. *Science, 51*(1306), 23-33.

Kelley, T. L. (2023). The Power of Prevention: Talking With Your Teen About Alcohol and Drugs. Kelley, T. L. https://willingway.com/talking-with-your-teen-about-alcohol-and-drugs/

Yang, L. H., Wong, L. Y., Grivel, M. M., & Hasin, D. S. (2017). Stigma and substance use disorders: an international phenomenon. *Current opinion in psychiatry, 30*(5), 378-388. https://doi.org/10.1097/YCO.0000000000000351

제 5 장

약물남용 상담:
동기강화상담

신성만

1. 중독과 동기 균형

1) 누군가를 안다는 것은 무엇을 아는 것인가

인생을 살다 보면 누구나 무엇인가에 중독될 수 있다. 그러나 동일한 상황이나 자극에 누군가는 보다 쉽게 중독에 빠지는 반면, 다른 누군가는 그러한 여지를 만들지 않기도 한다. 그렇다면 어떤 사람이 중독에 빠지게 되는가를 파악하기 위해서는 그 사람의 어떤 측면을 이해해야 할까? 이를 알기 위해서는 개인의 특성이 어떠한 요소들로 구성되어 있는지에 대한 이해가 선행되어야 한다. 따라서 이 장에서는 누군가를 '안다'라는 것이 무엇을 아는 것인지에 대한 이야기를 먼저 시작하고자 한다.

성격심리학자 맥아담스(McAdams)는 '누군가를 안다는 것은 무엇을 아는 것인가?'라는 질문에 답하기 위해 평생을 연구하였다. 이 책을 읽는 당신은 어떻게 생각하는가? 사람의 성격이 변한다고 생각하는가, 아니면 변하지 않는다고 생각하는가? 각자의 답변이 있을 것이다. 성격이 변하지 않는다고 생각하는 사람들은 주로 맥아담스가 이야기하는 개인의 특질적인 측면이 곧 성격이라고 생각하는 것이다. 개인의 특질은 체질과 깊게 연결되어 있는 성격 요소이다. 체질은 체형이 바뀔 정도로 급격하게 체중이 감소하는 등의 이례적인 상황이 발생하지 않는 이상 쉽게 변하지 않는다. 특질적인 측면에서 보면 성격 역시 체질처럼 쉽게 변하지 않는 것으로 이해할 수 있다. 하지만 맥아담스는 특질이 개인의 성격을 결정한다고 생각하지 않았다. 그는 한 사람을 안다는 것이 앞서 언급한 특질(trait)과 더불어 특징적 적응(characteristic adaptation) 그리고 서사적 정체성(narrative identity)이라는 세 가지 수준으로 구성된다고 설명하였다(McAdams, 1995).

먼저, 첫 번째 요소인 특질에 대해 이야기해 보자. 심리학자 아이젱크(Eysenck)는 특질을 이루는 데 관여하는 세 가지 요인에 대해 이야기하였다. 첫째로 그는 사람마다 분비되는 신경전달물질의 종류와 양이 다르다는 것을 강조했다(Eysenck, 1967). 어떤 사람은 특정 활동을 하면 도파민이 과다하게 분비되는 경험을 하는 반면, 다른 사람은 동일한 활동을 해도 도파민 분비량이 적을 수 있다. 예를 들어, 어떤 사람은 성적인 활동에서 도파민의 폭발을 경험하지만, 다른 사람은 도파민이 성적 활동에 관심을 가질 정도로 많이 나오지 않을 수 있다. 인간에게는 샤이 진(Shy gene)이라고 불리는 5HTT라는 유전자가 있다. 5HTT는 누군가에게서는 발견되지만, 다른 누군가에게서는 발견되지 않기도 한다. 유치원에서 엄마에게 붙어서 떠나지 말라고 떼를 쓰는 아이들은 5HTT가 발견될 가능성이 높다(Arbelle et al., 2003). 5HTT는 우리의 뇌 속에서 세로토닌을 효과적으로 제거하는 물질이기 때문이다. 세로토닌은 기본적으로 만족스러운 느낌, 행복한 느낌과 관련 있다. 만약 당신이 여름에 가족과 휴양지에 가서 평화롭게 햇볕을 쬔다면 세로토닌이 많이 분비될 것이다. 그런데 이 세로토닌이 지나치게 많이 분비되면 그 기분에 취해 더 이상 열심히 살지 않게 되는 부작용이 생길 수 있다. 세로토닌과 반대편에 있는 신경전달물질이 바로 도파민이다. 도파민의 분비는 우리가 무언가를 배우거나 깨달았을 때와 같이, 해당 경험을 더욱 추구하고자 하는 상태를 유발한다. 그래서 많은 양의 도파민 분비를 경험한 사람은 그러한 경험을 이전보다 열심히 추구하게 된다(Wise, 2004). 위급한 상황, 다르게 말하면 스트레스 상황이 되었을 때 나타나는 신체의 변화 중 하나는 세로토닌을 줄이는 것이다(Bethea et al., 2005). 세로토닌을 줄여야 휴식 상태에서 벗어나 신속히 행동을 취할 수 있는 상태가 되기 때문이다. 즉, 도파민을 더 필요로 하는 몸 상태를 만드는 것이다. 그런데 5HTT가 있는 사람들 같은 경우는 기본적으로 세로토닌이 부족해지는 특징이 있다. 5HTT는 일본인의 약 70%에서 발견되는 반면, 미국 백인의 경우 5HTT가 약 40~45% 정도로 발견된다. 일본인이 미국인에 비해 정권의 교체보다 한 정당의 장기 집권을 선호하는 점, 식당 같은 곳에서 상당히 세부적이고 자세하게 메뉴얼을 써 놓는 점 등은 불안이나 여러 가지 위험에 대처할 수 있는 문화적 기제를 만들어 놓은 것이라 볼 수 있다. 아마도 잦은 지진 발생 경험은 이러한 문화적 기제의 원인 중 하나일 것이다. 불안과 우울의 기질을 가지고 있는 사람은 기본적으로 세로토닌이 부족하여 스트레스를 받는 상황이 되면 우울과 불안에 취약해지는 상태가 될 수 있다. 이러한 특성은 매우 특질적인 것이다.

특질을 이루는 데 관여하는 둘째 요인은 사람마다 신경계의 긴장도가 다르다는 것이다. 특히 사람마다 교감신경과 부교감신경의 활성화 정도가 다르다. 예를 들어, 지진과 같은 위기 상황에서는 교감신경이 급격하게 활성화되어 편도체에 의한 반응을 하게 된다. 편도체가 활성화되면 거시적인 관점으로 보지 못하고 눈앞의 단편적인 위기 상황에 집중하게 된다. 그러나 동일한 위기 상황에서도 어떤 사람은 교감신경의 활성화가 비교적 덜 일어난다(Denefrio, 2018). 때문에 지진이라는 동일한 위기 상황에서도 어떤 사람은 숙면을 취할 수 있다. 즉, 사람마다 체질과 특질이 서로 다르다.

셋째 요인은 호르몬의 분비량이 다르다는 것이다. 호르몬 분비량이 많은 사람이 있는 반면, 부족한 사람이 있다. 예를 들어, 개인별 남성 호르몬과 여성 호르몬 분비량의 차이가 개인의 특질에도 영향을 미치는데, 이는 생물학적인 특징이며 잘 바뀌지 않는다. 흔히 대담한 행동을 일삼는 사람에게 '간이 크다'고 하는 것도 호르몬 대사를 조절하는 간의 작용이 활발함을 의미하는 것으로, 특질에 미치는 생물학적인 영향을 반영한다.

다음으로, 누군가를 안다는 것의 두 번째 요소는 특징적 적응이다. 특징적 적응은 기본적으로 특질에 기반을 두지만 개인의 상황적 맥락에 맞게 표현되는 반응들을 일컫는다(McAdams, 1995). 특징적 적응은 학습된 기술, 습관, 태도 및 관계로 구성되며, 이는 성격 성향과 환경의 상호작용으로 인해 파생된 결과이다(McAdams, 1995). 맥아담스는 개인의 특징적 적응을 아는 것은 개인적 관심사를 아는 것이라고 말했다. 이는 뒤에서 언급할 기본심리욕구와도 밀접하게 연결된다. 소속감, 자율감, 유능감, 목표감이라는 기본심리욕구의 조합에 의해서 어떤 상황이 벌어졌을 때 어떻게 반응을 하는지, 어떻게 적응해 가려고 하는지의 단기적인 심리적 반응을 생각해 보면 이 부분을 이해할 수 있을 것이다(신성만, 2017).

마지막으로, 맥아담스는 누군가를 아는 데 있어서 가장 중요한 마지막 요소가 서사적 정체성이라고 말했다. 여기서 서사란 자신의 삶의 이야기를 의미한다. 개인이 인식하는 자기 삶의 이야기가 사람마다 다르므로, 그 이야기를 기반으로 하는 정체성 역시 다르다는 것이다. 이 서사적 정체성의 차이를 통해 그 사람만의 고유한 독특성이 만들어진다. 자기 이야기가 끊어진 사람들은 이야기를 만들어 가는 데 있어서 자신의 삶의 의미나 가치, 동기와 관련된 보다 메타적이고 초월적인 이유를 찾지 못한 상태에 있을 수 있다. 지금 이 순간 뉴스에서 내일 혜성이 한반도를 덮친다는 보도가 발표된다고 가정해 보자. 아마 많은 사람이 하던 일이나 공부를 접고 탈출하려고 노력할 것이다. 해외에 친척이 있다면 비행기 표를 구해 볼 수도 있고, 바다로 가서 배를 타고 탈출하려고 할 수도 있다. 그런데 그 모든 노력이 모두 불가능하면 무엇을 할 것인가? 한 그루의 사과나무를 심기보다는 진통제 계열의 아편제 코딘이나 모르핀 같은 것들을 복용하여 고통스럽지 않게 생을 끝내는 것을 선택할 수도 있다. 약에 중독되는 사람들의 심리가 이와 같다. 이들에게는 내일의 이야기가 없고 자신의 이야기를 이어 가는 힘이 상실되어 있다. 개인의 정체성이 건강하다는 것은 자신이 좋은 사람이며, 어느 정도 가치 있는 삶을 살았다는 인식을 가지고, 다른 것보다 더 중요한 것들을 지켜 오면서 타인에게 부끄럽지 않은 삶의 이야기를 만들었다는 것을 의미한다. 이러한 인식이 있는 사람과 없는 사람은 의사결정의 상황에서 상당히 다르게 행동한다.

요약하면, [그림 5-1]과 같이 맥아담스가 이야기한 개인의 특질, 특징적 적응, 서사적 정체성은 각각 생물학적 욕구, 심리적 욕구, 초월적 욕구로 이해할 수 있다. 이것은 마치 매슬로의 욕구 위계 이론과 같이 인간의 기본 욕구에서 시작하여 더 높은 위계의 욕구를 충족시키는 것, 혹은 동기화하는 것과 같다(Maslow, 1974). 한 사람을 구성하는 요소 중에서 특히 서사적 정체성을 어떻게 만들어 가는지는 굉장히 중요하다. 그리고 이를 고려하면 상담 과정에서도 내담자의 동기가 없는 이유를 보다 명확히 이해할 수 있다. 우리가 약을 처방하는 것이나 개인의 특질적인 측면에 지나치게

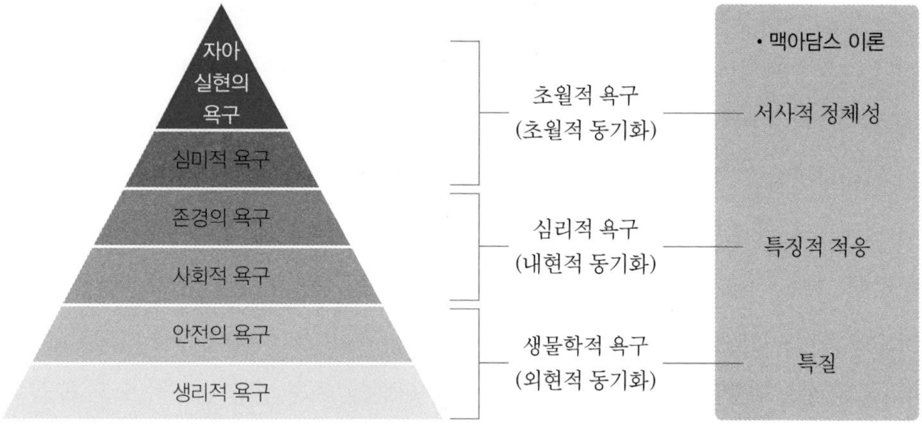

[그림 5-1] 매슬로의 욕구 위계이론과 맥아담스 이론의 연결점

출처: Maslow, A. H. (1943). A theory of human motivation. *Psychological Review, 50*(4), 370-396.

초점을 맞추면, 큰 틀에서 강력하게 사람의 인생을 꿰뚫고 지나가는 서사적 정체성이라는 힘을 놓치게 될 수 있다. 예를 들어, 청소년을 상담하고 있는 상담자가 내담자로 하여금 자신의 문제 행동에 집중하게 하면 상담자는 내담자가 살면서 구축해 온 서사적 정체성은 간과하게 된다. 청소년도 나름대로 삶의 의미(meaning in life)가 있고 자기 삶 속에 자기가 하고 싶은 것, 꼭 이루고 싶은 것, 다른 것을 포기하면서라도 지키고 싶은 것들이 있다. 이러한 점을 고려할 때, 상담자는 개인의 서사적 정체성, 내담자가 자신의 삶에 대한 이야기를 어떻게 구성하고 있는지에 대해 탐구할 필요가 있다. 그런 후에 상담사는 내담자가 이야기한 내용을 기반으로 해서 내담자가 가진 동기와 내담자의 행동 변화에 힘을 실어 줄 수 있는 요소들을 찾을 수 있다.

[그림 5-2] 비자니 자매

출처: Iranian twins die after separation operation Fails. (2003, July 9.). *Times of Malta.*

서사적 정체성과 초월적 욕구의 중요성이 잘 드러나는 예시인 비자니 자매 사례에 대해 이야기해 보자. 비자니 자매는 이란에서 태어나고 자란 머리가 서로 붙은 쌍둥이 자매이다. 이 자매는 일란성

쌍둥이로, 유전자가 서로 같아 신체적인 특징이 모두 같다. 이들은 머리가 붙어서 태어난 샴쌍둥이기에, 대뇌의 혈관이 연결되어 사고나 경험을 공유한다. 비자니 자매가 이란에서 태어났을 때, 전 세계 학회에 보고가 되며 주목을 받았는데, 이란에 혁명이 일어나면서 갑자기 실종되었다. 약 20년 후 언론을 통해 다시 나타난 이들은 서로의 머리를 분리시켜 달라고 요청하였다. 비자니 자매에게 왜 성인이 되어서 머리를 분리해 달라고 나온 것인지를 물었더니, 이들은 서로 몸도 같고 경험도 같은데 성격이 너무 다른 것이 그 이유라고 답했다. 동생은 외향적이며 아나운서를 하고 싶어 했지만, 언니는 내향적이었고 이란의 여성들을 위해 힘쓰는 인권 변호사가 되고 싶어 했다. 이처럼 이들은 서로 너무나 달랐다. 흔히 생리심리사회적(bio-psycho-social)이라고 할 때, 체질적인 것 다음에 심리적인 것들이 공유되면 서로 같을 것이라 생각한다. 하지만 사람은 비록 같은 경험을 하더라도 서로 다른 내면의 영혼을 가지고 있고 서로 다른 스토리텔링을 추구하는 존재이다.

비자니 자매가 머리를 분리하려 한 이유 중 하나는 한 명이 좋아하는 남자가 생겨 연애를 시작했는데, 다른 한 명은 그 남자를 좋아하지 않는 곤란한 상황에 처하게 되었기 때문이었다. 그래서 결국 이들은 수술 과정이 매우 위험함에도 불구하고 머리를 분리시켜 달라고 요청하게 된 것이다. 그러나 미국과 독일에서는 수술의 위험성을 지적하며 수술을 허락하지 않았고, 결국에는 싱가포르에서 유명한 의사들이 함께 수술을 진행하였으나 안타깝게도 자매는 과다출혈로 함께 사망하였다. 비자니 자매의 사례를 통해 알 수 있듯 사람은 목숨을 걸면서까지 가치 있고 의미 있는 삶을 살고자 하는 의지가 있다. 이것이 바로 초월적 욕구와 서사적 정체성에 기반한 초월적인 힘이며, 중독을 이겨 낼 수 있는 인간의 기제이다.

2) 동기의 이해

동기(motivation)란 '어딘가를 향해 움직인다'라는 의미로, 에너지(energy)와 방향성(direction)이라는 두 가지 중요한 요소를 가지고 있다. 즉, 동기란 행동에 대한 에너지와 방향성을 제공하는 근본적인 과정이다(Burkley & Burkley, 2018).

먼저, 에너지 측면은 정서적인 부분과 관련이 있다. 어떤 사람은 태어날 때부터 체질적으로 에너지가 넘쳐 나지만, 어떤 사람은 항상 에너지가 부족하다. 후자의 경우, 부족한 에너지를 아껴 쓰기 위해 자기 조절(self-control)이라는 방법을 터득한다. 자기 조절을 통해 에너지를 효율적으로 사용하면 감정 조절이 잘 되고 건강하고 균형있게 행동할 수 있게 된다.

또 다른 요소는 방향성인데, 이는 인지적인 부분과 관련이 있다. 사고는 정서적 영역보다 의식적으로 조절할 수 있는 영역이다. 우리는 메타인지(metacognition)를 통해 미래의 방향을 긍정적으로 설정해 나갈 수 있다. 자기에 대한 인식, 미래에 대한 인식, 관계에 대한 인식이 잘 되지 않는 인지삼제의 경우 이러한 사고 영역에 초점을 맞추어 상담 개입을 할 수 있다. 그런 다음 정서나 감정에 초점을 맞추어 자기 조절력을 기르는 상담 개입을 할 수 있으며, 그 이후에 행동에 초점을 둔 치료를 진행할 수 있다.

하지만 하나의 요소에만 너무 집중하는 것이 중독 행동을 완전히 바꾸지는 못한다. 오랫동안 자리 잡아 온 행동, 인지적이고 사고적인 판단, 정서 및 감정은 중뇌 변연계 안쪽과 관련이 있으며, 이들은 서로 영향을 미치기 때문에 행동을 바꾸기가 쉽지 않다. 그래서 다양한 방법을 총체적으로 적용할 필요가 있으며, 인지적인 측면을 다루는 것이 치료에 도움이 될 것이다. 하지만 청소년기와 같이 인지적 발달이 아직 미숙한 시기에는 인지적 치료보다 우선적으로 자기 조절력을 증진시키는 것이 도움이 될 수 있다. 청소년기에는 잘못된 사고의 경향성이 크기 때문이다. 예를 들어, 비행기가 추락해도 자기는 꼭 살아남을 것 같은 느낌을 예로 들 수 있다. 또 다른 예시는 만족지연(delay discounting)이라는 개념이다. 지금 10만 원을 받을지 아니면 한 달 후에 15만 원 받을지에 관한 질문에 아이들의 절반은 지금, 나머지 절반은 한 달 후에 받겠다고 대답한다고 가정해 보자. 현실적으로 무엇이 더 이득이 되는가 따져 봤을 때, 한 달 후에 아무것도 하지 않고 15만 원을 받는 선택이 더 현명하다. 그렇지만 아이들은 지연이 되면 가치가 떨어진다고 느끼는 오류적 사고를 가지고 있다. 그래서 만족지연을 적용하여 지금 당장의 이익을 추구하려는 경향이 있다. 사고를 합리적이고 이성적으로 한다면 조금 더 기다렸다가 돈을 받는 것이 훨씬 더 도움이 된다는 명확한 답을 내릴 수 있다. 하지만 이러한 답을 내리기까지는 시간에 따른 인지 발달이 필요하다. 보통 인지 발달은 전전두엽 기능이 발달하는 25세까지 이루어진다. 전전두엽에서 사고와 판단에 따른 선택 및 결정을 하고, 정교한 미래 예측 기능을 하며, 그 기능이 자신을 대상으로 할 때 메타인지가 이뤄진다. 따라서 인지 치료 시 스스로 자기 행동과 자기 정서를 돌아보는 메타적 경험들을 할 수 있도록 돕는 것이 중요하다.

자기 조절력은 아주 어릴 때부터 키울 수 있는 힘이다. 상담에서 인지적인 측면만 너무 강조하기에는 아직 발달 단계에 있는 아이들이 중독 행동을 이겨 낼 만큼 인지적인 역량이나 힘이 없다. 특히 청소년기에 이런 역량이나 힘이 부족하다. 따라서 행동적인 측면에서 자기 조절적인 습관을 만들어 가는 것이 중요하다. 인터넷 게임이나 도박, 마약 등을 하지 않는 것을 목표로 동기를 강화할 수 없다. 이것과 함께 공존할 수 없는 다른 요소들이 커지도록 동기화하는 것이 상담의 목표이다. 즉, 동기강화상담에서 마약을 하지 않는 것이 목표가 아니라, 내담자의 가치에 부합하는 자기 조절적인 동기를 강화시키는 것이 진정한 목표가 된다. 자신의 학업 동기, 책을 읽는 동기, 친구들과 운동하는 동기 등이 높다면 마약을 할 시간이 없을 것이다. 따라서 자신에게 더 가치 있고 자신을 더 힘나게 해 주는 동기를 강화시켜 중독 행동과 양립할 수 없게 만드는 것이 핵심이다. 특히 어릴 때부터 에너지가 넘쳐 자기 조절이 잘되지 않는 아이들이 자기 조절적이고 자기 성장적인 행동을 하도록 초점을 맞춰 주는 것이 중요하다.

자기 조절을 할 때에는 뇌의 포도당(glucose)과 같은 에너지원이 사용되는데, 정서, 사고, 행동 순으로 에너지 소모 크기가 크다. 정서와 감정에 소모하는 에너지가 뇌 에너지의 상당 부분을 차지한다. 카너먼(Kahneman, 2017)의 이중과정이론(dual process theory)에 따르면, 사고는 시스템 1 사고와 시스템 2 사고로 구분된다. 시스템 1 사고는 직관적이고 빠른 사고로, 자동적이고 생각해야 하는 노력이 거의 필요하지 않으며 감정적 반응이 유발되기도 한다. 반대로 시스템 2 사고는 논리적이고 느린 사고로, 시스템 1 사고가 반응하지 않을 때 작동하고 주의력을 필요로 하며 최종 의사결정권을 가진다. 어느 한 단어와 관련하여 대개 표면적인 사고는 신피질, 뇌의 겉 부위에서 활성화되지만, 만약 그 단어가 어떤 감정을 유발하는 단어가 되면 뇌의 안쪽에서 활성화될 수 있다. '어머니'라는 단어를 보고 처음에는 뇌가 활성화 되지 않지만, '어머니'라는 단어를 계속 상기시키면 감정이 뇌에서 활성화되기 시작하면서 돌아가신 어머니가 생각나 눈물이 나올 수도 있다. 이는 시스템 1과 시스템 2로 나뉘는 사고에 따라서 정서적인 무게가 다르다는 것을 보여 준다. 아주 작은 주사기를 보여 줬을 때 아무 느낌이 없는 사람이 있는 반면, 마약을 끊기 위해 견디고 있는 사람은 주사기를 보고 큰 동요를 경험할 수 있다. 이는 주사기라는 자극이 정서적인 경험으로 이어지면서 에너지 소모가 커지게 되는 것이다. 마약을 하면 안 된다는 생각이 강할수록 하루에 쓸 에너지를 그곳에 많이 쓰게 되면서 마약을 하면 안 된다는 생각의 힘은 도리어 약해지게 된다. 그런 후에 누군가가 마약을 하자고 권유한다면, "어쩔 수 없네, 그래 하자."라고 대답하게 된다. 이렇게 그날 하루에 쓸 수 있는 에너지를 조절하는 능력을 준비하지 않으면 자기 행동을 조절하기 위해 쓸 에너지가 없어지게 된다. 이것이 중독 행동 및 재발의 패턴이 될 수 있다. 그래서 일어나고 잠자는 시간, 식사 시간 등 일상생활 영역에서 자기 조절력을 기르는 것이 중요하다. 이러한 기본적인 것에서부터 자기 조절력을 기르는 것은 다른 중독 행동의 저항력을 높이는 아주 중요한 작업이다. 단순히 '하지 마라' '하면 안 된다'라는 것에 에너지를 쏟는 것보다 규칙적이고 자기 조절적인 삶을 살도록 돕는 것이 중독 상담에서 중요한 부분이다.

행동의 변화에 있어 말의 변화 또한 중요한 부분이다. 말을 하고 있다는 것은 행동하고 있다는 것이다. '어떤 말을 하게 되는가'는 '어떤 행동을 하는가'와 관련 있다. 벰(Bem, 1972)은 인간은 스스로 말한 계획과 생각을 더 수용하고 행동하는 경향이 있다고 하였다. 어느 한 입장을 주장하면 할수록 그에 대한 전념의 정도가 커지게 된다. 따라서 상담에서 내담자가 변화에 대한 자신만의 이유와 계획을 말로 표현할 수 있도록 격려받는 것, 문제 행동에 대한 변화를 긍정적으로 진술하도록 돕는 것이 중요하다.

3) 4가지 기본 동기의 균형과 중독

인간이 가지고 있는 심리적 방향성은 기본 심리욕구와 관련되어 있다. 데시와 라이언(Deci & Ryan, 2008)에 따르면, 인간의 기본적인 심리욕구에는 자율감, 소속감, 유능감이 있다. 신성만(2017, 2018)은 3가지의 기본적 심리욕구가 충족되면 긍정적인 목표를 달성하고 부정적인 목표를 피하려 하는 동기인 목표감이 활성화된다고 주장하였다. 이 4가지 기본 동기를 상정하여 [그림 5-3]과 같은 그림을 그려 볼 수 있다. 소속감과 유능감은 안으로 들어가려는 힘인 데 비해, 자율감은 밖으로 나가려는 힘이다. 이러한 심리학적 상태를 수렴적 또는 확산적 상태라 이야기하는데, 심리학적 상태는 항상 수렴적이거나 항상 확산적일 수 없다. 그러므로 수렴적이었다가 확산적이었다가 하는 상태를 반복하게 된다. 사람의 교감신경이 작동한 뒤에 부교감신경이 작동하는 것과 같이 한 상태만 계속해서 유지될 수 없는 것처럼, 유능감과 목표감도 동일하게 작동한다. 유능감은 높이를 낮추어 불균형을 줄이려고 하고, 목표감은 조금 더 상승해서 더 높은 목표에 도달하려고 하는 심리 상태이다. 즉, 유능감은 수렴적, 목표감은 확산적인 것이다. 이러한 이해를 바탕으로 그림을 보면 심리적으로 소

[그림 5-3] 동기 균형의 역동

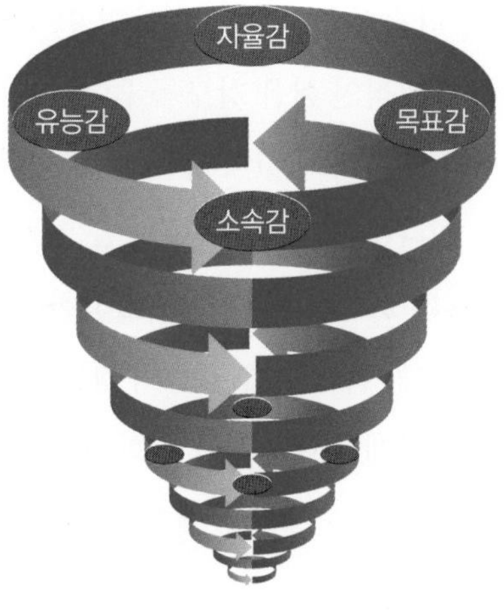

[그림 5-4] 기본 동기의 성장 모형

속감과 자율감이 만나면서 원을 그리고, 유능감과 목표감이 만나면서 또 다른 원을 그린다. 이러한 상호작용을 통해 4가지 동기는 키건(Kegan, 1982)이 제시한 유기체의 성장 모형과 같이 [그림 5-3]의 회오리바람과 같은 모습을 만들게 된다.

이러한 기본 동기를 실생활에 적용해 보면, 아이들은 계속해서 타자, 특히 엄마 옆에 붙어 있으면서 소속감을 느낀다. 그 후 어느 정도 소속감이 충족되면 심리 욕구의 방향이 밖으로 바뀌면서 자율감을 느끼려 하고, 자율감을 느끼기 위해 밖으로 나가려고 한다. 하지만 자율감이 충족되면 또다시 소속감을 느끼려 엄마에게 오게 되고, 아이는 이러한 상태를 하루 종일 반복하게 된다. 이러한 상호작용은 엄마와 아이 사이에서만 일어나는 것이 아니고, 친구와의 관계에서도 발생한다. 소속감 느끼는 활동을 했다가 또 자율감 느끼는 활동을 하게 되는 것이다. 이렇게 두 개의 심리 욕구가 균형을 맞추면서 조금씩 더 커지게 된다. 자율감과 소속감이 균형 상태가 되면 유능감을 경험하게 된다. 아이가 엄마와 함께 외출하여 엄마 옆에 붙어 있다가, 떨어져 놀다가 하는 상황을 반복하면서 엄마의 신경을 안 쓰이게 하루를 잘 보내면 엄마는 아이에게 칭찬해 주고, 아이는 이를 통해 유능감을 느끼게 된다. 즉, 자율감과 소속감의 균형은 유능감을 느끼도록 하는 것이다.

유능감은 동시에 목표를 상정할 수 있게 한다(신성만, 박명준, 2018). 목표감은 유능감의 반대편에 존재하는데, 유능감을 느끼게 되면 동시에 목표감을 추구하게 된다. 아이의 예를 들면, 엄마에게 칭찬받은 아이는 '다른 상황에서도 이렇게 재미있게 잘 놀아야지.' '엄마에게 칭찬받는 놀이를 경험해야지.'와 같은 목표를 갖게 된다. 즉, 유능감은 어떤 목표 행동에 대한 성취경험(mastery experience)인 것이다. 그러므로 유능감을 느끼는 사람은 목표감을 가지고 있고, 목표가 있는 사람은 유능감을 가지고 있다. 이와 반대로, 유능감이 없는 사람은 목표가 사라지고, 목표가 없는 사람은 유능감도 없게 된다. 이렇게 유능감과 목표감이 같이 가는 측면들은 실제로 특징적 적응에서 많이 나타난다. 소속감을 더 많이 필요로 하는 아이들과 달리 자율감을 보다 더 필요로 하는 아이들이 있다. 이러한 아이들은 소속감을 조금 덜 느껴도, 자신을 자율할 수 있게 해 주는 것에 더 집중한다. 특히 남자아이들이 이러한 경우가 많은데, 자기 마음대로 행동하는 남자아이의 경우 활동 영역이 빠르게 확장하게 된다. 인지적 발달, 사회심리적 발달에 따라 아이가 자율감을 빠르게 확장시키는 포인트가 있는데, '미운 일곱 살' '중2병' 등의 용어가 아이들의 발달 단계에 있어서 주변 사람들이 감당하기 어려울 정도로 자율감 혹은 목표감이 확장되는 상황을 설명할 수 있다. 이러한 측면에서 자율감의 필요가 큰 사람이 있는데, 자율감의 필요가 큰 사람은 신뢰 관계를 가지는 단단한 소속감의 근원이 필요한 사람이다. 아이들이 뭔가를 하고 싶다고 했을 때 부모가 그것을 하도록, 자율적으로 놓아 주는 것은 부모가 아이를 믿어 주는 것이다. 아이에게 "네가 한번 해 봐."라고 하는 것은 부모가 아이에게 신뢰를 보여 주는 것이다. 하지만 아이를 신뢰하지 못하고, "그건 네 마음대로 하지 마." "그 전공하지 마."와 같이 아이의 자율감을 계속해서 침해하게 되면, 소속감도 커지지 않게 된다. 즉, 자율감을 상쇄시키는 만큼 소속감도 부족해지게 되는 것이다. 반대로 아이와 안정적인 관계를 하고 신뢰하면서 "그래, 네가 결정해. 네가 잘 결정할 거라고 믿어."와 같이 말하면 아이의 소속감과 자율감은 커지게 되고, 아이와 부모 간 신뢰도 돈독해진다.

이러한 모습이 상담 장면에서도 필요하다. 마약을 사용하는 청소년에게 지시적인 태도를 취하는 것은 그들을 신뢰하지 않는다는 것을 나타내는 것이고, 청소년은 자율감의 침해를 경험하게 된다. 그러면 상담 교사와의 소속감도 생기지 않는다. 이러한 상황을 라포 형성이 잘 안 되었다고 얘기하는데, 그런 상황에서는 '마약 대신 할 수 있는 활동 탐색하기'와 같이 어떤 목표를 가지거나 그 목표를 달성하기 위한 능력을 길러 줄 수 없다. 소속감과 자율감을 신뢰의 바탕에서 경험한 다음에, 청소년과 상담자가 같은 목표를 가지고 노력했을 때, 가치 있고, 인정할 만한 결과를 통해 느끼는 것이 유능감과 목표감의 확장이다. 상담자가 어떠한 것에 중독된 청소년을 상담할 때, 처음에 만들어야 하는 것은 상호 신뢰하면서 자율감을 허용해 주고 소속감을 느낄 수 있게 하는 관계인 것이다. 이러한 관계가 만들어지기 전에 '마약 끊기' '중독에 빠지지 않기'와 같은 목표들을 상정하게 되면 이전에 기본적인 것들이 준비가 되지 않았기 때문에 이러한 목표들이 쉽게 무너지게 되는 것이다. 그렇기에 상담에 있어 소속감,

자율감, 유능감, 목표감을 고려한 상담이 필요하다.

목표감이 확산되면 자율감도 확산하게 된다(신성만, 박명준, 2018). 반면, 자율감이 줄어들면 목표감도 줄어들게 되는데, 엄마에게 심리학을 공부하고 싶다고 했을 때 엄마가 심리학을 전공하면 취업이 힘드니 공무원을 하라고 하는 상황을 가정해 보자. 아이는 자율감의 침해를 경험하였고, 그렇게 되면 목표도 가지지 못하게 된다. 상담 현장에서도 청소년이 자율감을 침해당하면 목표도 가지지 않게 된다. 상담에서 "넌 꿈이 뭐니?" "하고 싶은 게 뭐니?"라고 질문했을 때, "하고 싶은 거 없어요." "목표가 없어요."라고 대답하는 청소년이 많다. 하지만 이들은 게임 속에서는 목표를 가지고 있을 수 있다. 게임 안에 들어가면 소속감도 느끼고, 게임 속 팀원에게 필요한 역할을 해 주고 균형을 잡아 주는 아이가 있다고 가정해 보자. 게임 유저들이 게임 속 그 아이를 너무 만나고 싶어 하고 게임에 안 오면 기다리지만, 그 아이는 현실 세계 속에서는 비만이고, 학교에서는 그 아이를 사람들이 뚱뚱하다고 쳐다본다. 그렇게 되면 아이는 학교는 안 가고 싶고, 게임 세상 속에만 있고 싶어 하게 된다. 게임 속에서는 대우도 받고, 사람들이 자신을 기다리며 만나고 싶어 하기 때문이다. 이 측면에서 봤을 때 그 아이는 게임 속에서 소속감을 느끼고, 나아가 내 마음대로 결정할 수 있는 자율감과 유능감을 느끼는 등 심리적 만족을 얻게 된다. 이에 더해 목표가 다시 그 행동을 유지하게 한다. 도박도 이와 마찬가지인데, 도박 행동을 했을 때 내 마음대로 결정할 수 있는 자율감 느끼고, 거기서 유능감을 느끼게 되며, 나아가 목표가 다시 그 행동을 유지하게 한다. 특히 도박은 약물 중독과 유사한데, 도박에서 돈을 땄을 때 뇌의 변화나 특정 도파민이 폭발적으로 분비되는 측면이 있기 때문이다. 하지만 인터넷 게임을 통해서는 이보다는 심리적인 만족감을 더 크게 경험하게 된다. 목표감이 확장되면 자율감이 확장되고, 그러면 상대적으로 목표감의 반대에 있는 유능감이 떨어지게 된다. 나아가 자율감의 반대에 있는 소속감도 떨어지게 된다. 이러한 상황에서 자신과 연대해서 자신을 지지해 주고 소속감을 올려 줄 수 있는 상담자가 있으면 확장된 자율감과 소속감을 확보할 수 있게 되는 것이다. 그렇게 되면 목표를 견딜 수 있는 유능감이 더 생기게 되고, 이러한 과정을 통해 목표를 유지해 나갈 수 있다. 그렇기에 심리적 적응에 있어 내담자가 기본 동기의 기제 속 어디에 있는가를 상담자가 이해한다면 내담자의 동기강화적 행동에 있어 중요한 균형자 역할을 할 수 있게 된다.

내담자의 동기 상태를 확인하기 위한 도구로 동기균형척도를 활용할 수 있다(박명준, 신성만, 2021). 상담자는 동기균형 척도를 통해 내담자의 어느 동기가 상대적으로 더 크고, 각각의 동기 변화가 어떻게 일어나고 있는지를 확인할 수 있다. 동기균형척도의 문항은 〈표 5-1〉과 같다. 나아가 기본 동기의 균형 점수를 산출할 수 있는데, 그 점수를 산출하는 산출식은 [그림 5-5]와 같다.

척도의 결과 해석 시 균형 점수와 함께 스트레스 정도를 측정하게 되며, 중독 행동을 예측할 수 있는 예측 요인으로 사용할 수 있다. 즉, 기본 동기 간 균형이 잘 맞춰진 상태는 스트레스 지수가 낮고, 불균형이 있는 경우에는 스트레스 지수가 높게 나오게 되는데, 소속감, 자율감, 유능감, 목표감과 더불어 이 동기들 간의 균형 혹은 불균형에 따른 스트레스를 통해 중독 행동을 예측할 수 있다.

• 1단계

|자율감 총점−유능감 총점| + |자율감 총점−소속감 총점|
+|자율감 총점−목표감 총점| + |유능감 총점−소속감 총점|
+|유능감 총점−목표감 총점| + |소속감 총점−목표감 총점|

• 2단계: (1단계 점수/80) × 100

• 3단계: 100−2단계 점수

[그림 5-5] 동기균형 산출식

출처: 박명준, 신성만(2021).

표 5-1 동기균형척도

하위요인	번호	문항	①	②	③	④	⑤
자율감	1	나는 내가 하고 싶은 것을 자발적으로 선택한다.					
	2	나는 내가 원하는 대로 선택할 수 있다.					
	3	나는 내 가치에 따라 어떤 행동을 할지 결정한다.					
	4	나는 내가 어떻게 살아갈지 스스로 자유롭게 결정한다.					
유능감	5	나는 내 안의 잠재력을 충분히 발휘하고 있다.					
	6	나는 맡은 일을 잘할 수 있다는 자신감이 있다.					
	7	나는 내가 맡은 일을 쉽게 해낸다.					
	8	나는 내 능력에 대해 자부심을 느낀다.					
소속감	9	나와 친한 사람들은 있는 그대로의 내 모습을 수용해 준다.					
	10	내가 속한 집단의 동료들은 나에 대해서 잘 알고 있다.					
	11	나는 가까운 사람들로부터 사랑과 관심을 받고 있다.					
	12	나와 친구들은 서로 맞춰 가면서 관계를 유지하고 있다.					
목표감	13	나는 달성하려면 오랜 시간이 필요한 목표를 갖고 있다.					
	14	나는 내 삶을 움직이는 구체적 목표가 있다.					
	15	나는 이루어지면 만족스러울 것 같은 목표를 갖고 있다.					
	16	나는 목표를 이루기 위해 내가 가진 자원을 활용한다.					

출처: 박명준, 신성만(2021).

2. 청소년 마약류 중독자에 대한 동기강화상담

1) 동기강화상담이란

동기강화상담(Motivational Interviewing: MI)은 밀러(Miller)와 롤닉(Rollnick)에 의해 개발된 모델로 알코올 중독에 대한 개입으로 시작되었으나 최근에는 마약류 상담과 같은 다른 중독영역과 비임상적 영역에 이르기까지 치료 효과가 근거 중심적으로 입증되고 있는 상담 방법이다(김주은, 2020; Dickerson et al., 2016; Miller & Rollnick, 2002; Parsons et al., 2014;). 동기강화상담은 기본적으로 비자발적인 중독 내담자에게 효과가 있는데, 중독치료에 큰 효과를 얻는 이유를 크게 세 단계로 설명할 수 있다. 중독치료의 주된 목표가 행동의 변화이고, 이 변화의 핵심은 변화 동기에 있으며, 동기강화상담은 이러한 변화 동기를 유발할 수 있는 좋은 개입 방법이기 때문이다. 그렇다면 동기강화상담은 어떻게 실시하는 것이며 어떻게 해서 비자발적인 내담자의 동기를 유발하는가? 이는 동기강화상담의 정의에서 찾아볼 수 있으며, 동기강화상담은 다음과 같이 정의할 수 있다. "내담자의 양가감정을 탐색하고 해결함으로써 그 사람의 내면에 내재된 변화 동기의 강화를 목적으로 하는 내담자-중심적이면서 내담자 지향적인 상담이다." 내담자의 변화 동기 강화를 목적으로 하는 동기강화상담은, 첫째, 내담자의 양가감정을 탐색한 후 해결해야 하고, 둘째, 내담자 중심 상담에서 강조하는 상담 태도를 견지하며 그 기술들을 활용하고, 셋째, 상담을 의도적으로 어떤 방향으로 이끌어야 한다.

2) 동기강화상담의 정신

(1) 협동정신

협동정신은 내담자와 상담자가 위계적인 관계가 아닌 파트너 정신을 가지고 작업하는 것을 말한다. 동기강화상담의 정신 중에서 중요한 것은 상담과정 속에 스며들어 있는 협력이다. 여기서 협력이란 상담자가 자신의 열망(aspiration)들을 잘 조절하며, 또한 자신의 그 열망을 감시의 눈으로 스스로 들여다보기도 한다는 뜻이다. 상담자와 내담자가 가지고 있는 열망들이 종종 다르긴 하지만, 이 열망들의 만남을 동기강화상담에서는 인간관계 과정이라고 한다. 기본적으로 상담자는 내담자와 동등한 관계로 의사소통하며 권고보다는 탐색을, 설득하거나 논쟁하기보다는 내담자를 지지한다. 또한 강제적이지 않고 자연스럽게 내담자의 변화가 일어날 수 있는 긍정적 상담 분위기를 만들어 내고자 한다. 이러한 상담자의 협력적인 자세는 내담자로 하

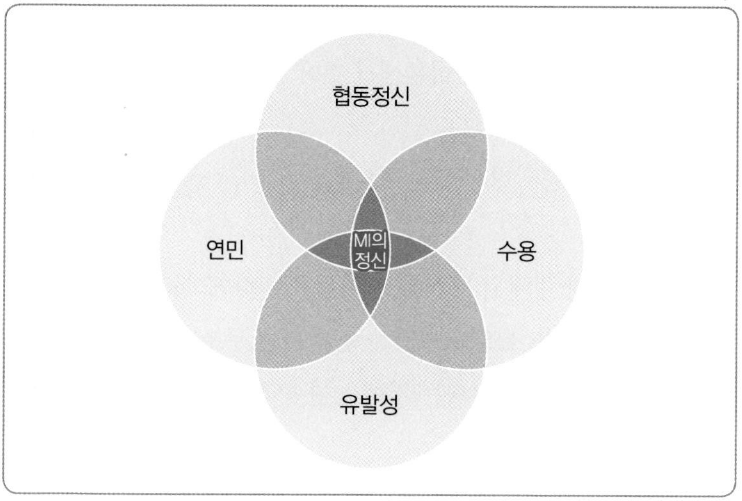

[그림 5-6] 동기강화상담의 정신

여금 자신 스스로에 대해서, 자기 삶의 역사와 상황에 대해서, 그리고 변화를 위한 자신의 앞선 시도에 대해서 자신이 전문가라는 사실을 인식할 수 있도록 한다.

(2) 유발성

유발성은 변화에 대한 동기가 내담자의 내면에 이미 내재되어 있다고 보는 관점을 말한다. 동기강화상담에서 상담자는 내담자가 자신에 대해서 전문가이며 변화를 시도했던 경험이 있기 때문에 변화하는 데 있어서 자신에게 도움이 되었던 것과 도움이 되지 않았던 것에 대해서 잘 알고 있다고 본다. 동기강화상담은 상담자로부터가 아닌 내담자의 생각에서 변화해야 할 이유와 잠정적 변화 방법을 이끌어 내어 변화를 유도해 가는 것을 목표로 한다. 따라서 상담자는 지혜, 통찰, 현실감 등에 관한 정보를 가르쳐 주는 듯한 교훈적인 어조가 아닌, 협동 정신과 일치하는 어조를 사용한다. 동기를 주입하거나 만들려고 하지 않고, 내담자의 느낌이나 관점, 인생 목표, 가치관 등을 탐색하여 내담자의 이면에 내재된 변화 동기를 자연스럽게 끌어낼 수 있도록 한다.

(3) 수용

수용의 의미는 로저스(Rogers)의 이론에서 깊이 뿌리내린 개념이다. 수용은 다음의 4가지 측면을 포함하고 있다.

① 절대적 가치

수용은 모든 인간에게 내재된 가치와 잠재력을 귀하게 여기는 것을 포함한다. 로저스(1980)는 이러한 태도를 소유하지 않은 돌봄 또는 무조건적인 긍정적인 존중이라고 지칭했다. 이러한 태도에 반대되는 것에는 판단하는 것, 가치에 조건을 붙이는 것이 해당된다.

② 정확한 공감

내담자의 눈을 통해 세상을 바라보기 위해서 그의 내적 세계에 대해 적극적인 관심을 갖고 이해하고자 노력해야 한다. 이는 사람을 불쌍히 여기는 느낌의 동정을 의미하는 것이 아니다. 공감의 반대 개념은 타인의 관점이 부적절하거나 잘못되었다는 가정을 가지고 자신의 관점을 주입하는 것이다.

③ 자율성 지지

수용은 각 사람의 자율성과 권리, 자기결정의 능력을 존중하고 명예롭게 해 주는 것을 포함한다. 로저스(1962)는 자신의 내담자-중심 이론을 통해 사람들에게 '존재와 선택에 대해 완전한 자유'가 있음을 깨닫게 하고 싶어 했으며, 인간의 본성이 기본적으로 '긍정적이고, 앞을 향해 나아가고, 건설적이고, 실현 가능하며, 신뢰할 수 있다.'고 믿었다. 자율성 지지의 반대 개념은 강요하고 통제하는 등의 방식으로 타인이 어떤 일을 하도록 하는 것이다.

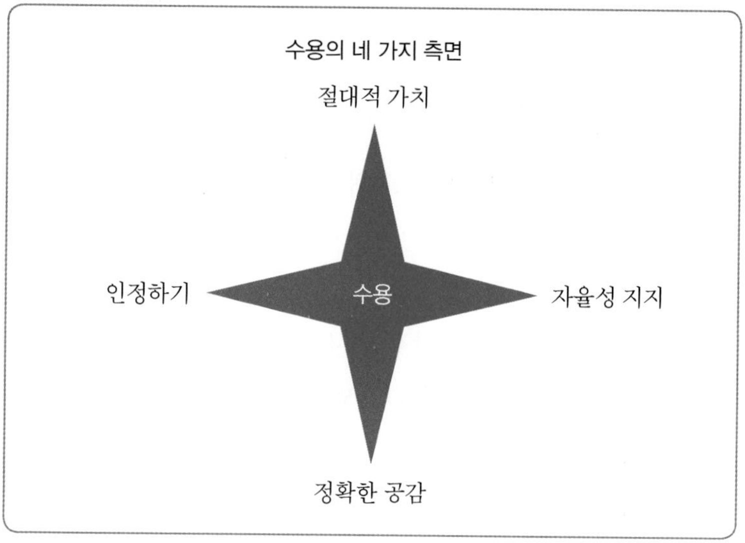

[그림 5-7] 수용의 네 가지 측면

④ 인정하기

수용은 내담자의 강점과 노력들을 알아주고 찾는 인정하기를 포함한다. 가치, 자율성, 공감과 마찬가지로 인정하기는 공감이라는 개인적인 경험뿐만 아니라 의도적으로 함께하고 대화하는 것을 의미한다. 인정하기에 반대되는 개념은 그 사람이 가지고 있는 문제를 찾고(이것은 매우 자주 '평가'의 초점이 된다), 확인하고, 이 문제를 어떻게 고칠 것인지에 대해 말해 주는 것이다.

이러한 4가지 인간-중심의 조건들이 모여 '수용'이 전달된다. 따라서 수용은 개인의 절대적인 가치와 인간으로서의 잠재성을 존중하고, 자기 뜻대로 선택할 수 있는 자율성을 인정하고 지지하며, 다른 사람의 세계관을 이해하기 위해 정확하게 공감하려 노력하고, 개인의 강점과 노력들을 인정하는 것을 포함한다.

(4) 연민

연민은 동정이나 동일시와 같은 정서적 경험으로 분류되는 개인적인 감정에 대한 것이 아니다. 이러한 것들은 연민을 실천하는 데 필요 충분한 것들이 아니기 때문이다. 연민을 가진다는 것은, 타인의 복지를 위해서 적극적으로 노력하고 타인의 필요에 우선적으로 관심을 가진다는 것을 의미한다. 다른 세 개의 동기강화상담 정신에 연민을 추가하게 된 이유는 기존 3가지 정신은 자신의 유익을 구하고 실현시킬 수 있는 측면들이 강하기 때문이다. 심리학적 지식과 기법들을 사용해서 전문가 자신의 유익을 구하고, 착취하고, 신뢰와 응종을 더 얻을 수 있다. 연민이 동기강화상담 정신에 포함된 것은 전문가가 지녀야 할 마음가짐이 적절하게 준비되어 신뢰할 수 있는 상황을 만들어 갈 수 있도록 하기 위해서이다.

3) 동기강화상담의 4가지 단계

동기강화상담은 순차적인 '단계'를 풀어 나가는 과정이다. 서로 중첩될 수 있는 4가지 과정으로 정리되며, 각 단계는 관계 형성하기, 초점 맞추기, 유발하기, 계획하기이다. 이 4가지 과정은 순차적이기도 하고 되풀이되기도 한다.

[그림 5-8] 동기강화상담의 4가지 단계

(1) 관계 형성하기

관계 형성하기는 대화의 양측이 서로에게 도움이 되는 협력적 관계로 연결되는 과정이며, 몇 초에서 몇 주까지도 걸린다. 관계 형성을 돕거나 어렵게 하는 요소들은 서비스 체계, 임상가의 정서적 상태, 내담자의 환경, 상담실에 들어설 때의 마음 상태 등이 있다. 치료적 관계를 형성하는 것은 다른 모든 것보다 우선적으로 이루어져야 한다.

(2) 초점 맞추기

관계 형성이 이루어진 후에는 특정한 의제에 대해 초점을 맞추는 과정이 필요하다. 의제는 주로 내담자가 다루고자 하는 내용이다. 서비스 제공자에게 의제가 있는 경우는, 예를 들면 병원에서 내담자는 호흡곤란 증상을 위해 왔지만 치료자는 흡연에 관한 이야기를 하고 싶을 때이다. 초점 맞추기는 변화에 대한 대화 과정 속에서 특정한 방향을 설정하고 그것을 유지해 나가는 과정을 말한다.

(3) 유발하기

변화목표가 초점화되면 세 번째 과정인 유발하기로 진행될 수 있다. 유발하기는 변화에 대한 내담자 자신의 동기를 이끌어 내는 것을 의미한다. 이는 문제를 평가하고 내담자의 잘못된 행동을 판단하며 이를 어떻게 고칠 것인지에 대해 교육하는 전문가-지시적 접근과는 반대되는 개념이다. 더 간단히 말하자면, 유발하기란 변화에 대한 이유를 그 사람 스스로가 말할 수 있도록 하는 것이다.

(4) 계획하기

변화를 위한 동기가 준비단계에까지 도달하게 되면 양가감정의 균형이 한쪽으로 기울어지게 되면서, 내담자는 언제 변화할 것이며 어떻게 변화할 것인가에 대해 고민하고 말하게 된다. 계획하기는 변화대화라는 엔진을 가동하는 클러치와 같아서, 상담자는 언제 계획하기를 시작하고 대안들을 탐색하는 것이 가장 적절한지를 판단하는 것이 중요하다.

4) 동기강화상담의 원리

동기강화상담을 본격적으로 살펴보도록 하자. 밀러와 롤닉(2002)이 제시한 동기강화상담의 중심원리들은 다음과 같다. 이 원리들을 기술적으로 잘 적용하는 대화의 방법이 바로 동기강화상담이다.

(1) 공감 표현하기

동기강화상담은 내담자-중심적이면서 공감적 상담이다. 즉, 이 접근법은 로저스가 말한 반영적 경청이나 공감적 이해를 기본 바탕으로 한다. 공감적 의사소통은 상담의 초기부터 시작되어 상담 과정 전체에 걸쳐서 이어진다. 공감은 내담자의 관점, 감정, 삶에 대한 생각, 행동을 이해하고자 노력하는 대화 방법이다. 공감을 할 때 상담자는 적어도 '내담자의 경험과 사고의 틀로 생각하면 내담자의 판단이 타당한 것이다.'라는 생각으로 내담자의 관점을 이해하고 반응해야 한다.

공감 표현하기와 관련이 있는 상담자의 태도로 수용(acceptance)을 들 수 있다. 상담자의 수용적 태도의 핵심은 내담자의 말을 존중하는 자세로 귀 기울여 듣는 데에 있다. 내담자를 있는 그대로 수용해 줄 때, 내담자는 스스로 변화하고 싶어 하지만, 반대로 변화를 강력하게 촉구하는 지시적인 말을 다른 사람으로부터 듣게 되면 오히려 변화하지 않으려는 경향성이 생겨난다. 왜냐하면 인간의 독립성은 아동기 초기에서부터 성장과 발달의 주요 과업이고 성공적인 성인의 특징으로 간주되어 왔기 때문이다. 그래서 어떠한 이유에서든 독립감이 훼손되는 것을 원하지 않는다. 상담자의 수용과 존중의 태도는 내담자의 독립감을 훼손시키지 않고, 내담자와의 치료적 협력관계를 형성시켜 주며, 내담자의 자아 존중감을 지지하는 효과도 있다. 이러한 요소가 결국 자연스러운 변화를 촉진한다.

(2) 불일치감 만들기

동기강화상담에서는 변화에 앞서 양가감정 문제를 해결해야 하기 때문에 상담이 양가감정을 해결하는 방향으로 의도적이고 지시적으로 이루어지는데, 이것이 고전적 내담자중심상담과의 차이점이라고 할 수 있다(Miller & Rollnick, 2002). 전반적으로 탐색을 주로 하는 내담자-중심상담은 내담자가 자신의 삶을 정리한다거나 혹은 어려운 결정 때문에 고민할 때 사용하기 좋으며, 상대적으로 의도적이고 지시적인 성격을 가진 동기강화상담은 양가감정에 묶여서 어떠한 행동변화 결정도 하지 못하고 있는 내담자에게 적합할 것이다. 동기강화상담은 양가감정에서 벗어나 긍정적인 행동을 하는 방향으로 나아가게 한다.

내담자는 불일치감을 해소하기 위해 도움이 될 것으로 생각되는 상담자를 찾아오지만, 여전히 접근-회피(변화하고 싶기도 하고 그렇지 않기도 한)의 양가적 갈등에 사로잡혀 있다. 그렇기 때문에 동기강화상담에서는 양가감정의 갈등을 이용해서 변하지 않으려고 버티는 힘을 이겨 낼 수 있을 때까지의 불일치감을 더욱 경험하도록 자극하고 증폭시킨다. 내담자의 행동과 신념, 가치관 사이의 불일치감을 더욱 만들어 내기 위해서 상담자는 내담자 스스로가 이를 발견할 수 있도록 질문하고 돕는 역할을 맡아야 한다. 유의해야 할 점은 상담자가 내담자의 행동과 가치관이 불일치함을 지적하거나 문제 해결 방향을 제시하는 것 또는 판단 및 비판을 하는 것은 내담자의 변화를 위한 동기를 방해한다는 점이다.

(3) 저항과 함께 구르기

앞서 언급하였듯이, 동기강화상담에서의 저항은 내담자의 양가감정의 정도에 따른 산물이다. 나아가 상담자는 내담자 저항에 대해 적절히 반응하는 입장을 취해야 한다. 하지만 만약 상담자가 내담자로 하여금 변화하도록 설득하기 위해 논쟁을 벌이거나 설득하려고 한다면, 도리어 상담자의 의도와는 다르게 내담자는 변화하고 싶지 않은 이유들을 더 생각해 내고 그런 태도들을 더 감싸고 돌 것이다.

이러한 비생산적인 논쟁을 피하기 위해서는 공격을 맞받아서 공격하는 복싱의 원리가 아니라, 오히려 공격의 대상이 되어 주면서 공격자의 힘에 저항하지 않고 그것을 이용하는 유도의 원리를 기억할 필요가 있다. 상대의 저항과 함께 구르는 유도의 원리는 동기강화상담에 유용하다. 내담자의 저항이 있을 때 내담자의 지각을 살짝 다른 쪽으로 돌리거나, 보다 색다른 시각으로 해석해 주다 보면 내담자의 저항을 변화를 위한 힘으로 돌릴 수 있는 순간이 만들어지게 된다. 요점은 내담자의 저항에 직접 맞서지 말고 내담자가 저항하는 방향으로 함께 움직여 주거나 같이 흘러가라는 것이다. 그렇게 할 수 있다면 놀랍게도 저항은 내담자에게 새로운 방법으로 반응할 수 있게 하는 기회를 제공하고, 그 상황을 이용할 수 있는 기회 또한 제공해 줄 것이다.

저항과 함께 구르기의 원리에서도 내담자를 존중하는 자세를 빼놓을 수 없다. 내담자의 문제 해결이나 변화에 대한 결정의 책임은 내담자에게 있다는 동기강화상담의 근본적 원칙이 여기에서도 적용된다. 상담자의 역할은 새로운 관점을 강요하는 것이 아니라, 저항에 사용하는 에너지의 방향을 긍정적으로 바꾸거나 감소시킬 수 있도록 내담자가 스스로를 바라보는 과정을 격려하고 공감을 표현하는 것이다. 정보의 제공이 가장 적절하다고 판단되는 경우, 상담자는 단순하게 정보를 제공하는 단계에만 머물러야 할 수도 있다. 만약 제공된 관점이나 정보에 대해 내담자가 상담자에게 되묻는다면, 상담자는 자신의 의견을 바로 답해 주는 것을 피하고 오히려 내담자가 그에 대한 대답을 스스로 생각해 보도록 질문하거나 시간을 주는 것이 좋다. 이러한 조언에 대해 어떤 상담자는 정직하지 못하다고 느끼기도 하고 불편해하기도 한다. 하지만 상담에 있어서 가장 중요한 것은 내담자의 이득이다. 중독의 문제를 지닌 내담자에게 가장 도움이 되는 적절한 반응이 무엇인지 알고 그 반응을 할 수 있도록 하는 것이 중요하다. 질문의 답을 상담자가 모두 해 주는 것은 내담자에게 상담자의 의견이나 생각에 대해 비판하거나 논쟁을 시작하도록 하는 기회를 빼앗을 수 있다. 또한 내담자 스스로의 해답이 아니므로 또 다른 저항을 불러오거나 변화에 대해 설득 또는 강압을 느끼게 될 수도 있어 더욱 신중해야 한다.

(4) 자기 효능감 지지하기

어떤 특정 과제를 성취하고 변화를 성공시킬 수 있다는 자신의 능력에 대한 신념을 '자기 효능감'이라 하며, 자기 효능감은 변화 동기를 구성하는 핵심 요인이자 치료 효과를 예측하는 유용한 잣대가 된다. 진정한 변화를 위해서는 내담자가 자신의 문제를 지각한 후, 스스로 변화에 대한 희망과 함께 변화 가능성을 느낄 수 있어야 한다. 또한 내담자의 변화 가능성에 대한 상담자의 굳은 믿음은 이미 많은 연구 결과를 통해 밝혀진 바와 같이 상담 결과에 강력한 영향을 줄 수 있다. 변화를 어렵게 하는 장애물이 있더라도 그것을 해결해 나갈 수 있으며 새로운 변화에 적응해 가며 변화를 지속해 나갈 수 있다는 것을 내담자 스스로가 믿고 그런 자신감을 키우는 것이 동기강화상담의 일반적 목표이다.

자기 효능감의 중요성은 언급하였듯이 내담자 자신이 스스로에 대한 최고의 전문가라는 관점, 내담자 안에 이미 내재되어 있는 변화를 향한 동기가 있다는 점, 변화와 변화결과에 대해서 내담자 자신이 책임진다는 측면 등이 동기강화상담의 기본적인 신념과 일맥상통하는 데서 찾을 수 있다. 내담자가 변화에 대한 책임이 있음은 개개인이 가지는 변화 가능성에 대한 믿음이며, 상담자의 역할이 제한되어 있음 또한 시사하고 있다.

5) 동기강화상담 기술: OARS + I

OARS는 내담자들의 양가감정을 탐색하고 변화하고자 하는 동기를 유발하는 것을 도와주는 내담자 중심의 상담기법이다. OARS는 Open questions, Affirming, Reflecting, Summarizing의 약자로 각각 열린질문, 인정하기, 반영하기, 요약하기라 칭한다. 이 기법들은 상담 첫 회기에서뿐만 아니라 동기강화상담의 전반에 걸쳐 유용하게 사용할 수 있다.

(1) 열린 질문

동기강화상담의 초기 단계 동안에는 내담자가 문제 행동을 인식하고 있거나 변화에 대한 준비가 되어 있는 경우가 흔치 않다. 따라서 수용과 격려를 통해 내담자가 자신의 관심사를 편안하게 탐색할 수 있도록 신뢰감 있는 분위기를 형성하는 것이 중요하다. 이 단계에서 상담자는 주의 깊게 경청하고 짧게 격려하는 말을 하며, 대부분의 이야기는 내담자가 하도록 돕는다. 마음속의 이야기를 최대한 많이 할 수 있도록 촉진시키는 한 가지 방법은 열린 질문이다. 열린 질문(open questions)이란 짧은 대답이 아닌 상세한 대답을 이끌어 내는 질문이다. 닫힌 질문이 필요할 수도 있지만, 동기강화상담의 초기 단계에서는 사용하지 않아야 하며 사용한다고 하더라도 아주 가끔이어야 한다.

열린 질문의 예

오늘 무슨 일로 여기 오셨습니까?

과거에는 인생의 중요한 고비를 어떻게 넘기셨습니까?

마약 사용을 중단하고 싶어 하는 가장 중요한 이유는 무엇입니까?

당신의 마약 사용 습관은 어떻습니까?

내담자가 탐색의 문을 열도록 이끌어 주는 질문으로 상담을 시작하고, 이후에도 이런 질문을 계속 사용하는 것이 좋다. 어떤 내담자는 아주 많은 이야기를 가지고 상담실에 오는데 이러한 경우에는 간단한 질문만 하여도 쉽게 자신들의 이야기를 하게 된다. 또 어떤 내담자는 말수가 적어서 많은 격려와 지지가 필요할 때도 있다. 내담자의 초기 대답들에 대해 상담자가 반응하는 방식은 다음에 발생할 내담자의 반응에 영향을 미친다. 보다 양가적인 내담자를 대상으로 핵심 문제에 대해 토론할 때에는 문제의 긍정적인 점과 부정적인 점 모두에 대해 질문하거나 혹은 비교적 가치중립적(즉, 양면 중 어느 쪽도 지지하지 않는)이면서도 서로 연결되어 있는 열린 질문들을 하는 것이 유용할 수 있다. 어떤 상담자는 현재 문제가 되는 행동이나 상황의 이득에 대해 먼저 질문하고, 그 후에 손실이 무엇인지를 질문하는 순서를 선호하기도 한다.

열린 질문은 상담의 문을 여는 도구로서, 나머지 방법들(인정하기, 반영적 경청하기, 요약하기)을 사용할 기회를 제공한다. 분명 내담자들이 이와 같은 열린 질문에 대해 반응하는 방식은 다양할 것이다. 어떤 내담자는 자신의 어려움에 관해 이야기할 기회로 보고 열심히 반응할 것이다. 이러한 경우 상담자는 동기강화상담 기법을 사용하여 내담자가 자신의 어려움을 탐색할 수 있도록 안내하는 일만 하면 된다.

(2) 인정하기

상담 과정 동안 내담자를 직접적으로 인정해 주고 지지하는 것은 라포(rapport)를 형성하고 초기 자기탐색을 강화시키기 위한 또 다른 방법이다. 인정하기(affirming)는 내담자 자체와 그의 강점의 가치를 긍정해 주는 진술로서 인정과 이해의 형태이거나 칭찬하는 형태로 이루어질 수 있다. 반영적 경청의 과정은 그 자체로 인정하기 반응일 수 있다. 그러나 직접적인 인정하기 반응은 상담에서 반영적 경청과는 다른 고유한 가치를 지닌다. 상담을 할 때, 인정하기의 적절한 수준과 빈도는 사회문화적 맥락에 따라 다를 것이다. 중요한 점은 내담자의 강점들과 노력들을 알아차리고 적절하게 긍정해 주는 것이다.

인정하기의 예로는 내담자가 제시한 계획에 대해 "정말로 좋은 생각이군요!"라고 칭찬하거나, "그렇게 하는 것은 큰 용기가 필요했겠군요." 등의 이해를 표현해 주는 것, 또는 감사의 표현을 하는 것이 있다.

인정하기의 예

정말로 좋은 생각이군요!

그렇게 하는 것은 큰 용기가 필요했겠군요.

저라도 그 엄청난 스트레스를 견디기 힘들어했을 겁니다.

여기 오는 것에 대해 걱정하는 것은 당연합니다. 그럼에도 불구하고 힘든 결심을 하셨습니다.

3) 반영하기

반영하기(reflecting)는 동기강화상담에 필요한 가장 중요하고 도전할 만한 가치가 있는 기술들 중에 하나이다. 일반적인 개념으로 설명한다면, 단순한 듣기는 침묵하면서 상대방이 무슨 말을 하는지를 듣는 것이다. 그러나 반영하기에서 중요한 요소는 내담자가 발하는 내용에 대한 상담자의 반응방식이다. 어떠한 반응은 상담을 방해하는 경향이 있기 때문에 '장애물'이라고 불리기도 한다. 장애물 반응은 내담자가 하나의 방향으로 계속 탐색해 나가는 것을 방해한다. 다시 말해서 장애물 반응은 상담의 방향을 방해하거나, 차단하거나 혹은 다른 방향으로 바꾸어 버리는 결과를 초래한다. 토론의 방향을 설정하기 위해 열린 질문을 던질 때처럼 특정한 의도와 방향을 가지고 장애물 반응을 사용할 때도 있다. 그런 경우라 할지라도 일단 질문을 한 후에는 내담자의 답변을 듣는 시간을 가져야 한다.

반영하기의 본질은 반영하기를 통해 내담자가 전달하려는 뜻이 무엇인지에 대한 추측이 가능해진다는 점이다. 사람은 전달하고자 하는 어떠한 뜻을 품고 말을 하게 된다. 이 뜻은 단어로 부호화되는데 종종 완전하지 못하게 부호화되는 경우가 있다. 사람들이 뜻하는 바를 항상 말로 표현하는 것은 아니다. 청취자는 말을 정확하게 들은 후 그 말의 의미를 해독해야만 한다. 이러한 처리 과정이 의미하는 바는 의사전달이 잘못될 수 있는 3가지 시점, 즉 부호화 단계, 청취 단계, 해독 단계가 존재한다는 점이다. 반영적 경청자는 내담자의 원래 뜻(의미)이 무엇이었는지에 대해 합리적인 추측을 한 후, 이렇게 추측한 내용을 진술문 형태로 만들어서 내담자에게 의사를 전달한다. 이것이 반영적 경청 반응이다. 반영하기는 일반적인 규칙에 따라 몇 가지 유형으로 나뉘는데, 상담자는 반영의 깊이를 변화시킴으로써 상담에서 친밀 수준을 증가시킬 수 있을 것이다. 일반적 규칙에 따른 반영하기의 구분은 다음과 같다.

① 단순반영

내담자가 진술한 내용과 가장 가깝게 반영하는 것으로, 내담자가 말한 내용 중 매우 중요하거나 강력한 내담자의 정서에 주목하여 정확하게 반응하는 것이다(Moyers, 2014). 방금 언급되었던 내용에 다른 것을 덧붙이지 않으면서도 주의와 관심을 전달하며, 대화의 지속, 내담자 및 내담자와의 의사소통을 안정시키는 기능을 한다.

단순반영의 예

내담자: 제가 이 상담실에 왜 와야 하는지 도대체 모르겠습니다!

상담자: 상담실에 오는 이유를 잘 모르겠다는 말씀이시네요.

② 복합반영

내담자가 말한 것보다 더 많은 의미를 추론하기도 하고 인지적으로 재구성하기도 한다. 또한 정서를 포함하기도 하지만 무엇보다 부가적인 깊이, 진전, 방향성을 담고 있어야 한다. 내담자가 생각하지 못했던 요소들을 서로 비교해 줌으로써 내담자의 자기 이해를 더욱 깊게 할 수 있으며, 다른 탐색의 방향을 열어 주고 대화를 더 진전시킬 수 있다.

복합반영의 예

내담자: 제가 이 상담실에 왜 와야 하는지 도대체 모르겠습니다!

상담자: 다른 사람이 마음대로 당신에 대한 결정을 내려서 많이 실망하셨군요.

③ 확대반영

내담자의 주장 중 저항적이거나 단호한 부분을 부드러우면서도 진정성 있는 태도로 다소 확대하여 강조하는 것이며, 이로 하여금 내담자가 가진 입장에서 뒤로 물러나게 만들 수 있다. 상담자는 내담자가 다른 대안을 생각할 수 있는 시간을 주고 재구성하도록 한다. 이때 주의할 점은 비꼬지 않도록 해야 한다. 그렇지 않으면 내담자의 저항을 유발할 수 있다.

확대반영의 예

내담자: 마약 문제 때문에 계속 이러쿵저러쿵 잔소리를 하는 엄마가 그냥 싫어요.
상담자: 그래요, 어머니의 잔소리 때문에 극도로 화가 나셨군요.

④ 축소반영

내담자가 표현하는 진술의 강도보다는 약간 낮은 강도로 진술을 강조하는 것이다. 이는 내담자로 하여금 진술의 주제를 계속 이어 가고 싶게 만든다.

축소반영의 예

내담자: 마약 문제 때문에 계속 이러쿵저러쿵 잔소리를 하는 엄마가 그냥 싫어요.
상담자: 어머니 때문에 약간 속이 상하셨군요.

(4) 요약하기

동기강화상담의 처음부터 끝까지 사용하게 되는 네 번째 OARS 방법은 요약하기(summarizing)이다. 요약하기는 이미 논의된 이야기들을 함께 연결하고 강화하기 위해 사용될 수 있다. 상담자가 대화 내용을 정기적으로 요약해 주면, 내담자로 하여금 상담자가 말을 주의 깊게 듣고 있음을 알게 해 주며, 따라서 더 자세한 이야기를 할 수 있도록 격려하는 역할을 하게 된다. 효과적으로 요약하기 위해서는 다음과 같은 다양한 방법이 있다.

① 수집요약

수집요약의 기본 목적은 정보를 함께 모으고, 그것을 다시 내담자에게 되돌려주며, 대화를 계속 진전시키는 것이다. 수집요약은 변화대화를 강화하는 데 유용하기 때문에 상담을 진행하는 동안 주기적으로 사용된다. 수집요약은 보통 짧게 하도록 하고, 내담자의 이야기를 지속하는 것이 목적임을 잊지 말아야 한다. 수집요약의 끝에는 "그 외에 하실 말씀은 있으신가요?"와 같은 말을 지속하도록 돕는 몇 마디를 추가하는 것이 좋다. 하지만 수집요약을 너무 자주 사용하는 경우에는 오히려 내담자에게 인위적인 느낌을 줄 수 있다.

수집요약의 예

제가 당신을 잘 이해하고, 따라가고 있는지 정리해 볼게요(내용요약)
제가 잘 이해한 것이 맞나요?

② 연결요약

연결요약은 현 시점에서 들은 정보를 이전에 들었던 정보와 비교하여 두 정보 사이의 불일치성이나 관계성을 부각하기 위한 목적으로 사용된다. 이러한 기법은 내담자의 양가감정을 탐색하는 과업뿐 아니라 불일치감을 만드는 데 특히 유용하다.

요약하는 상담자는 내담자의 상충하는 생각들을 평가하지 않고, 균형 잡힌 입장을 취하며, 내담자가 자기 사고의 장단점을 평가하도록 만든다. 이러한 목적 달성을 위해 '그러나(역접)'라는 접속사보다 '그리고(순접)'를 사용하는 것이 좋다.

연결요약의 예

모두가 당신을 홀로 내버려 두고 떠나기를 당신은 바라고 있습니다. 그리고 당신은 혼자서 그 일들을 진정으로 하고 싶은지 확신이 없군요.

③ 전환요약

전환요약은 대화의 초점이 다른 곳으로 이동함을 알리고자 할 때 사용되고, 회기의 끝에서 전체를 요약할 때 사용되기도 한다. 특히 한 회기 끝에 전환요약을 하면 그 회기를 통해 깨닫게 된 것을 전부 한곳에 모아 주기 때문에 실질적 도움이 된다. 전환요약을 할 때 요약진술 안에 무엇을 포함하고 무엇은 강조할지는 상담자가 결정해야 한다. 전환요약을 할 때는 그것에 이어 다음에 무엇이 이어지는지를 공식적으로 알리는 진술을 하는 것이 좋다. 전환요약은 첫 회기를 마무리 짓는 좋은 방법이다. 내담자와 동반자적인 자세로 상담자가 요약을 하고, 내담자가 내용을 더하거나 수정하도록 하는 것이 좋다. 또한 마무리할 때 말한 요약을 다음 회기 시작 때 간략하게 언급하여 상담이 보다 빨리 진행되어 앞으로 나아가게 할 수 있다.

전환요약의 예

이제 마무리를 해야 할 것 같습니다. 그리고 저는 당신이 말한 것들을 내가 정확히 이해했는지 확인하고 싶습니다. 당신은 오늘 가석방 조건 때문에 여기에 오셨습니다. 당신은 저를 가석방 관리자로 신뢰하지 못하고 있고 …(중략)… 이렇게 고민하고 있는 것 중 하나는 저와 이 상담 시간을 어떻게 사용할지를 구상해 보는 것이며, 당신은 아직 상담을 받으려는 결심을 완전히 굳히지 못하고 있습니다. 혹시 제가 놓친 부분이 있을까요?

(5) 정보 교환하기

동기강화상담의 4가지 과정 중 초점 맞추기에서 언급한 정보 교환하기(information exchange)는 동기강화상담의 핵심 기술 중 하나이며, '이끌어 내기(elicit)－제공하기(provide)－이끌어 내기(elicit)' 과정으로 구성된다. 동기강화상담은 인간중심치료의 접근을 기반으로 하지만 정보나 조언을 제공해야 할 때가 있는데, 이는 단순히 정보 제공을 하고 조언을 하는 것과는 차이가 있다. 동기강화상담에서의 정보 교환하기는 다음과 같이 이루어진다. 첫째, 내담자의 허락을 구하고 정보나 조언을 제공한다. 둘째, 단순 정보제공이 아닌 내담자의 세계를 이해하고 정보를 제공하며, 내담자가 자율성을 가지고 스스로 정보를 선택하고 결정할 수 있도록 한다.

정보 교환하기의 예

상담자: 이와 관련해서 제가 말씀드리고 싶은 정보가 있는데 말씀드려도 될까요?

상담자: (내담자가 정보 교환에 응할 경우) 이미 알고 계실 수 있기 때문에 이와 관련하여 알고 계신 부분을 제가 먼저 들어 볼 수 있을까요? (내담자가 알고 있었던 정보를 공유)

상담자: 제가 말씀드린 정보를 들으니 어떠신가요?

6) 변화대화

(1) 변화대화의 개념

밀러와 롤닉(2002)은 변화대화(change talk)에 대해서 내담자 스스로가 특정 변화를 향해 나아가고 있다는 신호로 간주했다. 다른 이름으로는 '자기-동기화 진술(self-motivational statement)'이라고도 했다. 변화대화는 다양한 형태로 나타날 수 있는데, 현재의 문제 행동을 지속했을 때의 단점, 변화했을 때의 이점, 변화 가능성에 대한 긍정적 생각 및 표현이나 의지 등으로 나타날 수 있다(Miller & Rollnick, 2002).

(2) 변화대화의 4요소

변화대화의 개념은 점점 발전해 왔는데, 변화대화의 4요소는 다음과 같다. 첫째, 변화대화는 변화에 대한 진술을 나타낸다. 즉, 내담자의 진술에는 변화에 대한 열망, 변화할 수 있는 능력, 변화의 이득, 문제 행동 유지의 단점 등이 포함되어 있다. 둘째, 변화대화는 특정 행동이나 일련의 행동과 관련이 있다. 행동과 관련된 측면은 동기강화상담의 지시적 부분과 연관성이 있는데, 변화대화는 매 회기에 고려하는 특정 목표와 관련되어 발현된다. 셋째, 변화대화는 일반적으로 내담자로부터 나오지만 꼭 그래야만 하는 것은 아니다. 상담자가 자신이 들은 것을 변화대화로 바꾸어 반영해주고, 내담자가 상담자의 진술의 정확성을 인정하고 지지한다면 이 또한 변화대화로 간주할 수 있다. 넷째, 변화대화는 보통 현재 시제를 사용한다. 내담자들은 자신의 현재 상황에서 나타나는 것들을 언급한다. 예를 들어, 만약 내담자가 "과거에 음주 문제가 있었어요."라고 말한다면 이것은 변화대화일 수도 있고 아닐 수도 있다. 그러나 그 이후에 내담자가 "여전히 문제가 있는 것 같아요."라는 말을 덧붙인다면 이것은 변화대화라고 볼 수 있다(Rosengren, 2009).

(3) 이론적 배경

동기강화상담에서 변화대화를 강조하는 배경에는 자기 충족적 예언과 불일치 개념이 그 바탕에 깔려 있다. 내담자가 스스로 변화대화를 지속적으로 하다 보면 그 말이 일종의 자기 충족적 예언이 되고 내담자는 스스로의 말에 설득을 당하고 결국 그 말을 자신이 믿는 것처럼 느끼게 되는 것이다. 이러한 불일치 개념은 페스팅거(Festinger)의 인지부조화(cognitive dissonance) 개념에서 도입되었지만, 동기강화상담에서 불일치는 현재 일어나고 있는 상황과 일어났으면 하는 상황 간의 부조화를 의미한다. 즉, 내담자로 하여금 자기의 현재 행동과 자신의 인생목표나 가치관 사이에 불일치를 유발하는 것이다. 내담자는 내면의 불일치에 대해 균형을 잡으려고 할 것이고, 불일치를 바탕으로 자기의 가치관에 부합되는 삶을 향하고 싶어 하는 동기가 유발된다고 보는 것이 동기강화상담의 기본적인 가정이다(신성만, 권정옥, 2008).

인지부조화이론과 더불어 변화대화의 바탕이 되는 또 하나의 이론은 자기지각이론이다. 벰(Bem)의 자기지각이론은 사람들이 자신의 행동이나 행동이 일어나는 상황에 대한 자신의 지각에 기초하여 자신의 태도를 파악한다는 것이다. 즉, 사람의 말은 일종의 행동이라고 볼 수 있는데, 이와 같은 논리로 비추어 보았을 때 사람들은 자신이 한 말을 근거로 하여 자신의 태도를 파악한다고 볼 수 있다. 자기지각이론에서는 "자기가 하는 말에 자기가 설득당한다."(Miller & Rollnick, 2002)라는 표현이 있는데, 말을 반복적으로 되뇌다 보면 그 말에 설득을 당하고 결국 그 말처럼 되는 것이다. 이러한 맥락에서 볼 때 내담자가 스스로 변화대화를 많이 할수록 자신이 한 변화대화에 설득을 당하게 되고, 변화대화를 바탕으로 자신의 태도를 파악하게 될 것이다. 변화대화를 근거로 하여 태도를 파악하기 때문에 불일치감을 느낄 수밖에 없으며 이러한 불일치감은 행동을 수정하는 데 시작점이 되는 것이다.

(4) 변화대화의 범주(Rosengren, 2009)

① 변화준비 언어

변화준비 언어는 변화 열망(desire), 변화 능력(ability), 변화 이유(reason), 변화 필요성(need)의 4요소가 포함된 진술이다. 첫 번째로 변화 열망을 담은 진술은 변화를 위한 분명한 열망을 나타내지만 결심공약이라 하기에는 부족한 진술이다. 이 단계는 내담자가 변화를 위한 준비를 하고 있는 단계라고 할 수 있다.

변화 열망의 예

- 이젠 마약을 그만 하고 싶어.
- 이 삶은 내가 원했던 삶이 아니야.

두 번째, 변화 능력에 관한 진술은 자기효능감과 관련된 진술이고, 이는 내담자가 문제 상황에서 변화할 수 있다는 믿음을 나타내는 말이다. 종종 변화 능력에 관한 진술은 결심공약 언어가 시작되기 직전에 나타나기도 한다.

변화능력 언급의 예

- 단번에 모든 것이 바뀔 수는 없겠지만, 차근차근 해 나갈 수 있을 것 같아요.
- 제가 뭘 해야 하는지 잘 알고 있어요. 이젠 행동해야 하는 거죠.

세 번째는 변화 이유 진술이다. 이 진술은 행동의 변화를 시작하는 데 특정한 장점이 있음을 나타내는 말이다.

변화 이유 진술의 예

- 그렇게 되면 시간이 많아질 것이고 정서적으로 도움이 되겠네요.
- 단약을 하면 저희 어머니가 더 좋아할 거예요. 매번 저에게 마약 좀 끊으라고 하셨거든요.

변화준비 언어의 네 번째는 변화의 필요성을 언급하는 것이다. 이는 현재의 행동 패턴을 유지했을 때 발생할 수 있는 문제에 대한 진술과 같다. 변화 필요성 진술은 현재 내담자가 삶에서 어려움을 겪고 있다는 말이다. 물론 내담자는 구체적인 이유가 언급되지 않은 삶에서 전반적인 변화 필요성을 이야기하기도 한다.

변화의 필요성 언급의 예

- 사실 제가 느끼고 있는 것보다 제 문제가 훨씬 심각하다고 생각해요.
- 저는 마약을 하다 죽을 수 있다는 것도 모르고 그냥 생각 없이 계속 해 왔던 것 같아요.
- 여기서 제가 변하지 않으면 진짜 큰일이 일어날지도 모르죠.

② 변화실행 언어

변화실행 언어에는 결심공약(commitment), 실행활성화(activation)언어, 변화계획 실천공약(taking steps)의 3가지 요소가 포함된다. 변화준비 언어가 변화를 위한 초석을 다지는 중요한 단계이지만 그것으로는 충분하지가 않다. 결심공약 진술은 변화대화 장면에서 핵심이 되는 중요한 부분이다. 결심공약 진술에는 행동 실천을 연결시키는 행동 단어(예: 동사)가 포함된다. 변화준비 언어에서 변화열망을 나타내는 진술과 결심공약 진술은 약간의 차이가 있는데, 변화열망 진술은 결심공약 진술에 비해 변화에 대한 의도성이 부족하다.

결심공약 진술의 예

- 오늘 집에 돌아가면 단약 계획을 짜 보려고 해요.
- 마지막 기회라고 생각하고 약물 사용 빈도를 줄일 겁니다.

실행활성화언어는 결심공약은 아니지만 내담자가 행동을 할 방향으로 기울어지고 있다는 신호이다.

실행활성화언어의 예

- 새로운 취미를 갖기 위해 여러 가지를 찾아보고 있어요.
- 집 근처에 좋은 산책 코스가 있더라고요.

변화계획 실천공약은 실천하기의 요소를 포함하고 있는 진술이다. 올바른 방향으로의 작은 실천은 비록 시험적일지라도 변화를 예측해 준다. 다음과 같은 진술은 내담자가 특정 목표를 위해 이미 실천을 시작했음을 보여 준다.

변화계획 실천공약의 예

- 저는 지난주에 체육관에 등록을 하고 이미 두 번 정도 운동을 나갔어요.
- 남자친구에게 마약을 계속 한다면 더 이상 함께하기 힘들다고 이야기했어요.

③ 변화대화 이끌어 내기

앞에서 언급했듯이, OARS는 내담자로부터 변화대화를 이끌어 낼 수 있는 좋은 방법이다. 하지만 때로는 OARS만으로는 변화대화를 추출하는 데 한계가 있기 때문에 밀러와 롤닉(2002)은 변화대화를 이끌어 낼 수 있는 다양한 방법을 제시했다.

㉠ 유발 질문

유발 질문은 변화대화를 이끌어 내는 방법 중에 가장 간단하고 직접적이다. 상담자는 내담자에게 직접적으로 질문한다. 질문의 근본적 의도는 특정 형태의 변화대화를 말하도록 이끄는 것이다. 그래서 특정 형태의 유발 질문은 바로 핵심 질문(key question)이다. 는 다음과 같다.

유발 질문의 예

- 만약 당신이 변화하기로 했다면, 그렇게 할 수 있다고 생각하게 만든 것은 뭐죠?
- 상황이 어떻게 달라졌으면 하나요?
- 그래서 모든 것을 고려해 볼 때, 다음 단계는 무엇이죠? 당신은 무엇을 할 거죠?

㉡ 정교화하기

변화의 이유를 언급하면 이를 더 자세하게 설명하도록 돕기 위해 상담자는 내담자에게 변화대화를 예시해 주는 실제 상황을 묻는다. 정교화하기의 목적은 내담자가 이런 상황이 발생했을 때 그 상황이 어떠했는지를 더욱 자세하게 다시 보도록 하기 위함이다.

정교화하기의 예

- 당신이 다른 것이 필요해서 최근 도박에 돈을 썼던 일에 대해 이야기해 줄 수 있으신가요?
- 당신은 그때가 좋았다고 말했는데요, 당신과 그가 잘 지냈던 시간에 대해 말해 주실 수 있으신가요?

ⓒ 극단적 질문하기

이는 내담자에게 극단의 상황, 즉 주위 사람들이 가장 염려하거나 결과적으로 일어날 수 있는 최악 또는 최상의 상황에 대해 질문하는 것이다. 이를 통해 행동의 변화나 지속을 통해서 그들이 추측할 수 있는 최악의 결과와 변화가 일어난다면 얻게 될 이득을 확인할 수 있다. 극단적 질문하기의 목표는 내담자의 조망을 펼쳐 보게 한 후에 덜 극단적인 요소를 탐색하는 방향으로 돌아가게 하는 것이다.

극단적 질문하기의 예

- 변하지 않고 이때까지 살아온 그대로 계속 산다고 가정해 봅시다. 만약 그럴 때 당신에게 일어날 수 있는 최악의 일을 떠올려 본다면 어떤 것이 있을까요?
- 원하는 대로 변화가 완전히 성공적으로 이루어진다면 뭐가 달라질까요?

ⓡ 과거 회상하기

현재의 문제가 나타나기 이전을 회상하게 하여 현재 상태와 내담자 스스로가 비교해 보도록 만드는 것이다. 내담자로 하여금 과거를 돌아보게 하면 문제가 생기기 전인 어느 시기를 회상하게 되어, 현재 상황의 안 좋은 면과 더 나은 삶이 될 가능성 둘

다를 부각하여 생각할 수 있게 된다.

과거 회상하기의 예

- 마약을 하기 전의 상황을 기억하세요? 그때 당신은 어떤 사람이었나요?
- 10년 전 자신과 지금 자신의 모습은 어떤 차이가 있죠?

ⓜ 미래 예상해 보기

내담자에게 변화된 미래를 상상해 보도록 하는 것이다. 아무런 변화가 일어나지 않는다면 상황이 어떻게 될지, 또는 변화가 일어난 후에는 상황이 어떻게 될지에 초점을 맞춘다. 미래 예상해 보기는 내담자가 어느 정도 염려하고 있지만 그것을 그다지 심각하게 생각하고 있지 않은 상황에서 사용할 때 유용하다.

미래 예상해 보기의 예

- 지금까지 일어났던 일을 볼 때, 당신이 변하지 않은 채 지금부터 5년이 흐른 뒤에는 어떤 일이 벌어질 거라고 생각이 드시나요?

ⓑ 목표 탐색하기

이 방법은 내담자에게 자신의 삶에서 가장 중요하게 생각하는 목표가 무엇인지 물어보는 것이다. 모든 사람은 나름대로의 삶의 목표를 가지고 동기화되어 있다는 가정 아래, 내담자의 목표를 탐색하다 보면 내담자가 현 상태와 자신의 목표 사이에서 불일치감을 느끼게 된다.

목표 탐색하기의 예

- 당신은 인생에서 어떤 것을 가장 중요하게 여깁니까? 그리고 현재 마약을 사용하는 것과 그것이 어떻게 연결되는 것 같나요?
- 당신은 자녀들에게 어떤 부모가 되길 원하시나요?

ⓢ 사정 피드백하기

동기강화상담과 관련된 많은 연구 프로젝트에는 개별화된 피드백이 포함되어 있다. 즉, 규준 자료 혹은 내담자의 목표, 가치, 지각 등을 기초로 하여 수집된 평가 자료에 대한 피드백을 내담자에게 제공하는 것이다.

사정 피드백하기의 예

- 당신의 마약 사용 행동을 볼 때 주사기 공유로 인한 HIV 감염 가능성이 매우 높네요. 어떻게 생각하시나요?
- 당신은 의사결정을 내리는 독립성이 중요하고 또한 사회적 관계도 중요하다고 말하고 있어요. 그 두 가지가 어떻게 당신의 삶에서 잘 조화를 이루는지 말씀해 보시겠어요?

ⓞ 준비도 잣대 사용하기

준비도 잣대는 변화대화를 이끌어 내기 위한 기법과 준비성 평가를 결합시킨 방법이다. 변화 중요성이나 자신감에 관한 내용에 대해 척도화 질문을 사용하여 질문한다. 이 과정에서 후속 질문이 더 중요한데, 적절한 후속 탐색 질문은 변화대화를 이끌어 내기 위해 적당한 수준의 불일치를 사용하는 것이다.

준비도 잣대를 사용한 질문의 예

- 만약 당신이 변화하기로 결정했다면, 당신이 변화할 수 있다는 확신은 어느 정도인지 1점부터 10점의 점수로 나타내 보세요. 1은 전혀 확신하지 않는 것이고, 10은 완전히 확신에 차 있다는 것을 말합니다.
- 무엇 때문에 3이 아니라 6을 선택했죠?
- 6에서 7이나 8점으로 점수를 높이려면 당신이 할 수 있는 것은 무엇인가요?

7) 저항 다루기

(1) 저항이란

저항(resistance)이란 내담자가 특정 변화에 대해 지지하고 책임감 있게 고려해 보는 것으로부터 멀어져 감을 알리는 일종의 신호인데, 논쟁하기, 방해하기, 부정하기, 무시하기 등과 같은 관찰 가능한 행동의 형태로 표출된다. 동기강화상담에서 저항은 내담자가 상담자에게 유용한 정보를 제공하는 필수요소로 보고 있다. 왜냐하면 저항은 지금 사용하고 있는 상담자의 접근법이 내담자에게 불편감을 주고 있다는 것을 직간접적으로 표현하는 통로이기 때문이다.

내담자의 저항에는 많은 이유가 있다. 내담자가 비자발적인 상황에서 상담에 참여하고 있거나, 낮은 자존감을 가지고 있거나, 혹은 자기 효능감이 없을 때 상담 과정에서 저항을 할 수 있다. 내담자의 저항을 다른 말로 표현하자면, 내담자의 변화 가능성이 낮다고 볼 수도 있다. 그러므로 상담자는 내담자가 저항하는 이유에 대해서 예민하게 생각해 봐야 하며, 내담자의 저항을 부추기는 말이나 행동은 지양해야 할 것이다.

(2) 저항 다루기

심리치료에 관한 많은 연구에 따르면, 저항은 심리치료의 맥락에서 일어나는 현상이라고 할 수 있다. 어떤 연구에서는 상담 스타일에 따라 내담자의 저항이 달라지기도 하는데, 이를 다시 말하면 저항은 고정되어 있는 것이 아니라 상담자와 내담자가 맺고 있는 관계의 맥락에 따라 변할 수 있다는 것이다. 앞에서도 언급했듯이, 저항은 지금 현재 상담자와 내담자 사이의 관계에 문제가 있음을 알려 주는 경고등이다. 하지만 상담자는 얼마든지 관계를 변화시키면서 이 경고등을 끌 수가 있다. 상담을 하는 동안에 내담자의 저항이 증가하면 그것은 상담자가 하는 말과 행동이 내담자에게 불편감을 주고 있다는 것이다. 동기강화상담에서는 내담자의 지속적인 저항은 내담자의 문제가 아니고 상담 기술의 문제라고 보는 기본 가정을 가지고 있다. 따라서 내담자의 저항에 대한 상담자의 적절한 반응이 매우 중요하다. 동기강화상담에서 내담자의 저항에 대한 반응은 크게 두 가지로 나눌 수 있는데, 반영적 방법과 비반영적 방법이 그것이다. 각각의 방법에 대해서 자세히 알아보도록 하겠다(Miller & Rollnick, 2002).

① 반영적 방법

가. 단순반영

내담자의 저항을 다루는 가장 무난한 방법은 상담자가 내담자의 저항에 저항하지 않는 것이다. 내담자의 저항을 표현하는 말을 그대로 단순하게 인정하고 반영(straight reflection)해 주게 되면 내담자가 방어를 지속하지 않을 것이다.

> 내담자: 나름대로 노력하고 있어요! 보호관찰관이 이래라저래라 하지만 않으면 저도 제 인생을 바로잡을 수 있다고요.
>
> 상담자: 보호관찰관의 감시가 답답하지요, 그래도 여러 방면으로 노력하고 계시군요.

나. 확대반영

확대반영(amplified reflection)은 내담자의 진술을 상담자가 약간 확대시키거나 부풀려서 조금은 극단적인 형태의 반영을 하는 것이다. 제대로 된 확대반영은 내담자의 양가감정 중에 다른 쪽 측면을 자극할 수 있다. 확대반영을 사용할 때 주의할 점은 공감적인 방식으로 반영이 이루어져야 한다는 것이다. 빈정대는 어투의 진술이 되거나 혹은 너무 극단적으로 반영하게 되면 도리어 내담자의 저항을 유발할 수 있다.

내담자: 저는 저의 마약사용이 지금 이대로도 나쁘지 않다고 생각해요.
상담자: 전혀 개선할 부분이 없다는 말씀이시군요.
내담자: 제 말은 그냥 완벽하지는 않더라도 충분히 행복할 수 있다는 거죠.
상담자: 지금보다 당신의 마약사용이 나아질 수 있는 가능성은 없다고 느끼시는군요.
내담자: 저는 그런대로 만족하지만 제 어머니는 아닌 것 같기도 해요.

다. 양면반영

양면반영(double-sided reflection)은 양가감정의 양면을 모두 반영하는 것이다. 내담자가 저항적인 부분을 언급할 때 상담자는 내담자의 저항을 반영하고 거기에 더하여 반대편의 양가감정도 반영해 주는 것이다. 이때 접속사 '그러나'보다는 '그리고'를 사용하여 어느 한쪽에 치우쳐서 강조하지 않도록 유의해야 한다.

상담자: 당신은 마약을 사용하지 않는 것이 굉장히 힘든 일이 될 것이라는 것을 알고 계시는군요. 그리고 또한 그 일이 당신의 일상생활과 수면을 조절하는 데 있어서 굉장히 중요한 일이라는 것도 알고 계시고요.

② 비반영적 방법

가. 초점 바꾸기

초점 바꾸기(focusing)는 내담자가 어려운 문제에 봉착하고 있는 것으로 보일 때, 이 문제로부터 내담자의 시선을 멀리 옮겨 놓는 것이다. 초점 바꾸기 반응은 내담자가 가장 염려하고 있는 문제에 관하여 우선 염려하는 것을 안심시킨 다음, 보다 해결 가능한 문제로 내담자의 주의를 전환시키는 작업이다.

내담자: 아마도 선생님께서는 오늘 제가 사용하지 말아야 할 마약에 대해 이야기하실 테죠. 또 만나지 말아야 할 친구들이나 아니면 마약 사용을 자극하는 환경들을 피해야 한다고 말씀하실 것 아닙니까?

상담자: 서두르지 마세요. 경기가 이제 시작됐는데, 당신은 벌써 경기 결과의 점수를 걱정하고 계시는군요. 저는 지금 어떠한 결론도 내리고 있지 않습니다. 당신이 하고 싶은 이야기는 무엇입니까?

나. 관점 재구조화하기

관점 재구조화하기(reframing)는 내담자의 말을 다른 관점으로 재구조화하여 반응하는 방식이다. 상담자는 내담자가 한 말을 그대로 인정하면서 동시에 말의 의미나 해석을 달리하여 내담자에게 그 말을 돌려준다. 이렇게 되면 내담자는 자신이 한 말에 대해서 다른 관점으로 바라볼 수 있게 되고 변화를 촉진하는 계기가 되기도 한다.

내담자: 제 어머니는 항상 제가 하는 일에 잔소리 투성이입니다.

상담자: 어머님께서 선생님에게 관심이 많아 보이는군요.

내담자: 제 주변에 많은 사람이 저만큼은 약을 하는데 말이죠.

상담자: 주변 사람들이 정말 약을 많이 하시는 분들이군요!

다. 방향 틀어 동의하기

방향 틀어 동의하기(agreeing with a twist)는 상담자가 내담자의 말에 우선적으로 동의하지만 약간 방향을 틀어서 다르게 동의하는 것이다. 내담자의 말에 동의하여 둘의 관계를 유지하는 동시에 방향을 비틀어서 동의했기 때문에 내담자를 변화방향으로 안내할 수 있다.

내담자: 약을 끊는다는 건 상상도 할 수 없어요. 약은 이미 제 삶의 일부분이라고요.

상담자: 약이 없이는 선생님 본인도 없다는 말씀이시군요. 그렇다면 약 가격이 터무니없이 올라가도 어떻게든 약을 하시겠군요.

라. 개인의 자유 선택권과 통제력 강조하기

사람들은 자신에게 선택할 기회나 자유가 없는 것처럼 취급당할 때 저항을 보이며 오히려 자신의 자유를 강하게 주장하는 경향이 있는데, 이것은 아주 자연스러운 반응이다. 이러한 상황에서 상담자는 내담자에게 궁극적인 선택권이 있다는 사실을 다시 한번 말해 주고 내담자의 선택권과 자제력을 인정해 줄 수 있다.

내담자: 왜 저에게 이 소책자를 주시는 거죠? 불법 약물은 사용하지 말라, 뭐 이런 말씀이신가요?

상담자: 이 책자는 단순히 정보를 전하기 위해 드리는 겁니다. 그 책자를 보고 어떻게 하는지는 당신에게 달려 있죠. 아무도 당신에게 강요할 수는 없습니다.

마. 나란히 가기

만약 내담자의 저항에 대하여 변화를 촉구하지 않고 상담자가 오히려 변화하지 말기를 주장한다면 어떻게 될까? 이 방법은 역설적으로 때때로 내담자를 바람직한 방향으로 나아가도록 돕는다. 양가감정의 속성으로 인해 상담자가 한 면을 강조하면 내담자는 그 반대편, 즉 변화 방향으로 기울어져 탐색하게 되기 때문이다.

내담자: 이 방법도 저에게 효과가 별로 없는 것 같아요. 절망스럽네요.

상담자: 다른 방법으로 또 한 번 시도했는데도 별로 좋아진 것 같지도 않고 시도를 전혀 안 하는 것이 낫겠다는 생각도 들겠네요. 기분은 좀 어떤가요?

3. 결론

이번 장에서는 중독에 있어 기본심리욕구와 그 균형의 작용에 대해 알아보았다. 맥아담스가 이야기한 것처럼, 우리는 각자의 서사적 정체성을 지니고 있다. 우울한 사람들이나 중독에 빠진 사람들은 자신의 이야기를 이어 나갈 힘, 또는 동기가 없는 것이라 할 수 있다. 이에 따라, 우리가 이들이 지닌 동기의 측면을 이해했을 때, 그다음 단계로서 우리는 이들과 협력하고 그 성장과정을 지켜볼 수 있다.

이러한 관점에서, 양가감정의 문제를 해결하고 변화대화를 강조하는 동기강화상담은 동기가 부족한 다양한 상황의 사람들에게, 그리고 특히 청소년 마약류 중독자에게 대단히 효과적일 수 있다. 동기강화상담은 변화에 대한 청소년 스스로의 결심과 동기를 강화하기 때문에 그들의 저항을 해소할 수 있고, 타인이 아닌 자신의 목소리에 의해 그들 스스로를 설득할 수 있다. 또한, 동기강화상담의 근간을 이루고 있는 협동 정신, 수용, 연민, 유발성과 같은 핵심적인 정신들이나, 이러한 정신을 구현하는 OARS+I와 같은 실제적 기술, 인간중심적인 관점 역시 이에 도움을 줄 수 있다.

내용을 정리하며, 청소년 마약류 중독자의 회복과정에 있어 향후 우리가 나아가야 하는 방향성으로 'Total Rehabilitation'을 제시하고자 한다. 이는 마약류 중독자를 처벌중심적보다는 재활중심적으로 바라보는 관점이며, 마약류 중독자의 회복을 위해 신체, 정신건강, 직업, 사회 재활 등 다양한 방면을 통틀어 지역사회에 복귀시키기 위한 환자 중심적 접근이다. 이를 위해서는 마약류 중독자 회복 과정의 해독, 입원 치료, 치료 공동체, 하프웨이 하우스, 지원 주택, 독립 등 모든 단계에서 각각의 개인에 맞는 적합한 개입이 필요하다. 이는 마약류 중독자 각각의 특성에 따른 맞춤형 서비스의 지원이라고도 말할 수 있을 것이다. 이러한 Total Rehabilitation이야말로, 향후 청소년 마약류 중독자의 진정한 치유를 위해 언젠가는 반드시 구축되어야 할 개입임을 말하며 이번 장을 마무리한다.

참고문헌

김주은(2020). 마약중독의 근거기반치료. *Korean Journal of Clinical Psychology, 39*(2), 186-201.

박명준, 신성만(2021). 동기균형 척도와 균형지수 개발 및 타당화. **한국심리학회지: 일반, 40**(4), 597-633.

신성만(2017). 중독행동의 이해를 위한 동기균형이론. **한국심리학회지: 중독, 2**(1), 1-12.

신성만, 박명준(2018). 행동중독의 이해를 위한 생리 · 심리적 균형 관점: 다미주이론(Polyvagal Theory)과 동기균형이론(Motivational Balancing Theory)을 중심으로. **한국심리학회지: 일반, 37**(4), 503-530.

Arbelle, S., Benjamin, J., Golin, M., Kremer, I., Belmaker, R. H., & Ebstein, R. P. (2003). Relation of shyness in grade school children to the genotype for the long form of the serotonin transporter promoter region polymorphism. *American Journal of Psychiatry, 160*(4), 671-676.

Bem, D. J. (1972). *Self-perception theory.* In Advances in experimental social psychology (Vol. 6, pp. 1-62). Academic Press.

Bethea, C. L., Pau, F. K. Y., Fox, S., Hess, D. L., Berga, S. L., & Cameron, J. L. (2005). Sensitivity to stress-induced reproductive dysfunction linked to activity of the serotonin system. *Fertility and sterility, 83*(1), 148-155.

Burkley, E., & Burkley, M. (2018). *Motivation Science.* Pearson.

Corey, G. (2017). *Theory and Practice of Counseling and Psychotherapy*. 천성문, 권선중, 김인규, 김장회, 김창대, 신성만, 이동훈, 허재홍 역. **심리상담의 이론과 실제.** 학지사.

Costa, P. T., & McCrae, R. R. (1992). Revised NEO Personality Inventory (NEO PI-R) and NEP Five-Factor Inventory (NEO-FFI): Professional manual. *European Journal of Personality, 4,* 171-184.

Deci, E. L., & Ryan, R. M. (2008). Self-determination theory: A macrotheory of human motivation, development, and health. *Canadian Psychology/Psychologie Canadienne, 49*(3), 182.

Denefrio, S., Dennis-Tiwary, T. A., Zeigler-Hill, V., & Shackelford, T. (2018). *Threat sensitivity*. Encyclopedia of Personality and Individual Differences. Springer, Cham.

Dickerson, D. L., Brown, R. A., Johnson, C. L., Schweigman, K., & D'Amico, E. J. (2016). Integrating motivational interviewing and traditional practices to address alcohol and drug use among urban American Indian/Alaska Native youth. *Journal of Substance Abuse Treatment, 65*, 26-35.

Eysenck, H. J. (1967). *The biological basis of personality*(Vol. 689). Transaction publishers.

Kahneman, D. (2017). *Thinking, fast and slow*. Farrar, Straus and Giroux.

Kegan, R. (1982). *The evolving self*. Harvard University Press.

Maslow, A. (1974). *A theory of human motivation*.

McAdams, D. P. (1995). What do we know when we know a person?. *Journal of personality, 63*(3), 365-396.

Miller, W. R., & Rollnick, S. (2002). *Motivational interviewing: preparing people for change* (2nd ed.). 신성만, 권정옥, 손명자 역. 동기강화상담. 시그마프레스.

Moyers, T. B., Manuel, J. K., Ernst, D., Moyers, T., Manuel, J., Ernst, D., & Fortini, C. (2014). Motivational interviewing treatment integrity coding manual 4.1 (MITI 4.1). Unpublished manual.

Ohtsubo, Y., Matsunaga, M., Masuda, T., Noguchi, Y., Yamasue, H., & Ishii, K. (2022). Test of the serotonin transporter gene× early life stress interaction effect on subjective well-being and loneliness among Japanese young adults. *Japanese Psychological Research, 64*(2), 193-204.

Parsons, J. T., Lelutiu-Weinberger, C., Botsko, M., & Golub, S. A. (2014). A randomized controlled trial utilizing motivational interviewing to reduce HIV risk and drug use in young gay and bisexual men. *Journal of consulting and clinical psychology, 82*(1), 9.

Rogers, C. R. (1962). The interpersonal relationship: The core of guidance. *Harvard Educational Review, 32*(4), 416-429.

Rogers, C. R. (1980). Experiences in Communication. In C. R. Rogers (Ed.), *A Way of Being* (pp. 5-26). Houghton Mifflin.

Rosengren, D. B. (2009). *Building motivational interviewing skills: A Practitioner Workbook*. 신성만, 김성재, 이동귀, 전영민 역. **동기강화상담 기술훈련**. 박학사.

Wise, R. A. (2004). Dopamine, learning and motivation. *Nature reviews neuroscience, 5*(6), 483-494.

Young, S. N. (2007). How to increase serotonin in the human brain without drugs. *Journal of psychiatry & neuroscience, 32*(6), 394.

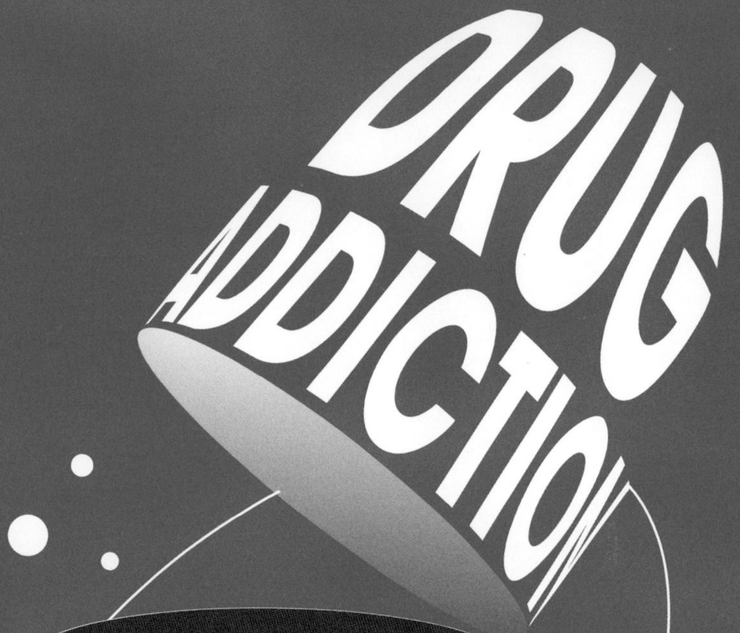

제 6 장

인지행동치료

김주은

청소년 약물남용에 효과가 있다고 알려진 인지행동치료의 가장 대표적인 프로그램의 예는 Adolescent Community Reinforcement Approach(ACRA)라는 전형적인 인지행동치료에 가족상담이 일부 포함된 프로그램이다(Godley et al., 2001). 이 프로그램은 무작위 통제실험을 통한 연구들과 소수인종에서도 그 효과가 입증된 근거기반의 치료이다(Stoner & Sutherland, 2015). 청소년 대마 치료 매뉴얼로 알려졌으며, 보통은 개인상담 10회기, 가족 구성원만 2회기, 내담자와 가족 구성원이 함께하는 2회기로 총 14회기로 구성된다. 약물남용 행동을 분석하고, 행복도 측정, 재발방지 기술 습득, 문제해결 기술, 대화 기술, 약물 외에 다른 사회적 활동 증진시키기 등의 내용이 포함된다. 청소년 내담자의 특성에 따라 분노 조절 같은 회기를 선택하여 추가할 수도 있다. 이 장에서는 ACRA 프로그램의 주요 내용들을 살펴보면서 청소년 내담자에 대한 약물남용 인지행동치료를 어떻게 진행할 수 있는지 알아보고자 한다.

1. 약물남용행동에 대한 기능분석

1) 기능분석의 목적 소개하기

기능분석(functional analysis)은 인지행동치료에서 자신의 '행동의 연결 사슬(behavioral chain)'을 이해하는 데 쓰는 방식으로, 그 행동이 일어나는 이유[즉, 유발 선행 요인(antecedents)]와 그 행동이 미치는 영향[즉, 행동의 결과(consequences)]을 파악하는 것을 목적으로 한다. 그래서 이를 A(Antecedents)−B(Behavior)−C(Consequences), 즉 A−B−C 기능분석이라고 부른다. 이러한 연결고리를 분석하는 것은 행동이 생성되는 이유와 방법을 파악하여 행동 사슬의 일부를 변경하려는 것이며, 자극과 반응의 관계를 파악하여 변화를 주고자 하는 것이다. 또한 자신의 행동이 어떠한 결과들을 발생시키는지를 이해하고 어떤 부분이 자신이 원하는 것이고 원하지 않는 것인지에 대해 인식하는 것을 돕는다. 기능분석은 행동의 원인과 결과의 연결성에 대한 통찰력을 가지고 있지 않거나 또는 자신의 약물사용에 대한 보고를 꺼리는 청소년에게 적합하다.

2) 유발요인 파악하기

청소년 약물 사용에 대한 기능분석을 수행하는 목적 중 하나는 '유발요인'을 파악하는 것이다. 유발요인이란 약물 사용 이전의 생각, 감정 또는 상황으로 약물 사용으로 유도하는 데 중요한 역할을 하는 요인을 의미한다. 청소년의 약물 사용은 '그냥 일어나는' 것이 아니다. 작은 환경과 결정이 약물 사용 행동을 촉발할 수 있다. 유발요인은 크게 2가지 카테고리로 나눌 수 있는데, 하나는 외부 유발요인이고 다른 하나는 내부 유발요인이다. 외부 유발요인에는 약물을 사용할 때 함께 있는 사람, 장소, 시간 등이 포함되고, 내부 유발요인에는 생각이나 신체적인 느낌, 감정과 기분의 변화 등이 포함된다. 이러한 유발요인을 찾을 때는 유사한 사건을 여러 가지 확인하면서 공통적으로 드러나는 요인들을 찾는 것이 좋다. 생각이나 감정을 표현하기 어려운 청소년에게는 '약물을 어디서 사용했는지 그때로 돌아가 보자.'와 같은 제안으로 이미지를 상상하게 하여 시각화하는 것도 도움이 된다.

청소년 내담자에게 전형적이고 구체적인 약물 사용 에피소드를 이야기해 보기를 제안한다. 학교 안 청소년이라면 주중과 주말을 나눠서 물어보는 것이 좋다. 주중에는 방과후에 친구들과 사용하거나 주중에는 집에서 몰래 할 수도 있고, 주말에는 친구들과 술을 마시면서 클럽 등에서 사용할 가능성이 높아서 전형적인 패턴이 주중과 주말이 다를 수 있기 때문이다. 〈표 6-1〉은 외부 유발요인과 내부 유발요인을 파악하기 위해 내담자에게 묻는 질문이다.

표 6-1 약물 사용의 유발요인 기능분석

외부 유발요인	내부 유발요인
• 주로 누구와 함께 사용하는가? • 주로 어디에서 사용하는가? • 주로 언제 사용하는가?	• 보통 약물을 사용하기 직전에 어떤 생각이 드는가? • 보통 사용하기 직전에 신체적으로 어떤 느낌이 드는가? • 보통 사용하기 직전에 감정적으로 기분은 어떤가?

3) 긍정적 · 부정적 결과 탐색하기

약물남용을 하는 청소년은 약물로 인해 단기적으로 긍정적인 결과를 경험하지만 장기적으로는 부정적인 결과를 경험한다. 기분이 좋아지거나 편안함을 느끼거나, 친구들과 더 친밀감을 느끼거나, 일시적으로 문제를 잊을 수 있는 등 긍정적인 결과를 경험한다. 치료자가 이러한 긍정적인 결과들을 인정하는 것도 중요한데, 이러한 이점이 단기적이라고 하더라도 청소년의 약물 사용을 지속적으로 강화할 만큼 강렬할 수 있기 때문이다. 치료의 목표는 청소년에게 이러한 이점의 중요성을 이해는 하되, 이러한 이점을 줄 수 있는 약물 사용 외에 다른 활동들이 없는지 살피고 시도하는 것이다. 청소년 내담자가 약물 사용으로 인한 부정적인 결과를 탐색할 때 약물 사용과 그 부정적인 결과 사이의 관계를 인정하지 않거나 아예 부정할 수도 있다. 이럴 때 치료자는 청소년 내담자의 저항을 받아들이고 맞서지 않는 것이 중요하며, 당분간 다른 주제로 전환하였다가 청소년 내담자와의 라포가 충분히 형성된 후에 다시 돌아와서 작업하는 것이 좋다. 〈표 6-2〉는 약물 사용의 단기적인 긍정적 결과와 장기적인 부정적 결과를 탐색하기 위한 질문이다.

표 6-2 약물 사용에 대한 결과 기능분석

단기적인 긍정적 결과	장기적인 부정적 결과
• [누구와] 친구와 함께 사용할 때 어떤 점이 좋은가? (답변 예시: 내가 다 써도 자기가 쓰던 것까지 나눠 준다.) • [어디에서] 미연(가상 친구 이름)의 집에서 할 때 어떤 점이 좋은가? (답변 예시: 미연이 엄마가 항상 집에 없다.) • [언제] 밤에 사용하면 어떤 점이 좋은가? (답변 예시: 밤이 마음이 편하다. 낮에는 누가 찾을까 봐 불안하다.) • [생각] 사용하는 동안 어떤 기분 좋은 생각이 드나? (답변 예시: 미래에 대한 걱정이 없어진다.) • [신체적 감각] 사용하면 신체적으로 어떤 기분 좋은 느낌이 드는가? (답변 예시: 편안해진다. 몸에 긴장이 사라진다.) • [감정] 사용하는 동안 감정적으로 어떤 기분 좋은 변화가 있는가? (답변 예시: 뭔가 긍정적인 기분, 걱정 없이 안심되는 느낌이 든다).	• 다음의 영역에서 약물 사용으로 어떤 부정적인 일들이 일어나고 있는가? – 가족 구성원 (답변 예시: 아빠는 완전히 포기하셨고, 엄마는 엄청나게 구속한다.) – 친구 (답변 예시: 여자친구가 그만 사용하기를 원한다.) – 신체적 감각 (답변 예시: 물건을 어디에 놔뒀는지 잊어버리고, 피곤하고, 입이 마른다.) – 감정 (답변 예시: 사용하지 않으면 불안하다. 이전만큼 효과가 오래가지 않아서 좋은 느낌이 오래가지 않는다.) – 법적 상황 (답변 예시: 보호관찰, 법원에 가야 한다.) – 학교 상황 (답변 예시: 학교에서 정학을 당했다.) – 재정상황 (답변 예시: 돈을 진짜 많이 쓴다. 그래서 약을 팔아야 한다.)

2. 재발방지 기술

1) 초기 위험 사인 알아차리기

초기 위험 사인(early warning sign)이라는 것은 재발로 이어질 수 있는 행동 및 상황을 일컫는 것이다. 앞서 언급한 유발요인을 파악하는 것을 통해서도 알아차릴 수 있고, 또한 재발을 분석하여 재발 이전의 행동 연결 사슬을 파악하는 것을 통해서도 초기 위험 사인을 파악할 수 있다. 청소년의 경우 위험 사인이 부모에게 꾸중을 듣고 기분이 나빠졌을 때 시작되었을 수 있고, 그 부모에게 어떻게 복수할지 고민하다가, 화와 스트레스를 해소하기 위해 친구들과 술을 마시고 클럽을 갔을 때부터 약물로 이어지는 연쇄의 단계에서의 사인을 보일 수 있다. 치료자가 이러한 연쇄 고리를 칠판에 그려 가면서 청소년 내담자와 함께 파악하는 것도 도움이 된다.

약물행동 초기 위험 사인과 연쇄작용 분석의 예

- 1단계: 아빠와 크게 싸워서 서로에게 소리를 지르고 심지어 몸싸움을 하고 바닥에 뒹굴기까지 함
- 2단계: 아빠에게 정말 화가 났고, 왜 그렇게까지 행동하는지 분노가 치밀어 오름
- 3단계: 방으로 가서 방의 문을 세게 닫고 아빠한테 어떻게 복수할지 생각하기 시작함
- 4단계: 갑자기 모여서 약을 하고 있을 친구들이 생각남
- 5단계: 몰래 집을 나감
- 6단계: 예상대로 친구들이 모여서 약을 하고 있음
- 7단계: 친구들이 내담자를 반가워함
- 8단계: 화가 난 상태에서 재발하여 이전보다 더 많은 양의 약물을 사용함

2) 약물 사용을 다시 허용하는 생각에 대해 인지 재구조화하기

대부분 약물 남용 내담자들은 약물을 끊고 있는 상황에서 다시금 약물 사용을 허용하는, 즉 재발을 합리화하는 생각들을 경험한다. 예를 들어, 앞서 언급한 상황과 연결해서 '어차피 다들 나한테 화를 냈으니, 약을 하나 안 하나 똑같다. 끊으려고 했던 내 노력이 무슨 의미인가?'라는 생각이 들 수 있고, '한 달 내내 참았는데 너무 괴롭다. 차라리 약이라도 하고 괴로운 게 낫다.' 등의 생각이 들 수 있다. 이러한 생각들도 약물

재발의 초기 위험 사인이다.

이러한 생각을 재구조화하기 위해서는 이전에 이런 생각에 의해 재발했을 때 어떠한 결과를 경험하였는지 물어보고, 재발을 허용하는 생각들을 다시 구조화하여 명확한 자기 진술로 변경하는 연습이 필요하다. 예를 들어, '어차피 다들 나한테 화를 냈으니, 약을 다시 해서 복수해야겠다.'라는 생각을 '다른 사람이 화를 내는 것 때문에 내 인생이 흔들리고 싶지 않다. 나는 그들의 감정에 휘둘리고 싶지 않다.'로 재구조화하여 진술할 수 있다. 또는 '한 달 내내 참았는데 너무 괴롭다. 제대로 되는 일이 없다. 약을 안 하니 몸도 아프다. 차라리 약이라도 하고 괴로운 게 낫다.'라는 생각을 '지금은 단지 감정적으로, 신체적으로 괴로운 것이지만 약을 해서 법적인 문제로 다시 걸리면 법적으로도 더 괴로워진다. 더 이상은 법적인 문제 때문에 괴로워하고 싶지 않다.' '단약을 하고 보호관찰에서 벗어나야 내 삶을 제대로 살아갈 수 있다.' 등의 재구조화를 치료자와 함께 말로 연습할 수 있도록 한다. 단, 이러한 인지 재구조화는 청소년 내담자가 언어적 능력이 되는 나이 대에 있을 때 가능하다.

3) 거절 기술 연습하기

재발 기술 훈련 중에 청소년에게 특별히 중요한 요소는 약물을 권유하는 친구들에게 거절하는 것을 연습하는 훈련이다. 그러나 청소년은 친구의 중요성에 대해서 다른 연령대보다 훨씬 더 크게 의미를 부여할 수 있으므로, 친구에게 거절하도록 강력하게 권유하는 권위주의적인 접근방식은 효과적이지 않을 수 있다. 그럴 경우 내담자에게 '친구'라는 의미가 무엇인지, 그 관계에 대해 다시 생각할 수 있도록 해 주는 것이 필요하다. 예를 들어, 그 친구가 내가 하고 싶은 것을 이야기할 때 지지해 주는지, 약을 사용하지 않아도 같이 어울릴 수 있는 자유를 주는지, 그 친구가 나를 곤란하게 할 때는 언제인지, 기분 좋게 할 때는 언제인지에 대해서 묻고 답하는 형식으로 '친구'에 대한 의미에 의문을 같이 품고 천천히 가는 것이 더욱 적절할 수 있다.

그러나 어떤 청소년은 이미 약물을 사용하는 친구들과 멀어지기를 결심하고 어떻게 해야 할지를 고민하는 경우도 있다. 이럴 경우 다음과 같이 약물 권유를 거절하는 기술을 가르칠 수 있다. 첫째, 거절하는 상황에서는 단호하게 "아니, 괜찮아."라고 말하는 것이 좋다. 거절에 대한 변명이나 설명을 길게 늘어놓을 경우(예: "몸이 안 좋아." 등) 상대방이 설명을 요구할 수 있기 때문에 거절하는 데 더욱 어려움을 겪을 가능성이 있다. 이때 언어적 요인뿐만 아니라 비언어적인 요인에도 주의해야 하는데, 똑바로 서서 상대방을 마주봐야 하고, 진지하고 단호한 말투로 "아니, 괜찮아."라고 말해야 한다. 만약 이러한 비언어적 요소들이 단호하지 않으면 단약하기로 결정한 것이 확고하지 않다는 생각에 상대방은 더욱 열심히 설득하려고 들지도 모른다. 둘째, 대안을 제시하거나 주제를 바꾸어 상대방의 제안에 관심이 없음을 전달한다. 예를 들어, "아니. 고마운데, 탄산음료가 정말 마시고 싶어."라고 말하거나, "아니, 됐어. 혹시 새로 나온 이 영화 봤어?"라고 다른 주제로 전환할 수 있다. 마지막으로, 지속적으로 거절했음에도 불구하고 계속해서 약물을 제안하는 경우, "다시는 나에게 약을 권하지 않았으면 좋겠어." 또는 "내가 하고 싶지 않다는데 권하는 이유가 뭐야?" 등으로 조금 더 명료하게 맞설 수도 있어야 한다. 그러나 이러한 반응이 상대방의 반격으로 이어지거나 일시적으로 친구를 잃거나 하는 식이 될 수 있으므로 최후의 방법이 되어야 한다.

이러한 거절 기술을 연습할 수 있는 상황을 역할극으로 연출하거나, 또는 청소년 내담자가 과거에 친구들의 약물 권유를 거절한 적이 있다면 과거에 어떻게 거절했는지 보여 주도록 요청한다. 그때 어떤 이유에서 거절했는지를 보면서 내담자가 원래 가지고 있는 동기에 대해 통찰하고 강화하는 기회를 가질 수 있다.

3. 문제해결 기술

약물 내담자에게 있어 일상생활에서 마주하는 문제를 해결해 가는 능력을 가르치는 것은 단순히 단약을 훈련하는 회기를 넘어서는 가치가 있다. 삶에서 발생하는 문제를 처리하는 방법을 습득할 수 있어야 약물에 의존하지 않고 문제를 대처할 수 있

표 6-3 문제해결 워크시트

문제를 어떻게 해결할 것인가?
1. 문제를 정의하라(어떤 문제를 겪고 있는가?). □ 문제를 가능한 한 구체적으로 정의하라. □ 한 번에 한 문제만 해결하라.
2. 대안을 생성하라(문제를 해결할 수 있는 방법에는 어떤 것이 있는가?). □ 가능한 한 많은 해결책을 떠올려 보라. □ 어떤 대안도 비판하지 말라.
3. 해결책을 결정하라(시도해 보고 싶은 아이디어는 무엇인가?). □ 시도하지 않는 것이 좋겠다고 평가하는 해결책은 제거하라. □ 그 해결책을 어떻게 실행할 것인지 설명하라. □ 해결책을 시도할 때 발생할 수 있는 장애물을 고려하라. □ 장애물에 부딪힐 경우에 대비하여 백업 플랜을 세우라.
4. 결과를 평가하라(아이디어를 시도해 보고 어떻게 진행되었는지 말해 보자). □ 결과를 검토하고 해결방법에 대해 얼마나 만족하는지 평가하라. □ 필요할 경우 해결책을 수정하라.

게 되고 자기효능감이 높아지게 된다. 전혀 극복할 수 없는 문제로 보이더라도 언제나 작은 단계로 나누면 정복할 수 있다는 것을 깨닫게 하는 것이 필요하다.

문제해결 능력에는 문제를 정의하고, 대안을 생성하고, 하나의 해결방법을 실행해 보고 해결책의 효과성을 평가하는 것까지 포함된다. 문제를 정의하고 해결책을 떠올려 볼 때, 청소년 내담자가 제시하는 어떤 아이디어도 판단하거나 배제하지 말고 가능한 한 많은 해결책을 생각해 보도록 한다. 충분히 이야기를 하고 난 후에 해결책에 대해 구체적으로 설명하도록 하면서 실행하는 데 장애물이 있는지 파악한다. 그 장애물을 극복하기 위한 백업 플랜을 설정하고, 해결책이 잘 진행되지 않았던 경우나 어려움을 겪은 경우에는 해결책을 수정하도록 도와야 한다. 이때 〈표 6-3〉의 문제해결 워크시트를 사용하여 문제해결 기술을 연습할 수 있다.

4. 대화 기술

약물 중독 문제를 겪고 있는 청소년은 부모나 보호자, 주변 성인들과 긍정적인 방식으로 의사소통을 하는 데 어려움을 겪는 경우가 많다. 그것이 청소년 개인이 원래 가지고 있는 기질적·성격적 요소로 야기되는 경우도 있고, 약물 사용으로 인해 정상적인 대인관계 발달이 정지되거나 가정 내에서 잘못된 의사소통 방식 등에 의해서 또한 사회나 학교생활에서 발생하는 경우도 있다. 긍정적인 관계를 형성하는 데 필수적인 대화의 기술을 습득하지 못하는 경우도 흔하다.

청소년 내담자에게 대화 기술 증진의 필요성을 설명할 때, 대화 기술을 향상시키는 것은 자신과 다른 사람들이 겪고 있는 문제의 고통을 줄일 수 있는 방법임을 이해시키는 것이 필요하다. 그런 다음, 대화가 잘되지 않고 좌절되는 의사소통 장면을 내담자가 스스로 주의 깊게 관찰하여 묘사하도록 한다. 마지막으로, 상담사는 그와 같은 상황에서 어떻게 다르게 효과적으로 말할 수 있는지에 대해서 원칙과 예시를 들어 설명한다.

대화의 3가지 원칙은 다음과 같다. 첫째, 이해를 진술하기, 둘째, 부분적인 책임 진술하기, 셋째, 도움을 제안하기이다. 먼저, 상대방의 입장을 이해하고 표현하는 것은 대화에서 공감을 불러일으키고 청소년이 다른 사람의 관점에서 상황을 생각하고 있

표 6-4 대화 기술 워크시트 예시

대화 기술
이해를 진술하기. 이해 진술의 목표는 소통의 문을 열고, 특정 문제에 대한 상대방의 생각을 알고 있음을 보여 주는 것이다. □ 상대방의 입장에서 생각하라. 예) "엄마, 제 방이 지저분해서 청소를 하고 싶은 것, 친구들이 집에 올 때 집이 깨끗했으면 좋겠다고 생각하는 것을 알아요." □ 자신의 관점에서 말하라. 예) "하지만 저는 친구 집에서 생일 파티를 시작할 시간이 다 되어 바로 가고 싶어요." □ (간결하고 긍정적이고 구체적으로) 요청하라. 예) "생일 파티를 다녀와서 8시쯤 제 방을 청소할 수 있게 해 주시면 좋겠어요." **부분적인 책임을 진술하기**. 부분적인 책임 진술의 목적은 상대방을 비난하는 것을 피하는 것이다. □ 내가 문제에 어떻게 부분적으로 기여했는지 말하라. 예) "옷을 치우지 않아서 방을 엉망으로 만든 것 알고 있고, 청소를 평소에 제때 하지 않아 죄송해요." **도움을 제안하기**. 상황을 해결할 의지가 있으며, 이에 대한 상대방의 의견을 구하고 싶다는 의사를 표시하는 것이다. □ 몇 가지의 가능한 해결책을 제시하라. 예) "나중에 저녁식사를 돕거나 지금 10분만 간단히 청소하고 나머지는 다녀와서 할 수 있어요." □ 상대방의 의견을 구하라. 예) "생일 파티를 가기 전에 할 수 있는 다른 방법이 있으면 기꺼이 할게요."

다는 것을 보여 준다. 부분적 책임 진술하기는 문제 발생에 대한 책임, 해결에 대한 역할을 부분적으로 받아들일 의향이 있음을 나타내는 것이다. 마지막으로, 도움을 제안하는 것은 나도 문제해결을 돕고 그 과정에서 적극적으로 행동하겠다는 의향을 전달하는 것이다.

5. 대체 활동에 대한 기능분석

대체 활동을 다루는 세션에서는 청소년 내담자가 약물을 사용하지 않고 할 수 있는 긍정적인 활동을 찾고, 그 활동의 빈도와 접근을 늘리는 것을 목표로 한다. 내담자가 보통 여가 시간을 어떻게 보내는지 파악하고, 내담자의 관심사 등에 대해서 이야기하면서 긍정적인 활동에 대해서 계획을 세운다. 약물을 하지 않았던 과거에 내담자가 취미로 했던 것, 또는 항상 하고 싶었던 것이 무엇인지 파악한다. 이때 흥미를 가질 만한 활동 목록을 주고, 해당 지역에서 즐길 수 있는 카테고리 목록을 제공하거나, 활동 장소의 이름과 주소, 전화번호까지 제공할 수 있다.

앞서 약물 사용에 대한 기능분석을 실시하면서 선행하는 요인과 결과들을 분석했던 비슷한 양식을 사용하여 약물 사용 대신에 대체 활동에 대한 기능분석을 실시한다. 대체 활동을 더욱 현실화하고 활성화하기 위해, 대체 활동을 유발할 수 있는 요인들을 파악한다. 앞서 약물 사용에서는 약물 사용의 단기적 이득과 장기적 부정적 결과를 이야기했다면, 여기서는 대체 활동의 단기적 부정적 결과와 장기적 이득에 대해 작성하여 장기적인 이득을 기억하고 단기적 부정적 결과를 극복할 수 있는 방법을 모색한다.

표 6-5 대체 활동에 대한 기능분석 표 예시

외부요인	내부요인	행동	단기적 부정적 결과	장기적 긍정적 결과
• 보통 누구와 ____를 갔었나? (새로운 활동이면, 누구와 갈 수 있을 것 같은가? 또는 누구와 가고 싶은가?) • 보통 어디에서 ____를 했나? (또는 어디에서 ______하고 싶은가?) • 보통 언제 ____를 했나/갔나? (또는 언제____가고/하고 싶은가?)	• 어떤 생각이 들면____가 하고 싶었나(싶은가)? • 신체적으로 어떤 느낌이 들 때 ____를 가고(하고) 싶었나? (싶은가?) • 보통____하기 전에 기분이 어떤가? (또는 보통 기분이 어떨 때 ____를 하고 싶은가?)	• 얼마나 자주 했나? (하고 싶은가?) • 한 번 할 때 얼마나 오래 했나?(하고 싶은가?)	• (누구)와 같이 그 활동을 할 때 마음에 들지 않은 점은 무엇인가? • (장소)에서 할 때 싫은 점은 무엇인가? • (저녁, 시간대) 그때 그 활동을 할 때 싫은 점은 무엇인가? • ~할 때 불쾌한 생각이 들었던 적이 있나? 있다면 어떤 것? • ~할 때 신체적으로는 어떤 것이 불편한가?(불편할 수 있나?) • ~할 때 감정적으로 어떤 안 좋은 기분이 들었나?	• ~를 할 때 다음의 영역에서 어떤 긍정적인 결과들을 경험할 수 있는가? –가족 구성원 –친구 –신체 –감정/기분 –법적 상황 –학교 상황 –재정 상황

6. 행복감 측정과 긍정적 목표 설정

행복 척도는 약물 청소년 내담자가 여러 생활영역에서 행복감과 만족감을 얼마나 느끼고 있는지 측정하는 데 쓰인다. 자신의 삶의 영역에서 어느 정도의 행복감이나 만족감을 느껴야 약물도 서서히 줄여 가거나 끊을 수 있기 때문이다. 초기에 이 척도를 측정하면 내담자의 삶에서 가장 주의가 필요한 영역을 볼 수 있고 관련한 치료 목표를 설정할 수 있다. 어떤 영역에 대해 불만족스럽다고 평가했다면 그 이유를 이야기하고 현실적인 목표를 설정하여, 2주 정도마다 재측정하여 그 수치가 올라가는지 내려가는지를 파악해 볼 수 있다. 먼저 하나 또는 두 개 영역 정도만을 선택하여 개입의 목표를 세우는 것이 좋고, 처음에는(물질 사용 영역을 제외하고) 어느 정도 만족스럽다고 표시한 영역에서 만족도를 조금 더 높이는 것을 목표로 하는 것이 현실적이다.

청소년 내담자가 삶의 문제 영역에서 불만족스러운 점에 대해 이야기를 할 때 상담사는 주의 깊게 들어 주고, 내담자의 부정적인 발언을 열망으로 변환하는 데 도움을 주어야 한다. 예를 들어, 상담사는 청소년 내담자가 "나는 학교를 싫어해."라고 말할 때 "학교에서 잘하고 싶은데 잘 안 되어 화가 난다."라는 식으로 변경할 수 있고, 또는 "나는 항상 화를 낸다."는 말을 "나는 화를 내지 않고 행복하게 살고 싶다."로 변경하여 진술할 수 있다. 다음 척도는 15가지의 영역에서 청소년 내담자의 행복감을 측정하기 위한 도구이다. 참고로, 〈표 6-6〉의 약물 및 알코올에 대한 행복감 측정은 물질 사용에 대한 내담자의 주관적인 만족감 또는 끊고 싶어 하는 양가감정을 측정하는 용도로 쓰인다.

표 6-6 약물 및 알코올에 대한 행복감 측정 체크리스트

행복감 측정

각 영역에 해당하는 행복감의 정도를 1(전혀 행복하지 않음)부터 10(매우 행복함)까지 해당되는 숫자를 체크해 주세요. 각 삶의 영역을 평가할 때 '나는 오늘 이 삶의 영역에 대해 얼마나 행복한가?'를 스스로에게 물어보고 어제의 감정을 제외하고 오늘의 감정에만 집중하여 판단해 보세요. 또한 한 영역의 결과가 다른 영역의 결과에 영향을 미치지 않도록 각각 영역에 대해 생각해 보세요.

	전혀 행복하지 않음									매우 행복함
약물 사용	1	2	3	4	5	6	7	8	9	10
알코올 사용	1	2	3	4	5	6	7	8	9	10
(남자/여자)친구와의 관계	1	2	3	4	5	6	7	8	9	10
그 외의 친구들과의 관계	1	2	3	4	5	6	7	8	9	10
부모와의 관계	1	2	3	4	5	6	7	8	9	10
학교생활	1	2	3	4	5	6	7	8	9	10
사회적 활동	1	2	3	4	5	6	7	8	9	10
취미생활	1	2	3	4	5	6	7	8	9	10
습관(하루의 루틴 등)	1	2	3	4	5	6	7	8	9	10
법적인 상황	1	2	3	4	5	6	7	8	9	10
재정적인 상황	1	2	3	4	5	6	7	8	9	10
감정적인 부분	1	2	3	4	5	6	7	8	9	10
사람들과의 소통, 대화	1	2	3	4	5	6	7	8	9	10
일반적인 행복감	1	2	3	4	5	6	7	8	9	10
그 외 영역 ( )	1	2	3	4	5	6	7	8	9	10

출처: Godley et al. (2001).

7. 부모-자녀 관계 기술

ACRA 치료 접근은 청소년 내담자 개인의 삶의 행복도를 측정하는 것도 중요하게 여기지만, 부모-자녀의 관계에서 얼마나 행복한지를 측정하는 것에 대해서도 중요하게 여긴다. 이 세션에서는 부모와 자녀의 입장에서 각각 관계행복도 척도를 작성하도록 하는데, 비슷한 영역이라도 각자의 관점이 다를 수 있기 때문이다. 치료장면에서는 부모와 자녀가 함께하는 세션을 통해서 행복도 관점에서 차이점이 큰 영역과 그 이

표 6-7 관계행복도 척도-청소년용

〈청소년 버전〉 관계행복도 척도

이 척도는 다음에 나열된 8가지의 영역에서 부모님과의 현재 행복도를 측정하기 위한 것입니다. 각 영역에 해당하는 행복감의 정도를 1(전혀 행복하지 않음)부터 10(매우 행복함)까지 해당되는 숫자를 체크해 주세요. 각 영역을 평가할 때 '오늘 나는 다음의 영역에서 부모님과 얼마나 행복한가?'를 스스로에게 물어보고 어제의 감정을 배제하고 오늘의 감정에만 집중하여 판단해 보세요. 또한 한 영역이 다른 영역의 결과에 영향을 미치지 않도록 각 영역에 대해 생각해 보세요.

영역	전혀 행복하지 않음									매우 행복함
함께 보내는 시간	1	2	3	4	5	6	7	8	9	10
용돈	1	2	3	4	5	6	7	8	9	10
대화	1	2	3	4	5	6	7	8	9	10
애정	1	2	3	4	5	6	7	8	9	10
학교/일하는 것 지원	1	2	3	4	5	6	7	8	9	10
정서적 지지	1	2	3	4	5	6	7	8	9	10
학업에 대한 태도	1	2	3	4	5	6	7	8	9	10
일반적으로 집에서 하는 활동	1	2	3	4	5	6	7	8	9	10

출처: Godley et al. (2001).

유에 대해 같이 이야기하면서 차이를 좁혀 갈 수 있는 실제적인 방법에 대해 의논할 수 있다. 〈표 6-7〉과 〈표 6-8〉은 부모가 작성하는 관계행복도 척도의 예시이다.

표 6-8 관계행복도 척도-부모용

〈부모 버전〉 관계행복도 척도

각 영역을 평가할 때 '오늘 나는 다음의 영역에서 자녀와 얼마나 행복한가?'를 스스로에게 물어보고 어제의 감정을 배제하고 오늘의 감정에만 집중하여 판단해 보세요.

영역	전혀 행복하지 않음									매우 행복함
자녀와 함께 보내는 시간	1	2	3	4	5	6	7	8	9	10
집안일 책임	1	2	3	4	5	6	7	8	9	10
대화	1	2	3	4	5	6	7	8	9	10
애정	1	2	3	4	5	6	7	8	9	10
학업/직업 지원	1	2	3	4	5	6	7	8	9	10
정서적 지원	1	2	3	4	5	6	7	8	9	10
일반적인 행복감	1	2	3	4	5	6	7	8	9	10
일반적으로 집에서 하는 활동	1	2	3	4	5	6	7	8	9	10

출처: Godley et al. (2001).

8. 분노 조절하기 추가 세션

약물 남용 청소년 중에서는 자기 자신이나 주변 사람에게 파괴적인 방법으로 분노를 표현하는 경우가 종종 있다. 청소년 내담자가 분노를 폭발하거나, 학교에서 말다툼을 벌이거나, 부모에게 고함을 지르는 등의 행동을 할 수 있으므로, 이런 경우에는 분노 조절에 대한 회기를 추가 세션으로 진행할 수 있다. 분노에 휩싸여 자신이나 타인을 위협하려고 하는 청소년인 경우에는 특별히 이러한 훈련이 필요하다. 많은 경우에 내담자가 학대를 당했거나, 버림을 받았거나, 분노를 유발할 수 있는 환경에 노출되었기 때문에 이런 문제가 나타날 수 있다. 이 추가 회기의 목표는 분노를 인식하고, 분노를 관리할 수 있는 방법을 식별하고, '진정'할 시간을 가지며, 다른 사람의 입장을 이해하는 방법을 배우는 것이다. 만성적인 공격 행동을 보이는 청소년이면 일반 청소년보다 더 많은 공감 훈련과 긴장완화 작업이 긴 시간 동안 필요할 수 있다.

상담사는 내담자로 하여금 분노가 자신의 삶에 어떤 영향을 끼쳤는지를 이해하고 통제불능 상태가 시작되는 시점을 인식할 수 있도록 도와야 한다. 자신의 신체적, 행동적 '분노 경고 신호'를 명확하게 파악할 수 있으면 분노 반응을 피하기 위한 실마리를 잡을 수 있으므로, 먼저 자신의 행동을 모니터링하는 것이 필요하다. '진정'하는 시

표 6-9 분노 조절 워크시트

분노 조절

상황에 따라서 화를 내도 괜찮은 상황이 있지만, 중요한 것은 화가 표현되는 방식입니다. 다음은 분노 조절을 위한 몇 가지 질문 및 활동입니다.

▶ **나의 분노가 내 삶에 어떤 부정적인 부분들을 가져다 주었나? 어떻게 바꾸고 싶은가?**

▶ **본인이 화가 났다는 것을 어떻게 알 수 있나?** (일반적인 징후는 속이 울렁거리거나, 턱을 괴고, 주먹을 꽉 쥐는 징후들이 있다). 화가 나기 시작한다고 알아채면 상황이 악화되기 전에 무언가를 시도해 볼 수 있습니다.

내가 화가 났다는 것을 말해 주는 사인들은 ______________________________

▶ **시간을 가지고 화를 식힙니다.** 진정할 수 있도록 상황에서 벗어나 다른 활동을 하세요. 부정적인 결과가 발생하지 않는 방식으로 상황을 처리할 수 있도록 시간을 가지세요.

▶ **자신의 감정을 표현하는 데 도움이 되는 의사소통 기술을 사용하세요.** 상대방에게 결정을 강요하는 대신에 공동의 해결책을 찾아보세요.

▶ **상대방의 입장에서 생각을 해 보세요.** 그 사람이 그렇게 느끼는 이유가 무엇인지 생각해 보세요.

간을 갖도록 하는 것은 그 순간의 화의 강도를 낮추기 위해서 잠시 합의한 상태로 자리를 비우는 것이다. 그리고 왜 상대방이 특정방식으로 행동하는지 이해하고 표현하는 것이 중요한데, 그것은 상대방의 행동을 정당화하는 것과는 별개로 상대방이 내가 원하는 것을 받아들일 수 있는 상태로 유도하기 위해 필요한 것임을 이해시켜야 한다. 〈표 6-9〉는 청소년 내담자의 분노 조절에 대한 워크시트이다.

9. 결론

이 챕터에서는 청소년 약물남용에 대한 인지행동치료의 대표적인 메뉴얼인 ACRA의 내용을 살펴보았다. 이 매뉴얼은, 첫째, 성인의 약물남용 인지행동치료에서도 쓰이는 약물 사용을 유발하는 요인을 분석하는 기능분석과 재발방지 방법으로 인지재구조화 및 거절하기 기술들을 포함하고 있다. 둘째, 청소년의 특성을 고려하여, 그 발달시기에 특별히 중요한 친구의 의미를 다시 살펴보고, 일상생활에 마주하는 문제해결 능력을 배양하여 자기효능감을 높이는 방법을 제시하고 있다. 셋째, 부모나 보호자, 주변 성인들과 긍정적인 방식으로 대화하는 방법을 훈련시키고 분노를 조절하는 방법을 알아가며, 청소년 내담자의 삶의 다양한 영역에서의 행복도를 측정하여 행복도가 낮은 영역에 대해 같이 해결해 갈 수 있도록 하고 있다. 마지막으로, 부모-자녀 관계를 향상시키기 위해서 청소년과 부모의 각각의 입장에서 관계행복도를 측정하여 인식의 차이점과 그 차이를 좁혀 갈 수 있는 방법을 고안하도록 프로그램이 구성되어 있다. 즉, 이 프로그램은 약물의 사용 자체를 통제할 수 있는 인지적, 행동적인 기술도 다루고 있지만, 결국 청소년이 속한 친구, 학교, 가족의 환경에서 만족감/행복감을 높일 수 있도록 도움으로써 약물사용이 결과적으로 줄어들게 만드는 것에 초점을 맞추고 있다고 볼 수 있다.

참고문헌

Godley, S.H., Meyers, R.J., Smith, J.E., Karvinen, T., Titus, J.C., Godley, M., Dent, G., Passetti, L., & Kelberg, P. (2001). *The Adolescent Community Reinforcement Approach for Adolescent Cannabis Users, Cannabis Youth Treatment (CYT) Series, Volume 4.*

Stoner, S. A. Treating Youth Substance Use: Evidence-Based Practices & Their Clinical Significance. Alcohol & Drug Abuse Institute, University of Washington, March 2016. http://adai.uw.edu/pubs/pdf/2016youthsubstusebrief.pdf

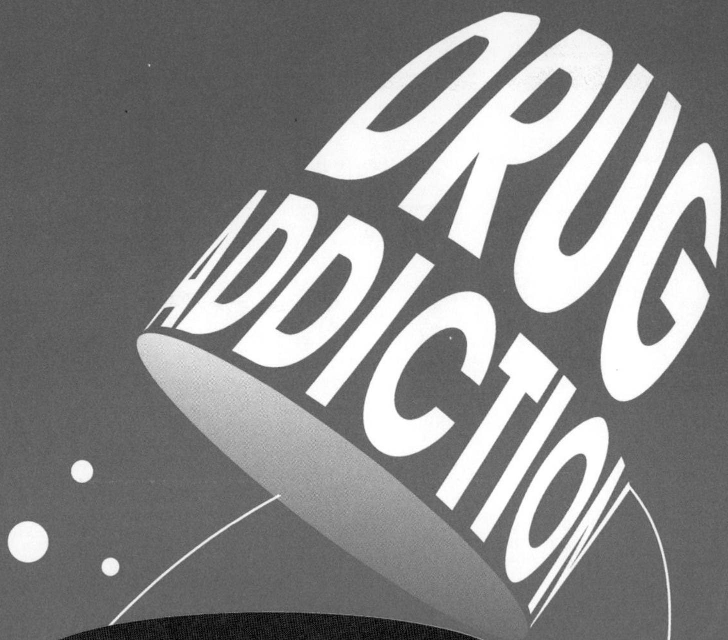

제 7 장

긍정심리상담

박상규

1. 중독자에 대한 긍정심리상담

청소년이 편안하면서, 일상에서 즐거움과 재미를 자주 느끼면 마약에 대한 갈망이 줄어든다. 긍정심리학은 청소년이 자기를 이해하고 사랑하면서 행복할 수 있도록 돕는다. 중독에서의 긍정심리학적 접근은 중독증상을 줄이는 데 초점을 두기보다는 청소년의 행복과 성장에 관심을 가지고 중독 문제를 치유하면서 행복하고 의미 있는 삶을 돕는다(김나미, 조현섭, 박경은, 2019). 또 긍정심리상담은 중독자가 자기의 강점을 개발할 수 있도록 격려하고 개인의 행복과 성장을 지향하여 중독으로부터 회복을 도우며(김나미, 박경은, 장세은, 2018), 회복탄력성을 증진한다(NikuZadeh, 2011). 자기사랑하기 프로그램은 중독자가 자기를 사랑하여 중독대상으로부터 멀어지게 하는 긍정심리상담이다(박상규, 2002; 전영민, 2002).

긍정심리상담은 셀리그만(Seligman)이 중심이 되어 발전시켜 온 것으로 내담자가 가진 강점과 긍정성을 확대하는 것이다(Nelson-Jones, 2016). 긍정심리상담은 로저스(Rogers)의 인본주의적 상담과 관련된다. 로저스는 인간은 누구나 자기실현 경향성을 가지고 있다고 보았다. 상담자는 무조건적 존중, 진실성, 정확한 공감의 태도로 내담자를 만남으로써 내담자가 자기를 잘 이해하여 성장하도록 도와준다. 긍정심리 상담에서는 인간을 본질적으로 스스로 기능하고 성장할 수 있는 존재로 보면서 내담자가 자기를 발견하고 치유하여 성장하도록 돕는다(크리스토퍼 싱크. 서미, 김동현, 2014). 긍정심리학은 인간이 부처의 품성을 가지고 있다는 불교와 인간의 행복, 덕 윤리와 같은 유교적 가치와도 통섭되고 있다(최용성, 성지은, 2022).

중독의 예방과 회복에서 불교, 유교, 도교 등의 동양적 수행방법이 활용될 수 있다(박상규, 2016). 특히 율곡 이이의『격몽요결』에 있는 '구용구사'는 현대 청소년의 중독

예방 및 치료에 적용 가능하다. 율곡 이이는 몸과 마음을 간수하는 데 있어서는 '아홉 가지 모습'보다 더 절실한 것은 없으며 공부를 잘해 나가고 지혜를 늘리는 데 있어서는 '아홉 가지 생각'보다 더 절실한 것은 없다."라고 하였다(이이, 2017). 구용구사 프로그램을 알코올 중독자에게 적용한 결과 중독자의 회복에 효과가 있는 것으로 알려지고 있다(김갑중, 2007). 또 긍정심리상담은 마음챙김과 자비명상에 대한 관심이 높은데, 명상을 통해 자기를 이해하면서 삶의 의미를 찾고 성취감을 높인다(Nelson-Jones, 2016).

긍정심리학은 행복감, 안락감, 만족감, 사랑, 친밀감 같은 다양한 긍정 상태와 희망, 열정 등을 다루고 개인의 긍정적 특질, 행복, 자기실현에 기여하는 긍정적 역할에 관심을 가지고(권석만, 2008), 청소년이 중독대상에 대한 갈망, 충동, 스트레스를 잘 이겨 낼 수 있도록 심리적 면역력을 강화한다.

부정적 정서는 개인의 건강을 나쁘게 하는 반면, 긍정적 정서는 신체적 웰빙, 정서적 건강, 대처기술, 지적 기능을 활성화하여 우리 몸과 마음 모두의 건강을 회복하고 유지할 수 있게 한다(Baumgardner & Crothers, 2009). 우울 경향이 있는 남녀 고등학생을 대상으로 긍정심리치료 프로그램을 4주 동안 총 8회기 실시한 결과, 행복감과 낙관성이 통제집단보다 더 유의하게 증가되었고, 추적 기간에서도 행복감의 효과가 지속되었다(유은영, 손정락, 2013).

회복탄력성은 행복감에 긍정적인 영향을 미친다(서경현, 2016). 회복탄력성은 개인 강점의 지속적인 발전을 나타내고, 가족이나 친구, 학교, 지역사회 등의 보호요인에 의해 활성화되고 촉진되며 주요한 성인 보호자의 신념에 의해 영향을 받는다(크리스토퍼 싱크, 서미, 김동현, 2014). 또 회복탄력성은 자기모니터링 능력과 관련되는데(김주환, 2011), 지속적인 마음챙김은 회복탄력성에 영향을 주어 중독자가 회복할 수 있는 힘을 준다.

긍정심리학적 개입은 신체적 · 주관적 · 심리적 · 사회적 복지를 증진하고, 중독과 우울, 불안을 감소시키는 데도 효과가 있다(김나미, 박경은, 장세은, 2018). 법무병원의 약물중독자와 정신질환자 등을 대상으로 개인의 강점을 강조하는 총 14회기의 긍정심리 기반 치료 프로그램을 실시한 결과, 프로그램에 참여한 집단이 참여하지 않은 집단보다 자아수용에서 유의한 향상을 보이고 있었다(강민아, 정지숙, 이은혜, 최소정, 2017).

청소년이 올바로 생각하고 자기를 조절하고 사랑할 수 있으면 중독에 대한 갈망이 줄어들고 갈망이 일어나더라도 잘 이겨 낼 수 있다. 마약중독 청소년을 대상으로 자기사랑하기 프로그램, 마음챙김, 자비명상, 구용구사의 적용 등 다양한 긍정심리적 개입을 종합해서 적용할 수 있다. 아편중독자의 삶의 질을 향상시키기 위하여 긍정심리치료 프로그램을 적용했는데, 긍정심리상담과 인지행동상담을 함께 사용할 때 삶의 질이 유의하게 높아지고 있었다(Porzoor, Gharadel, Yaghuti, & Basharpoor, 2016). 긍정심리상담을 다양한 상담과 접목하여 사용하면 청소년 마약중독자의 회복에 도움을 준다.

2. 중독과 행복

청소년에게 행복기술을 가르쳐서 마약중독을 예방한다. 개인의 마음이 편안하고 행복하면 중독 대상에 대한 집착이 줄어든다. 대학생의 스마트폰 중독은 행복감과 부적 상관을 보이는데, 대학생이 불행감을 느낄수록 중독 위험 수준이 더 높아지며(박상규, 조혜선, 2018), 회복할수록 행복감을 더 느끼게 된다. 중독으로부터 회복 중이라도 스트레스를 잘 관리하지 못하고 불행하면 재발의 가능성이 높다. 특히 부정적 감정은 재발의 주요 요인이다(고영삼, 2011; 박상규, 2018).

잘 회복 중인 중독자들은 회복과 행복의 관련성을 강조하고 있다. “행복하면 더 성장하게 되고 성장하면 나름대로 행복을 찾는다. 성장하면 소소한 것에서 행복을 찾을 수 있다.” “행복할수록 중독에서 벗어날 수 있다. 중독에 빠져 있을 때는 일시적인 쾌락을 행복으로 착각하였다, 중독에 빠져 있을 때는 소소한 행복을 알아차리지 못하였다, 회복되면서 주위를 둘러보고 사소한 것에서 행복을 느낄 수 있었다.”라고 말한다(박상규, 2018). 치료공동체에서 회복 중인 마약중독자도 "공동체 안에서 규칙적인 생활을 통해 평범한 일상의 소중함을 느끼며, 쉽게 돈을 벌겠다는 생각에서 벗어나 좋은 사람들과 일상을 나누는 행복을 추구하며, 구체적인 삶의 목표를 실천하면서 안정감을 가졌다."라고 보고하고 있다(최미경, 2022).

청소년의 행복은 부모와의 의사소통과 관련된다. 중요한 것은 청소년의 관점에서 부모와 의사소통이 잘 되는 것이다. 자녀가 지각한 부모와의 의사소통 정도는 자녀의 행복뿐만 아니라 중독에도 영향을 미친다(김미숙, 김성우, 박상규, 2020).

행복은 신체적 · 심리적 · 사회문화적 · 영성적 요인 등 다양한 요인들과 관련되는데(권석만, 2008; 박상규, 2020), 중독자를 위한 긍정심리 프로그램은 생물 · 심리 · 사회 · 영적인 내용을 통합하여 구성하는 것이 좋다.

3. 자기사랑하기

자기사랑하기 프로그램은 개인의 신체건강, 정신건강, 대인관계, 영성 등을 통합해서 자기를 사랑하고 행복할 수 있도록 돕는 목적으로 개발하였다(박상규, 2002; 전영민, 2002). 현대 우리 사회의 청소년은 학업 문제에 대한 스트레스 이외에 스마트폰이나 인터넷에 의한 과도한 자극물에 노출되어 있다.

청소년이 자신이 누구인가를 이해하고 사랑하면 자기를 불행하게 만드는 마약과 같은 중독 대상에 집착할 가능성이 줄어든다. 마약중독자를 대상으로 한 자기사랑하기 프로그램은 중독자의 우울감을 줄이고 유의미한 정도는 아니지만 단약 효능감을 높였다(박상규, 2002). 또 알코올 중독자를 대상으로 한 자기사랑하기 프로그램은 중독자의 우울한 기분을 줄이고 단주 의지를 향상시켰다(전영민, 2002).

자기사랑하기 프로그램은 다른 치료 프로그램의 효과를 높이는 데도 기여한다. 알코올 중독자를 대상으로 인지행동치료를 병행한 8회기의 자기사랑하기 프로그램을 실시한 결과, 단일 인지행동치료 프로그램을 실시한 집단에 비해 우울 정서가 더 감소되었고 변화단계의 인식, 양가성, 실천에서의 긍정적 양상을 보여 주었다(김진실, 이봉건, 2012).

청소년 마약 중독자를 위한 자기사랑하기 프로그램은 행복수업의 주제(박상규, 2020)와 자기사랑하기 프로그램(2002)의 주요 내용으로 구성하여 적용할 수 있다. 특히 호흡과 자세의 조절은 현대 사회의 청소년 중독예방에 도움이 될 것이다. 또 자기사랑하기 프로그램의 내용은 상담뿐만 아니라 교육과목으로 활용할 수 있고 개인상담 회기의 주제로 진행할 수도 있다. 청소년 마약중독을 예방하고 치유하기 위한 자기사랑하기 프로그램에 사용될 수 있는 구체적 주제는 다음과 같다.

1) 신체 건강하기

자기사랑의 기본은 신체 건강이다. 신체가 건강해야 마음도 편안하고 정신이 건강하다. 신체 건강을 위해서는 자기 몸의 상태에 관심을 가지고 건강을 잘 관리해야 한다. 몸에 나쁜 영향을 미치는 알코올이나 담배, 마약, 과식 등을 멀리한다. 또 적절한 수면과 영양분 있는 음식, 규칙적인 운동, 스트레스 관리가 필요하다. 회복과 건강관리를 위해 중요한 것은 잘 먹는 것이다(문봉규, 강향숙, 박상규, 2022). 운동은 건강을 향상시킬 뿐 아니라 중독을 예방하는 데 도움이 된다. 또 운동은 중독 대치 활동으로서도 중요하다. 달리기, 등산, 농구, 축구, 탁구 등 개인이 선호하는 운동을 택하여 규칙적으로 운동하도록 한다. 청소년이 규칙적으로 운동할 수 있으면 자존감이 높아지고 절제력도 향상된다.

2) 무위자연의 자기 존중하기

중독자가 지금 이대로의 자기를 인정하고 사랑하면 자존감이 높아지고 유혹을 잘 이겨낸다. 마약을 사용하는 청소년은 자존감이 낮고 우울하다(김소야자, 공성숙, 김명아, 2000). 스마트폰 중독 수준이 높은 학생들 또한 자존감이 낮았으며, 자존감이 낮을

수록 자살생각도 많았다(김태량, 2021). 하지만 기존의 에고적(egoic) 자존감은 조건적이며 상대적이고 변화하는 속성이 있다.

무위자연의 자존감은 있는 그대로의 자신이 귀중하다는 것을 인식하는 것이다. 무위자연으로서의 자존감은 인위를 버린 나, 자연으로서의 나를 존중하는 것이며 내면의 자발성, 활동성, 자연성을 잘 발휘하게 한다(박상규, 2021). 청소년이 있는 그대로의 자기를 이해하고 받아들이도록 돕는다.

3) 감사하기

감사의 결여와 불평불만은 재발의 지름길이다(문봉규, 강향숙, 박상규, 2023). 청소년이 감사를 자주 느낄수록 행복감이 증진되고 마약에 대한 갈망이 줄어들어 회복을 잘 유지한다.

자기사랑하기 프로그램에서는 감사가 중요한 주제의 하나이다. 감사하면 행복하고, 행복하면 감사를 더 많이 느낀다. 사람들은 감사할 것이 없는 것이 아니라 감사할 것을 찾지 못해 감사하지 못한다. 청소년이 현재 감사할 것을 찾고 감사를 표현하게 되면 행복감이 증진된다. 중독자는 회복할수록 사소한 것에 대해 감사할 수 있다(박상규, 2018).

4) 용서하기

용서는 중독자의 변화에 도움을 주는 중요한 요인이다(Webb, Hirsch, & Toussaint, 2015). 용서하면 마음이 편안해지고 중독 대상에 대한 갈망이 줄어든다. 용서는 자기 내면에 있는 분노라는 독약을 찾아 밖으로 내어 버리는 것이다(박상규, 2020). 용서는 자기에 대한 용서와 타인에 대한 용서가 있다. 먼저 자신을 용서할 수 있어야 한다. 자기 자신을 용서한 다음에는 자기에게 상처를 준 사람을 용서한다. 용서할 수 있어야 마음이 편안해지고 자기의 에너지를 긍정적인 방향으로 사용할 수 있다.

5) 삶의 의미와 목표 찾기

청소년이 장래에 대한 목표와 삶의 의미가 뚜렷하면 올바른 길을 가면서 중독에 빠지지 않는다. 삶의 의미와 목표는 삶이라는 항해에서 나침반의 역할을 한다. 개인이 힘들 때 자신이 살아야 하는 의미를 찾으면 어려움을 잘 이겨 낼 수 있다. 청소년이 자기 삶의 의미를 찾는 것은 마약의 유혹으로부터 벗어나는 데 도움을 준다.

6) 마약 이외에 즐겁고 재미나는 일 찾아 실천하기

개인이 즐겁고 몰입할 수 있는 일을 찾아 실천하면 행복하다(박상규, 2020). 마약중독자가 마약 이외에 즐겁고 몰입할 수 있는 일을 찾으면 마약으로부터 회복을 잘 유지하게 된다. 운동, 예술 활동, 요리, 여행, 독서하기, 산책하기, 영화 보기 등 취미활동을 통하여 즐거움을 느끼고 몰입할 수 있으면 마약에 대한 갈망이 줄어든다. 상담자는 청소년이 마약 이외에 건전하고 즐거운 것이 무엇인지를 찾아보고 실천할 수 있도록 돕는다. 청소년이 즐겁고 재미나는 일에 몰입하면 도파민이나 엔도르핀이 분비되면서 보상효과를 느끼고, 그런 일을 반복한다. 마약중독자가 마라톤을 할 때 쾌감을 느끼고 마라톤을 자주 하면서 마약으로부터 회복되는 사례가 있다.

7) 봉사하기

봉사하면 마음이 따스해지고 자존감이 올라간다. 봉사는 자신이 할 수 있는 일 중에서 타인에게 도움이 되는 것을 선택한다. 근로 봉사, 재능 기부, 물질적 기부 등으로 다른 사람을 도울 수 있다.

봉사는 타인을 돕는 것이지만 결국 자기를 위한 것이다. 봉사함으로써 자기를 사랑하고 존중하면서 세상과 미래에 대해서 자신감을 가지게 된다. 타인에 대한 관심과 봉사는 결국 자신을 돕고 자신을 사랑하는 행위이다. 특히 회복을 원하는 다른 중독자를 돕는 것은 자기의 회복을 돕는 좋은 방법이다(문봉규, 강향숙, 박상규, 2023).

8) 관계 잘 하기

중독자는 대인관계가 원만하지 못하다. 대인관계가 잘되지 않으면 재발하게 된다. 타인의 처지와 입장에서 생각하고 공감하면서 자기감정을 잘 표현하는 것은 대인관계를 좋게 하고 중독을 예방한다. 청소년이 타인과의 관계에서 일어나는 자기감정을 잘 알고, 타인의 감정을 공감할 수 있도록 의사소통 기술을 가르친다. 특히 가정과 학교에서는 마약을 누가 권할 때 '싫다' '안 된다'고 강력하게 말하는 거절 기술을 가르친다. 대인관계기술은 역할연기법으로 가르치는 것이 효과가 있다.

청소년 주변에 건강한 친구들이 많을수록 중독의 위험성이 줄어든다. 청소년이 건강한 친구들과 잘 교류하면서 지지를 받으면 중독으로부터 벗어날 수 있다. 학교와 사회에서는 중독에 취약한 청소년을 대상으로 거절 기술, 자기주장 기술 등의 의사소통 기술을 가르쳐야 한다.

9) 호흡과 자세 조절하기

(1) 호흡 조절하기

호흡은 마음상태에 영향을 미치고 마음 상태는 호흡에 영향을 미친다. 마음이 편안하면 호흡이 편안하고 마음이 불편하면 호흡도 불편하다. 또 호흡이 편안하면 마음도 편안하고 호흡이 얕고 불규칙적이면 마음도 불안정하다. 청소년이 자기의 호흡 상태를 잘 알아차리고 편안하게 호흡하면 마음이 안정되고 중독으로부터 자유로워진다(박상규, 2019). 상담자는 청소년에게 호흡을 편안하게 조절하도록 가르칠 필요가 있다. [그림 7-1]에서 보듯이 편안한 호흡은 사랑받음과 안정, 평화, 소속감, 만족, 감사의 느낌과 관련되면서 서로 영향을 미치고 있다.

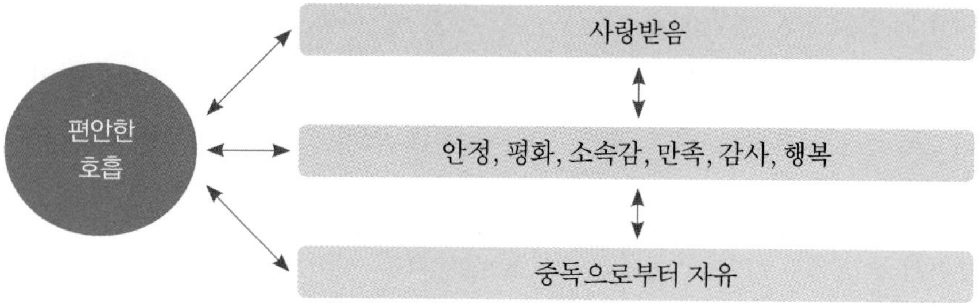

[그림 7-1] 편안한 호흡과 중독으로부터 자유

출처: 박상규(2022).

(2) 자세와 생각 조절하기: 구용구사

호흡뿐만 아니라 자세의 조절도 마음상태에 영향을 미친다. 공자의 수기(修己)와 대학의 수신(修身)도 결국 우리 몸과 마음을 닦는 것인데, 몸을 닦는 것이 기본이다. 청소년을 대상으로 한 이러한 몸 닦기의 구체적인 것으로 구용구사가 있다(서명석, 2017). 율곡 이이가 『격몽요결』에서 강조한 구용구사(九容九思)를 현대의 청소년을 대상으로 실시할 수 있다. 구용은 9가지의 몸가짐에 대한 것이고 9사는 9가지의 마음가짐에 대한 것이다. 율곡은 몸과 마음을 관리하는 데는 구용구사의 방법이 중요하다고 강조하였다. 몸의 자세나 태도를 조절하면 감정을 조절할 수 있다(황정희, 2019).

'구용'은 발의 모습은 무겁게 하라(족용중, 足容重). 손가짐은 공손히 하라(수용공, 手容恭). 눈의 모습은 단정히 하라(목용단, 目容端). 입의 모습은 멈추라(구용지, 口容止). 말소리는 조용히 하라(성용정, 聲容靜). 머리는 곧게 세우라(두용직, 頭容直). 숨쉬기는 엄숙히 하라(기용숙, 氣容肅). 서 있을 때는 덕스럽게 하라(입용덕, 立容德). 얼굴 모습은 장중하게 하라(색용장, 色容莊)이다.

'구사'는 볼 때는 밝게 볼 것을 생각하라(시사명, 視思明). 들을 때는 분명히 들을 것을 생각하라(청사총, 聽思聰). 안색은 따스하게 지닐 것을 생각하라(색사온, 色思溫). 말할 때는 충실하게 할 것을 생각하라(언사충, 言思忠). 일할 때는 공경스럽게 처리할 것을 생각하라(사사경, 事思敬). 의심스러운 일은 남에게 물어볼 것을 생각하라(의사문, 疑思問). 화가 날 때는 어려움을 당할 때를 생각하라(염사란, 忿思難). 이득이 생길 때는 의로운 일인가를 생각하라(견득사의, 見得思義) 등 아홉 가지이다.

이이는 이러한 '9가지의 모습'과 '9가지 생각'을 개인의 마음속에 간직하고 자기 몸을 단속하여 실천하도록 하였다(이이, 2017). 현대 우리 사회의 청소년 중독을 예방하고 회복을 위해서도 이러한 구용구사의 방법을 적용할 수 있다. 중독은 자기 각성과 조절력의 손상이므로 몸의 자세와 태도를 조절하는 것이 중독의 예방과 회복에 기여한다.

4. 영성적 개입

일반적으로 종교는 행복감이나 삶의 만족에 긍정적 영향을 미친다(김미숙, 김성우, 박상규, 2020; 전성표, 2011). 영성은 종교 이외에 삶의 의미와 목적, 용서 등이 포함된다. 영성은 발달과정에 있는 청소년을 대상으로 하는 긍정심리적 개입에서 중요하며(크리스토퍼 싱크, 서미, 김동현, 2014), 중독 회복에 강력한 요인이 된다(Cook, 2004). 회복과정에서 영성은 사람이 사람답게 살 수 있는 방향을 제시한다(문봉규, 강향숙, 박상규, 2019).

고등학교 1학년 여학생을 대상으로 8회기의 영성 프로그램을 실시한 결과, 프로그램이 청소년의 영성을 증진하고 전인건강을 증가시키며, 삶의 의미와 목적, 내적 자원, 소통과 적응능력을 향상시키는 것으로 나타났다. 영성의 변화는 주체적 삶을 살게 하고 자기를 잘 보호하게 한다(고경숙, 2013). 초월영성 프로그램에 참여한 약물중독자들은 프로그램을 통해 자신을 되돌아보고, 타인과의 관계에서 자신감을 경험하였으며, 삶의 의미를 발견하는 등의 변화 과정을 확인하였다(김연실, 2015).

회복은 영적 성장이다(문봉규, 강향숙, 박상규, 2019). 영적 성장이 되어야 편안한 마음으로 자기를 조절하게 된다.

5. 마음챙김과 자비명상

1) 마음챙김

중독은 비각성과 관련된다. 중독자가 자신의 갈망이나 감정을 주시할 수 있으면 자기를 조절하여 회복을 잘 유지하게 된다. 마음챙김 명상은 자기를 주시하는 초인지적 심리기제이다. 마음챙김 명상을 하면 마음이 편안해지고 자기를 이해하게 되고 조절력이 향상된다. 중독자가 꾸준하게 마음챙김하면 나중에는 갈망이 일어나고 사라지는 것을 알아차릴 수 있어 갈망을 잘 이겨 낼 수 있다. 병원에 입원한 알코올 중독자를 대상으로 8회기의 마음챙김 프로그램을 실시한 연구에서, 프로그램에 참가한 중독자는 스트레스가 줄어들고 마음챙김 수준이 향상된 효과가 있었다(이성근, 김경승, 정도운, 2012). 마약에 대한 갈망이 일어나는 것을 분명히 알아차리면 그 갈망이 곧 사라짐을 알게 된다. 그러면 갈망이 일어나더라도 초연하게 바라볼 수 있다.

수용전념치료(ACT)는 '인생은 고해'라는 불교의 이론에 따라 고통을 피하지 않고 그대로 받아들이는 것을 강조한다. 알코올 중독자에게 수용전념치료집단 프로그램을 실시한 결과, 참여자들의 수용 및 경험하기, 인지적 탈융합, 현재 순간 자각, 마음챙김, 전념행동과 같은 심리적 유연성이 효과적으로 증가하고 자기-자비와 알코올 중독자의 회복 효과가 유의미하게 증가하였다(이호, 2019).

중독자를 대상으로 한 마음챙김은 호흡 마음챙김, 몸에 대한 마음챙김, 걷기 마음챙김, 행위에 대한 마음챙김 등이 있으나 호흡 마음챙김부터 시작하는 것이 좋다. 호흡에 대한 마음챙김은 숨을 들이쉬고 내쉬는 것을 배의 감각이나 코의 감각으로 알아차린다. 몸에 대한 마음챙김은 머리에서 발바닥까지 몸의 느낌을 관찰한다. 특히 자기 몸의 어떤 부분이 좋지 않으면 그 부위에 집중한다.

걷기 마음챙김은 천천히 걸으면서 발바닥의 느낌을 알아차린다.

행위에 대한 마음챙김은 식사나 양치질할 때 그런 행위를 하는 것을 알아차리며 행동하는 것이다.

지속적인 마음챙김의 수행으로 자기의 감정이나 충동, 갈망 등이 일어날 때 알아차리면 그 갈망에 대해 초연해지고 조절할 수 있다. 마약 중독자를 대상으로 매회 120분간 9회기의 마음챙김에 기반한 인지치료(MBCT)를 실시한 결과, 통제집단에 비해 우울, 충동성 수준이 유의하게 감소되었으며 단약효능감이 증가되었다(조중현, 손정락, 2013).

마음챙김 명상을 접목한 긍정심리치료 프로그램의 효과가 검증되고 있다. 알코올 중독자를 대상으로 마음챙김에 기반한 긍정심리치료 프로그램을 주 2회, 1회기당 80분을 실시한 결과, 중독자의 우울증상이 줄어들었으며, 긍정적 자동 사고와 단주 자기효능감이 향상되었다(김은영, 2019).

마음챙김은 집중력이 부족하고 동기가 저하된 내담자에게는 효과가 적은 편이다. 청소년 마약중독자를 대상으로 한 마음챙김은 청소년의 집중력 정도나 상황에 맞추어 유연하게 적용하는 것이 좋다.

2) 자비명상

자비명상은 자신이 가진 따스한 마음을 끄집어내어 자신과 타인이 고통이 없고 행복하기를 바라는 마음을 전달하는 것이다. 자비명상은 자기에 대한 자비와 타인에 대한 자비가 있다. 보통은 자기자비에서 타인자비로 옮겨 간다. 자비명상은 자비명상 단독으로 할 수 있고 마음챙김과 함께 할 수도 있다. 마음챙김은 자기 정신화와 타인의 정신화에도 도움을 주고 자비의 동기화가 잘 일어나도록 한다. 자비의 내용은 건강, 평화, 행복, 성장, 감사 등으로 진행할 수 있다(김정호, 2023).

중독자를 대상으로 한 집단상담에서는 다음과 같은 자비명상을 실시할 수 있다. "내가 건강하기를, 내가 평화롭기를, 내가 행복하기를 바랍니다."와 같이 말한다. 타인에게 자비명상을 실시할 경우는 먼저 자기가 존중하거나 사랑하는 사람을 대상으로 할 수 있다. "그가 건강하기를, 그가 고통이 없기를, 그가 행복하기를 바랍니다."

와 같이 말한다. 타인 자비명상은 중립적인 사람, 나아가 자신에게 상처를 준 사람에게까지 확대될 수 있다.

분노 감정을 다스리는 데 자비명상이 사용된다. 분노감정이 일어나면 그것을 알아차리고 자비명상을 하면 마음이 편안해진다. 청소년 마약중독자를 대상으로 한 자비명상은 자기사랑하기 프로그램 전과 후에 실시할 수 있다. 지속적인 자비명상은 청소년의 분노감정을 줄여 주고 마음을 편안하고 따스하게 하여 행복감을 증진한다.

6. 지역사회와의 연계와 도움

회복은 혼자만의 노력이 아닌 많은 사람들의 도움을 통해 가능한 과정이다(문봉규, 강향숙, 박상규, 2023). 가족이나 이웃, 상담자와 같은 긍정적 자원을 활용하여 청소년의 긍정성을 높이는 것이 좋다(크리스토퍼 싱크, 서미, 김동현, 2014). 가정, 학교, 사회 전문가 등이 잘 연계하여 청소년 마약중독의 취약성과 위험성을 제거해 주고 청소년의 건강과 행복을 증진시키는 데 집중해야 한다.

7. 상담자의 태도

상담자는 청소년이 희망을 가지고 변화할 수 있도록 격려하면서 기다려 준다. 비록 중독의 문제를 가지고 있더라도 본성은 귀중한 존재임을 인식하면서 중독자를 대한다.

상담자는 초기에 라포를 잘 형성해야 한다. 로저스가 강조한 무조건적 존중, 진실성, 정확한 공감 등은 라포 형성에 도움을 준다. 또한 상담자는 지혜로운 부모와 같은 태도로 모범을 보여 준다. 특히 우리나라의 문화에서는 상담자가 따스하고 지혜로운 부모상을 가지는 것이 중요하다. 긍정심리상담을 집단 형식이나 개인상담으로 제공할 때는 교육적 내용뿐만 아니라 따뜻하고 지지적인 분위기를 조성해야 한다. 필요한 경우에는 신중한 자기노출이 사용될 수 있다(Nelson-Jones, 2016).

중독자는 흔히 양가감정적 태도를 가지는데, 상담자는 중독자가 자신의 양가감정을 잘 알아차리고 긍정적인 태도를 취할 수 있도록 돕는다. 중독자가 자기 문제를 인정하고 도움을 청하면 상담이 유연하게 진행된다. 상담자는 내담자가 변화에 대한 동기를 가지고 도움을 청할 수 있도록 분위기를 제공한다.

상담자는 내담자의 입장과 상황을 잘 이해하고 공감하면서 내담자가 자기를 잘 조절할 수 있도록 돕는다. 또 필요한 경우는 의사소통기술을 가르친다. 상담자는 청소년의 성장 동기를 발견하고, 청소년이 자신의 가능성을 실현하는 방향으로 자신의 장점과 자원을 잘 활용하도록 지원한다(이희경, 이동귀, 2007). 상담자의 마음챙김은 상담의 효과를 높인다. 마음챙김은 내담자를 잘 공감하게 하면서 상담의 소진과 스트레스를 줄이는 데 도움을 준다.

8. 결론

청소년의 마약중독을 예방하고 치유하기 위한 긍정심리적 개입은 청소년이 가진 긍정적 잠재력을 믿고 청소년이 올바르고 행복하게 살 수 있도록 도와준다. 신체건강하기, 무위자연의 자기존중하기, 감사하기, 용서하기, 대인관계 잘하기, 삶의 의미와 목적 찾기, 신앙 등 영성살이하기와 같은 자기사랑하기 프로그램과 호흡과 몸의 조절, 구용구사, 마음챙김, 자비명상 등을 별도의 프로그램으로 혹은 통합하여 적용할 수 있다. 중독자가 회복을 잘 유지하기 위해서는 회복 과정이 행복하면서 의미가 있어야 한다(박상규, 2018). 청소년이 운동, 예술 활동, 동아리 활동, 종교생활 등으로 마약 대신에 즐거움을 느낄 수 있는 대안을 제시한다. 청소년이 즐겁고 재미나는 일에 몰입하면 중독대상으로부터 멀어지게 된다.

부모, 학교, 사회에서의 협조는 중독의 예방과 회복의 효과를 높인다. 청소년을 상담할 때는 부모교육과 부모상담을 함께 진행하는 것이 좋다. 청소년 중독예방을 위해서는 구용구사 등의 우리문화의 전통을 잘 활용할 수 있어야 한다.

앞으로는 마음챙김, 자기사랑하기 프로그램, 자비명상, 구용구사 등을 하나의 프로그램으로 묶어서 사용하여 효과를 검증해 볼 필요도 있다.

참고문헌

강민아, 정지숙, 이은혜, 최소정(2017). 정신장애 범죄자를 위한 긍정심리기반 프로그램의 개발과 효과. **한국심리학회지: 건강, 22**(3), 471-488.

고경숙(2013). 청소년의 전인건강향상을 위한 영성프로그램 개발의 효과. 경성대학교 대학원 박사학위논문.

고영삼(2011). 청소년 인터넷 중독 상담 내담자의 사회심리적 특성 분석. **인문학논총, 25**(2), 51-79.

권석만(2008). **긍정심리학. 행복의 과학적 탐구**. 학지사.

김갑중(2007). 예 치료공동체 · 구성주의와 수양론적 접근 경험. 중독증 전문 치료센터 네트워크 제2차 워크숍 및 심포지움자료집. **한국중독정신의학회. 중독증 전문치료센터 네트워크**, 45-55.

김나미, 박경은, 장세은(2018). 중독회복을 위한 긍정심리학적 개입의 국내 연구 동향 분석. **상담학연구, 19**(1), 113-128.

김나미, 조현섭, 박경은(2019). 국외 중독회복 패러다임의 변화와 발전과정. **상담학연구 20**(2), 133-152.

김미숙, 김성우, 박상규(2020). 청소년의 행복에 영향을 미치는 요인에 관한 연구: 물질적 요인과 관계적 요인. **생명연구, 57**, 65-89.

김소야자, 공성숙, 김명아(2000). 청소년의 약물남용 실태와 심리적 변인에 관한 연구: 서울지역 일 고등학교를 중심으로. **정신간호학회지 9**(3), 344-356.

김연실(2015). 약물중독자를 위한 자기초월증진프로그램의 효과. 이화여자대학교 대학원 박사학위논문.

김은영(2019). 알코올 중독자를 위한 마음챙김기반 긍정심리치료 프로그램 개발 및 효과성

검증. 대구가톨릭대학교 대학원 박사학위청구논문.
김정호(2023). 자비수행 자비의 이해와 실천. BOOK.
김주환(2011). 회복탄력성. 위즈덤하우스.
김진실, 이봉건(2012). 알코올 의존 환자를 대상으로 한 인지행동치료를 병행한 자기사랑하기 프로그램의 효과 연구. 한국심리학회지: 임상 31(1), 289-304.
김태량(2021). 청소년의 스마트폰 중독과 자살생각 간의 관계에서 자기존중감의 매개효과. 사회과학연구 37(3), 85-109.
문봉규, 강향숙, 박상규(2019). 알코올중독자 내 안의 또 다른 나. 서울: 학지사.
문봉규, 강향숙, 박상규(2023). 알코올 중독자의 회복과 성장. 학지사.
박상규(2002). 약물 중독자를 위한 자기사랑하기 프로그램의 개발 및 효과. 한국 심리학회지: 임상, 21(4), 693-703.
박상규(2003). 마약류 중독자를 위한 자기사랑하기 프로그램. 서울: 학지사.
박상규(2010). 알코올 의존환자를 위한 행복프로그램의 효과. 한국심리학회지: 건강, 15(4), 901-815.
박상규(2011). 약물중독치료의 행복 48단계 프로그램. 2011년 법무부연구 용역보고서, 국립법무병원.
박상규(2016). 중독자 회복과정에서 동양적 수행법의 활용. 한국심리학회지: 중독, 1(1), 85-194.
박상규(2018). 행복은 청소년의 중독예방에 기여할 수 있는가? 한국심리학회지: 중독, 3(2), 1-11.
박상규(2020). 행복수업. 학지사.
박상규(2021). 노자의 무위자연적 관점에서 본 자존감과 상담적 접근에서의 시사점. 한국심리학회지: 건강, 26(4), 617-639.
박상규(2022). 중독자의 심리와 회복에 대한 영성의 역할-호흡과 자기사랑을 중심으로. 동서정신과학회 25(1), 73-87.
박상규, 정지숙, 신정(2022). 국립법무병원 심리치료 프로그램 효과성 분석 및 개선 방안 연구 결과보고서. 2022년도 법무부 연구용역보고서.
박상규, 조혜선(2018). 행복 및 우울과 스마트폰 중독 간의 관계. 한국심리학회지: 건강, 23(4), 1095-1102.

서경현(2016). 청소년의 학업스트레스와 주관적 웰빙 및 행복감 간의 관계: 회복탄력성을 중심으로. **청소년학연구**, 23(11), 137-157.

서명석(2017). 율곡 몸공부법의 수양치료적 이해. **교육사상연구**, 31(4), 109-126.

유은영, 손정락(2013). 경험논문: 긍정 심리치료가 우울경향이 있는 청소년의 행복감, 낙관성, 무망감 및 우울에 미치는 효과. **한국심리학회지: 건강**, 18(4), 669-685.

이성근, 김경승, 정도운(2012). 마음챙김명상에 기초한 알코올의존 회복프로그램: 실험적 연구. **중독정신의학**, 16(2), 79-84.

이이(2017). **격몽요결**. 김학주 옮김. 연암서가.

이호(2019). 수용-전념치료(ACT)가 알코올중독자의 심리적 유연성과 자기-자비 및 회복에 미치는 효과 연구. **한국콘테츠학회논문지**, 19(2), 604-613.

이희경, 이동귀(2007). 긍정심리학적 인간이해와 변화. **인간연구**, 13, 16-43.

전성표(2011). 종교와 삶의 만족도-불교, 개신교, 천주교 및 무종교인의 생활만족도 비교. **종교와 사회** 3(1), 9-38.

전영민(2002). 알코올 의존자를 위한 자기사랑 프로그램 개발 및 효과 연구. **한국심리학회지: 임상**, 21(1), 1-12.

조중현, 손정락(2013). 마음챙김 기반인지치료(MBCT) 프로그램이 마약류 중독자의 우울, 충동성 및 단약 자기효능감에 미치는 효과. **한국심리학회지: 임상**, 32(1), 13-31.

최미경(2022). 치료공동체(DARC)에 입소한 마약중독자들의 회복경험에 대한 내러티브탐구. **정신건강과 사회복지**, 50(2), 170-198.

최용성, 성지은(2022). 긍정심리학과 유교적 행복, 덕 윤리와의 통섭. **퇴계학 논총** 39, 159-186.

크리스토퍼 싱크, 서미, 김동현(2014). **아동 · 청소년을 위한 긍정상담. 영성을 중심으로**. 학지사.

황정희(2019). 감정조절을 위한 율곡의 교기질 방법 활용: 구용구사를 중심으로. **율곡학연구** 40, 327-350.

Baumgardner, S, T., & Crothers, M. K. (2009). **긍정심리학**. 안신호, 이진환, 신현정, 홍창희, 정영숙, 이재식, 서수균, 김비아 공역. 서울: 시그마프레스. (원저는 2009년에 출간).

Cook, C. C. H. (2004). Addiction and Spirituality. *Addiction, 99*, 539-551.

NikuZadeh, E. K. M. (2011). Comparison the Effectiveness of positive psychotherapy and Adlerian group therapy Intervention program for promotion of resiliency in drug dependents. *Counseling Culture and Psychotherapy, 2*(5), 6-32.

Nelson-Jones, R. (2016). **상담 및 심리치료의 이론과 실제.** 김성봉, 황혜리 공역. 시그마프레스. (원저는 2015년에 출간).

Porzoor, P., Gharadel, J. A., Yaghuti, H., & Basharpoor, S. (2016). Effectiveness of positive psychotherapy in improving opiate addicts' quality of life. *Research on Addiction, 9*(35), 137-148.

Webb, J. R., Hirsch, J. K., & Toussaint. L. (2015). Forgiveness as a positive psychotherapy for addiction and suicide: theory, research, and practice. *Spirituality in Clinical Practice, 2*(1), 48-60.

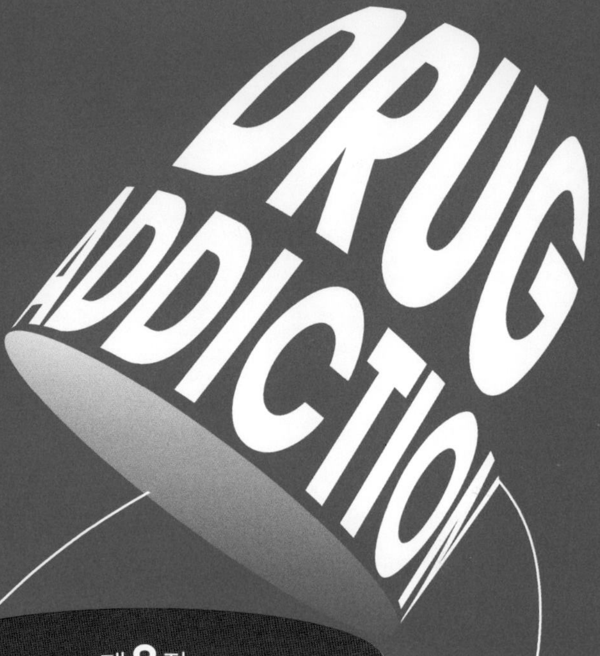

제 8 장

마약류 중독 집단상담

서경현

1. 약물남용 청소년 치료에서 집단상담의 필요성

청소년을 포함해 인간은 사회적 동물로 사회 활동을 추구하고 대인관계에서 배우며 살아간다. 또한 개인의 성격은 사회 집단에서 형성되는데, 여러 집단에 소속되어 살아가면서 구성원들과 영향을 주고받으며 완성된다. 그러므로 마약류에 중독된 사람이나 약물남용을 하는 청소년의 치료 및 회복을 위해 집단을 활용할 수 있다. 약물남용에 빠진 청소년이 집단에 부정적인 영향을 줄 수 있지만, 약물남용 치료적 집단에서는 중독에서 회복될 수 있는 도움을 주거나 받을 수 있다. 그래서 집단상담에 참여한 청소년이 약물남용으로부터 회복될 수 있는 것은 물론 성장할 수 있는 것이다.

청소년 약물남용을 위한 집단상담이 효과적일 수 있는 이유는 청소년이 집단활동을 하면서 고립감을 덜 느끼게 되고, 다른 참여자가 중독에서 회복하는 과정을 보고 배울 수 있으며, 다른 청소년이 약물남용에서 회복하는 것을 도우며 보람을 느낄 수 있기 때문이다. 그런 과정에서 약물을 남용하는 청소년이 수치심을 이겨 내고 자존감을 어느 정도 회복할 수 있다. 그런 점들이 청소년의 약물남용 치료를 위해서는 개인상담보다 집단상담이 효과적일 수 있는 이유들이다(Leshner, 1997). 특별한 경우가 아니라면 약물남용 치료에서 중독자가 개인상담보다는 집단상담에서 더 협조적이기 때문에, 약물남용 청소년을 치료할 때 집단상담이 운영하기 수월할 수 있다는 장점도 있다.

1) 약물남용 집단상담의 장점

미국 국립 약물남용 및 정신건강 관리부(Substance Abuse and Mental Health Services

Administration: SAMHSA, 2005)는 약물남용자들을 위한 집단치료에 대한 가이드라인을 제시하며 집단상담의 많은 장점을 소개하고 있다. 약물남용 치료를 위한 집단상담의 장점은 다음과 같다(López et al., 2021; Yalom et al., 1978).

① 한 명의 상담자가 여러 내담자들을 상담할 수 있어 비용과 시간 측면에서 집단상담이 경제적일 수 있다.

② 집단 내 집단원들의 지지가 참여자에게 절제 위반에 대한 부담을 갖게 하고 절제에 대한 자신감을 준다.

③ 참여자의 고립감을 해소시켜 주고 안정감을 더한다. 약물을 남용하는 사람들은 고립감을 느끼는데, 청소년은 그 고립감을 약물을 함께하던 또래들과 가까이하며 줄이려고 하는 경향이 강해 집단상담이 유용할 수 있다.

④ 집단상담에서는 약물남용으로부터 회복을 간접 체험할 수 있다. 다른 집단원의 회복 과정을 목격하여 절제의 동기를 가질 수 있다.

⑤ 다른 집단원들의 대인관계 변화를 관찰하며 학습할 수 있다. 특히 다른 집단원이 가족이나 타인과 관계를 형성하는 과정을 보고 배울 수 있다.

⑥ 다른 집단원들이 약물남용과 관련된 문제들에 대처하는 방식을 보고 배울 수 있다.

⑦ 다른 집단원들과 약물남용으로부터의 회복과 관련된 유용한 정보를 주고받을 수 있다. 예를 들어, 절제를 위해 어떤 것들을 해야 하는지, 갈망을 일으키는 위험요인들을 어떻게 피할 수 있는지에 관한 정보를 주고받을 수 있다.

⑧ 다양한 집단활동을 하며 약물남용으로부터의 회복과 관련하여 통찰을 얻을 수 있다.

⑨ 다른 집단원들로부터 자신의 생각과 행동에 대해 피드백을 받을 수 있다. 따라서 약물남용에 대한 왜곡된 신념이나 잘못된 행동을 수정하는 데에 도움이 된다.

⑩ 집단에서 참여자가 원가족, 즉 자신이 성장해 온 가족과의 관계를 재현할 수 있다. 그래서 가족과의 건강한 의사소통 방식을 배울 수 있고, 원가족에서 해결하

지 못했던 과제를 재경험하며 통찰을 얻어 해결할 수 있다.

⑪ 약물남용을 발생시키는 대인관계에서의 문제들을 해결할 수 있는 사회적 기술을 학습할 수 있다. 집단 내에서 대인관계 기술을 연습할 수 있다.

⑫ 약물남용을 하는 청소년들이 집단에서 규칙과 삶을 살아가는 방식을 배울 수 있다. 약물중독 청소년이 혼란스러운 삶을 살다가 안정된 집단체제하에서 권리와 책임을 학습할 수 있다.

집단상담에는 많은 장점이 있지만 물론 단점도 있다. 예를 들어, 훈련받지 못한 집단리더가 상담을 진행하면 위험하다. 하지만 그런 경우도 집단상담은 개인상담만큼 위험하지는 않다(SAMHSA, 2005).

2) 약물남용 집단상담이 효과적일 수 있는 조건

앞서 기술한 것처럼, 좋은 목적으로 구성된 집단이라도 집단리더, 즉 집단상담자가 잘 관리하지 않으면 참여 청소년들이 해를 입을 수 있다. 예를 들어, 집단에서 다른 집단원들의 지지에는 참여자의 약물남용에 대한 절제행동을 하도록 하는 힘이 있지만, 약물남용을 하던 청소년이 집단에서 다른 청소년이 약물을 사용하도록 권유할 수도 있어 이것을 관리할 수 있는 집단상담 전문가의 능력이 요구된다(SAMHSA, 2005). 따라서 잘 훈련받은 집단상담자가 체계적으로 접근할 수 있도록 설계된 집단프로그램에서만 약물남용을 하는 청소년이 회복할 가능성이 크다. 그런 프로그램은 약물로 해결하고자 했던 심리적 문제들을 적절히 잘 다루기 때문에 효과를 내는 것이다.

숙련된 집단상담자는 집단이나 집단원에게 있는 치유 잠재력을 활성화하고, 건전한 대인관계를 조성하고 청소년의 사회성 기술을 증진시킬 수 있다. 치료집단에서는 동일한 약물남용의 문제를 가지고 있는 청소년들 간에 동질성을 느낄 수 있고 서로를 지지하며 약물남용으로부터 회복되는 데 필요한 행동을 적절하게 하였을 때 피드백을 주고받을 수 있는데, 집단상담자는 그런 상호작용을 촉진할 수 있어야 한다. 그런 상호작용이 적절하게 일어날 수 있도록 해야만 약물남용 집단상담이 효과적일 수 있다(Scheidlinger, 2000).

약물남용 집단상담이 효과적이려면, 우선 집단상담자가 물질사용장애가 있는 청소년 내담자의 특성을 제대로 이해하고 집단상담 과정에 정통해야 한다. 중독상담을 하는 실무자 중에는 집단상담에서도 개인상담 기법을 적용하고자 하는 경우가 있다. 하지만 집단상담에는 개인상담과 다른 점들이 많기 때문에, 개인상담의 원칙과 기법을 적용하다 보면 낭패에 빠질 가능성이 크다(SAMHSA, 2005). 만약 집단상담에서 개인상담 원리를 적용하다 보면 집단이 제공하는 자기 이해의 기회, 정화, 친밀감 형성, 시연의 기회, 통찰의 효과를 활용하지 못하게 된다. 그렇게 되면 집단상담자가 집단역동성에 제대로 반응하지 못하면서 집단을 운영할 수 있고, 집단 내에서 일어나는 회복의 조짐을 파악하지 못하거나 실제 그렇지 않은데도 회복된 것으로 착각하고 집단상담을 종결할 위험도 있다(SAMHSA, 2005).

약물남용 집단상담과 관련된 오해들을 미국 국립 약물남용 및 정신건강 관리부에서 다음과 같이 설명하고 있다(SAMHSA, 2005). 첫째, 중독 집단상담을 중독을 치료하는 12단계 프로그램인 AA(Alcoholics Anonymous)가 NA(Narcotics Anonymous)와 같다고 오해하는 경우가 있다. 하지만 적용하는 기법도 다르며, AA나 NA에는 특별한 경우가 아니면 집단리더가 없다. 둘째, 개인상담은 몰라도 약물남용을 위한 집단상담은 특별한 자격이 아닌 상담자 자격만 있으면 가능하다고 오해하는 상담자들이 있다. 앞서 언급하였듯이, 약물남용 집단상담을 진행하기 위해서는 고도의 기술이 필요하고 그 과정이 복잡하기에 전문적으로 훈련받은 상담자나 집단리더가 되어야 효과를 낼 수 있고 집단원들이 위험에 노출될 가능성이 작다. 셋째, 약물남용과는 상관이 없는 일반적 집단상담 기법이 약물남용 청소년에게 도움이 될 것으로 생각하고 적용하는 상담자도 있다. 하지만 물질사용장애가 있는 환자에게 알맞은 맞춤형 전략과 함께 접근해야 약물남용 청소년의 회복에 효과가 있을 수 있다. 넷째, 상담자들은 약물남용 집단상담에 개인상담의 기법이나 AA의 철학을 통합하면 효과가 배가될 것으로 오해하기도 한다. 하지만 그렇게 한다면 집단원들이 혼란스러워하기 때문에, 약물남용 집단상담은 그에 걸맞은 계획을 세우고 체계적으로 접근해야 효과를 낼 수 있다. 이와 같은 오해를 하고 있는 상담자는 약물남용을 위한 집단상담을 제대로 진행할 수 없다.

또한 치료에 저항적이고 동기화되지 않은 약물남용자에게는 개인상담은 물론 집단상담도 효과를 낼 수 없으므로, 청소년 중독자에게 회복의 동기를 가지게 하는 것이 가장 중요하다. 최삼욱 등(2013)은 여성가족부의 요청으로 유해약물 중독 청소년 문제행동 진단, 상담 및 치료 프로그램을 개발하는 연구를 하면서 유해약물을 남용하는 청소년을 상담하거나 치료할 때 기술을 익히게 하는 것도 중요하지만 회복에 대한 동기를 강화하는 것이 중요하다는 것을 강조하였다.

2. 약물남용 집단상담을 위한 치료 집단 유형

집단에는 수많은 치료적 요소가 있다. 치료적 집단마다 공통적인 치료 요소들이 있지만, 집단의 목표와 중독전문가인 집단리더의 유형에 따라 치료적 집단의 유형을 다음과 같이 나눌 수 있다(SAMHSA, 2005).

① 심리교육 집단: 약물남용과 관련된 교육을 하는 집단
② 기술개발 집단: 약물남용에서 회복되는 데 필요한 기술들을 익히는 집단
③ 인지행동 집단: 약물남용과 관련 있는 사고와 행동을 수정하는 집단
④ 지지 집단: 집단원들의 약물남용과 관련된 변명과 합리화를 무력하게 하고 변화의 동기를 지지하는 집단
⑤ 대인관계 과정 심리치료 집단: 집단원들이 자신의 과거를 집단 내에서 지금-여기로 재현하고, 중독약물로 도피하게 만든 대인관계나 삶의 문제를 다시 짚어보는 집단

실제 임상장면에서 약물남용 치료를 위해서는 ①~④ 중에 하나 혹은 그것들을 조합해서 활용한다. 대인관계 과정 심리치료를 기반으로 하는 집단상담은 숙련된 집단리더가 진행할 수 있으며 적용 기간도 길어서 잘 활용되지는 않는다(SAMHSA, 2005). 하지만 약물남용으로부터의 회복이 단기간에 이루어지는 것이 아니기 때문에 대인관계 과정 심리치료 집단상담도 청소년 약물남용을 위해서 효과적일 수 있다.

각 집단상담 모형은 집단원들의 유형에 따라 선택된다. 다시 말해, 치료 참여자의 요구에 따라 모형의 선택이 달라진다. 집단의 목표도 집단상남 모형을 신댁하는 데에 중요한 요인이다. 또한 약물남용에 대한 집단상담도 프로차스카와 디클레멘트(Prochaska & DiClemente, 1984)가 제시한 변화단계에 따라 달리 접근해야 한다. 내담자가 변화단계 어디에 있느냐에 따라 적합한 집단 유형이 어떤 것인지를 결정해야 한다(SAMHSA, 2005). 예를 들어, 실행단계에 있는 내담자들로 구성된 집단과 숙고 전단계에 있는 내담자들로 구성된 집단에서의 개입 내용과 목표가 다를 수밖에 없기 때문이다.

표 8-1 약물남용 치료 집단의 적용기법 및 치료목표

치료집단 유형	적용기법 및 치료목표
심리교육 집단	조기회복, 심리교육, 약물남용 교육, 문화교육, 건강 및 웰빙 교육, 부정정서 조절 교육, 가족역할 교육
기술개발 집단	조기 회복, 기술훈련(이완훈련, 명상, 생활기술), 인지행동기법, 부정정서 조절, 갈등해결 개입, 재발방지, 공존질환 개입
인지행동 집단	조기 회복, 기술훈련(생활기술), 인지행동기법(이완훈련 포함), 부정정서 조절, 갈등해결 개입, 재발방지
지지 집단	조기 회복, 적극적 지지, 부정정서 조절, 외상 개입(학대 및 폭력피해), 인지행동기법, 정신역동적 개입, 인본주의적 접근(실존치료 포함), 영적 개입, 표현치료, 젠더이슈 개입, 재발방지, 공존질환 개입
대인관계 과정 심리치료 집단	외상 개입(학대 및 폭력피해), 정신역동적 개입, 인본주의적 접근(실존치료 포함)

출처: SAMHSA (2005) 재구성함.

〈표 8-1〉은 미국 국립 약물남용 및 정신건강 관리부(SAMHSA, 2005)에서 치료 집단 유형별 적용기법과 치료 목표를 분류한 내용들을 요약하여 재구성한 것이다. 〈표 8-1〉에 제시된 각각의 치료집단 유형에 따른 개입 내용과 목표들을 감안하고 집단원들의 변화단계에 따라 집단 유형을 선택해야 한다. 각 집단 유형의 고유 목표와 개입 내용이 있지만 겹치는 경우도 있다.

미국 국립 약물남용 및 정신건강 관리부(SAMHSA, 2005)에서 제시한 약물남용 치료를 위한 다섯 가지 모형 집단의 목적, 주요 특성, 집단상담자에게 필요한 리더십 기술 및 스타일 등을 요약 · 정리하고 해석하면 다음과 같다.

1) 심리교육 집단

심리교육 집단에서는 약물남용 행동과 그것의 결과를 참여자들을 교육한다. 심리교육 집단에서는 약물을 남용하는 자기를 인식하도록 유도하고, 회복 과정에 대한 집단원의 이해력을 높이며, 변화와 성장을 위해 선택할 수 있는 것들을 제시하고, 지역사회 자원들을 소개하며, 집단원 자신이 그런 정보와 지지원들을 활용할 수 있도록 유도한다. 심리교육 집단에서는 약물남용에 따른 심리적 문제에 대한 정보를 제공하기는 하지만 전문적으로 개입하지는 않는다.

(1) 심리교육 집단의 목적과 조건

심리교육 집단의 주요 목적은 약물남용의 다양한 결과를 제대로 인식하게 만들어서 집단원이 회복을 위한 동기를 갖도록 하는 것이다(Pfeiffer et al., 1991). 그래서 심리교육 집단은 숙고 전 단계나 숙고 단계에 있는 약물남용 청소년들에게 도움이 된다. 이 집단에서는 내담자가 약물남용을 그만두는 데에 도움이 되는 정보를 제공하고 자신의 삶에 더 도움이 되는 선택을 하도록 유도한다. 이런 교육은 약물남용을 하는 청소년의 가족에게도 유용한다.

심리교육 집단이 효과적일 수 있는 조건들은 다음과 같다(SAMHSA, 2005). 첫째, 숙고 전 단계나 숙고 단계에 있는 사람들에게 약물남용이 삶에 부정적으로 영향을 주는 것을 깨닫게 하고, 변화의 욕구를 자극하여 변화 동기를 강화하는 데에 도움이 될 수 있다. 둘째, 절제를 시작한 지 얼마 되지 않은 집단원에게 자신의 문제에 관해 더 많이 알게 하고 회복의 장애물을 인식하며, 회복을 위해 실행해야 하는 것들에 관해 이해력을 높일 수 있다. 셋째, 회복을 위해 가족이 약물남용을 하는 가족원을 이해할 수 있도록 하고 적절하게 도울 수 있는 정보를 제공한다. 넷째, 약물을 남용하는 사람에게 회복에 도움이 되는 기술들에 대한 정보를 제공한다.

(2) 심리교육 집단의 특성

심리교육 집단의 특성을 설명하면 다음과 같다(SAMHSA, 2005). 심리교육 집단에서는 약물남용과 관련된 개인의 내적 문제와 외부 환경을 인식하고 그것을 조절하거나 회피할 수 있는 대처 기술을 집단원에게 가르친다. 기술개발 집단에서 학습할 수 있는 대처 기술들을 심리교육 집단에서도 배울 수 있다. 다만 차이점은 심리교육 집단에서는 그런 기술들을 교육하는 것이고, 기술개발 집단에서는 시연과 연습을 통해 기술을 습득하게 한다는 것이다. 따라서 심리교육은 유용하기는 하지만 다른 집단치료 혹은 집단상담보다는 전문성이 덜한 것으로 여겨진다. 그렇더라도 숙고 전 단계와 숙고 단계에 있는 집단원에게 최선의 선택이 될 수 있어서 약물남용 청소년에게 유용할 수 있다. 그리고 심리교육은 기술개발과 종종 통합되기도 한다.

심리교육 집단에서 청소년이 자신의 약물남용 행동을 반성하며 그 문제를 해결하는 방법을 배우고 자신의 가치를 발견하게 된다면 최상이다(López et al., 2021). 심리상담이나 심리치료보다 심리교육은 더 구조화할 수 있기 때문에, 잘 계획된 커리큘럼에 따라 적용할 수 있다. 그렇지만 심리교육 집단은 단지 강의로 교육하는 것 외에 집단토론 과정이 없다면 효과를 보기 어렵다. 그래서 심리교육 후 집단토론에서 집단원들이 적극적으로 소통하도록 해야 한다.

심리교육 집단은 다양한 대상자들에게 도움이 될 수 있다. 심리교육 집단의 효과는 인지장애나 조현병 환자들에게도 효과가 있는 것으로 밝혀졌고(Maheshwari et al.,

2020), 약물남용 청소년에게 적용하는 데 무리가 없으면서도 앞서 기술한 많은 장점이 있어 널리 활용되고 있다. 또한 약물남용 청소년을 위한 다른 치료집단 유형에도 심리교육을 포함시킬 수 있다.

(3) 심리교육 집단에서 집단리더의 자질과 역할

심리교육 집단의 리더는 교육을 위한 강사이자 집단토론의 촉진자이다. 하지만 다른 치료 집단의 리더와 같이 상담자나 심리치료사가 가져야 하는 태도와 자질을 갖추고 있어야 한다. 심리교육 집단리더가 갖추어야 할 주요 자질은 다음과 같다(SAMHSA, 2005). 첫째, 무엇보다 심리교육 집단리더는 잘 가르칠 수 있는 교수 기술을 갖추고 있어야 한다. 그런 능력에는 강의 계획과 교본을 구성하는 것도 포함된다. 둘째, 심리교육 집단리더도 공감, 배려 및 진솔성과 같은 상담자의 태도를 갖추어야 한다. 셋째, 심리교육이 주목적이지만 토론과 같은 집단활동에서 지도자가 되어야 해서 집단원들이 집단 내에서 상호작용하는 방식을 잘 이해하고 있어야 한다. 넷째, 그런 집단역동이 집단원 개인에게 미치는 영향도 세심하게 파악할 수 있는 능력이 있어야 한다. 한 집단원이 다른 집단원에게 영향을 미치고, 집단에서 일어나는 문제행동을 처리하고 아무 행동도 하지 않는 집단원에게 대처하는 방법도 알고 있어야 한다.

심리교육 집단의 리더는 다른 집단에서 집단리더의 기본적 자질인 것들도 갖추어야 한다. 집단상담자는 집단원들의 역할을 잘 알리고 집단 내에서 문제를 일으키는 집단원을 관리하는 방법을 잘 알고 있어야 한다. 집단리더는 집단원들이 편안함을 느끼며 집단에 참여하게 해야 하고, 집단에 지식을 전달하기 위해 다양한 자원을 활용해야 할 수 있어야 하며, 각 회기에서 전달할 내용들을 준비하고 잘 숙지하고 있어야 한다.

2) 기술개발 집단

(1) 기술개발 집단의 목적과 조건

기술개발 집단은 대개 인지행동치료를 하는 전문가들이 운영하지만, 다른 다양한 이론적 배경을 가진 상담전문가들이 기술개발 기법들을 활용한다. 기술개발 집단에서도 심리교육을 하기도 하지만, 주목적은 기술개발이다. 약물남용 치료를 위한 기술개발 집단의 목적은 집단원들이 절제를 실천하고 유지하는 데에 필요한 기술들을 익히게 하는 것이다. 이 집단에서 개발하고자 하는 기술 중에는 직접적으로 약물 권유에 거절하는 기술이나 갈망에 대처하거나 갈망을 일으키는 요인을 회피하는 기술들이 있지만, 더 넓은 차원에서 절제의 유지를 돕는 이완 기술이나 분노관리 기술들도 포함된다(SAMHSA, 2005).

약물을 남용하고 있는 사람들은 삶이 불안정하므로 건전하고 건강한 삶을 사는 기술을 잘 활용하지 못하고 있다. 따라서 약물남용 청소년에게는 세상을 제대로 살아가는 생활방식 기술이나 대처 기술들을 새로 습득하게 하거나 재학습하게 도와주어야 한다. 약물남용을 하는 사람들의 가장 큰 문제는 대인관계 기술에 있으므로 집단 내에서 습득하게 해야 하는 것은 대인관계 기술일 가능성이 크다.

(2) 기술개발 집단의 특성

기술개발 집단의 특성은 다음과 같다(SAMHSA, 2005). 개발한 기술의 선정을 위해 기술개발을 계획할 때 집단원 개인의 특성과 능력을 고려해야 한다. 또한 개발하고자 하는 기술을 선택할 때는 집단원의 요구도 고려해야 한다. 집단의 구성은 8~10명 정도가 적절한데, 제한된 회기와 시간 동안 운영되기 때문에 충분히 기술을 집단원 앞에서 시연하고 연습할 수 있는 인원으로 제한해야 한다.

(3) 기술개발 집단에서의 집단상담자의 역할

기술개발 집단에서의 집단상담자의 역할은 다음과 같다(SAMHSA, 2005). 첫째, 기술개발 집단의 집단상담자는 다른 유형의 집단리더와 마찬가지로 집단역동을 잘 이해하고 집단원 간의 상호작용을 촉진해야 하며 집단 내에서 일어나는 갈등을 잘 관리할 수 있어야 한다. 둘째, 집단상담자는 집단원들이 익혀야 하는 기술을 잘 알고 시연할 수 있어야 한다. 따라서 집단상담자는 기술개발 집단에 참여한 경험이 있으면 좋다. 셋째, 집단원이 집단 내에서 학습한 기술들을 일상생활에 적용하게 도울 수 있어야 한다.

3) 인지행동 집단

(1) 인지행동 집단의 목적과 조건

인지행동 집단은 약물남용 치료를 위해 널리 사용되는 접근방식으로 이론과 기법이 잘 확립되어 있다. 인지행동 기법들은 여러 이론적 접근의 장점을 많이 포함하고 있지만, 주목적은 인지구조의 재구성이다. 인지행동 집단에서는 약물남용 행동과 연결된 조건자극의 파악, 조건자극 회피, 유관관리, 반응 둔감화 등과 같은 행동기법들이 활용된다(McHugh et al., 2010).

인지행동치료 집단은 사고의 패턴과 신념을 수정하여 학습된 행동에 변화를 유도한다. 이 집단은 조기 회복을 목표로 할 때 특히 유용하다(SAMHSA, 2005). 개인의 특정한 사고와 신념이 약물남용을 하게 하고, 약물남용 행동과 중독이 생각과 신념에 영향을 미친다. 따라서 그런 신념을 수정하지 않으면 약물남용에서 회복될 수 없다. 인지행동 집단에서 그런 신념을 수정한다. '나는 더 이상 어쩔 수 없어!' '나는 이미 끝났어!' '그래도 내게 위안을 주는 것은 약물뿐이야!'와 같은 신념이 바로 그런 것들이다. 이런 신념을 수정하면 절제에 성공하고 약물남용에서 회복될 수 있다.

(2) 인지행동 집단의 특성

약물남용 치료를 위한 인지행동 집단에서는 집단원의 부적응에 원인이 될 수 있는 신념과 행동을 파악하는 것에 집중한다. 인지행동치료 집단은 약물남용과 관련하여 목표지향적이며 문제 그 자체에 초점을 맞추고 대부분 접근방식이 구조화되어 있다. 따라서 중재방식에 대한 설명이 포함된 매뉴얼이 제공되는 경우가 많다.

인지행동치료에서는 여러 접근방식과 기법을 사용하는데, 모두 인간의 사고, 판단과 신념과 같은 인지적인 면과 그것과 연결된 행동에 변화를 주는 것에 초점을 맞춘다. 어떤 인지행동적 접근은 핵심이 되는 신념에 초점을 맞추고 어떤 접근은 행동에 더 초점을 두는 것이 차이가 있다(SAMHSA, 2005). 그런데 초점을 어디에 맞추느냐와 상관이 없이 인지행동치료의 과정은 모두 근거중심 접근이어야 한다. 다시 말해, 접근방식이 연구로 검증되었거나 이론적 근거가 확실해야 한다는 의미이다.

(3) 인지행동 집단에서 집단상담자의 역할

약물남용 치료를 위한 인지행동 집단에서 집단상담자의 역할은 다음과 같다(SAMHSA, 2005). 첫째, 집단원이 약물남용을 하게 하는 자기파괴적 사고와 행동이 무엇인지를 인식시킨다. 둘째, 문제해결을 위한 장단기 목표를 집단원들과 함께 설정한다. 셋째, 집단원이 약물남용 행동과 관련된 정서를 인식하게 한다. 능숙한 집단상담자는 인지행동치료 집단에서 참여자들이 적극적으로 활동할 수 있도록 하는 다양한 기술을 가지고 있으며, 집단원들의 요구와 기대를 충족시킬 수 있다. 자존감과 자기인식 수준이 낮고 사회성 기술이 떨어지는 약물남용 청소년은 인지행동치료 집단에서 하는 활동이 심적으로 불편할 수 있다. 그리고 인지행동치료 집단에서는 사고와 신념을 수정하고 행동에 변화를 주는 것에 초점을 맞추기 때문에, 변화에 대한 저항이 있을 수밖에 없다. 따라서 수련된 집단상담자는 저항에 맞서지 않고 그것을 존중하며 참여자들과 작업할 수 있어야 한다.

4) 지지 집단

(1) 지지 집단의 목적과 조건

약물남용 치료에서 지지 집단은 자조 집단에 기반을 둔다. 자조 집단에는 약물남용에 대한 자각, 진실한 상호작용, 변화에 대한 노력 및 집단원들끼리의 무조건적 수용 등과 같은 원칙이 있다. 지지 집단에서 참여자는 약물남용의 원인에 초점을 맞추지 않고 절제할 수 있는 방법에 초점을 맞추고 생활습관의 변화를 모색한다. 따라서 지지 집단은 장기적으로 참여자들의 생활습관에 변화를 유도하지만, 문제중심적이고 조기 회복에도 집중한다(SAMHSA, 2005).

지지 집단의 목적은 약물남용 청소년들이 자신의 생각과 감정을 조절할 수 있는 능력을 배양하고 약물남용에서 벗어날 수 있도록 대인관계 기술을 함양하는 것이다. 이 집단에 참여하는 청소년들끼리는 절제를 유지하고 건전한 생활습관을 가질 수 있는 실질적인 도움을 주고받는다. 그런 가운데 집단원들은 자존감과 약물남용으로부터 회복될 수 있다는 자신감을 가질 수 있다. 그리고 이 집단에서는 약물을 남용하는 청소년들이 고립감을 느끼지 않도록 서로 지지할 수 있게 한다. 하지만 이 집단은 전통적인 심리치료가 아니기 때문에 성격과 같은 개인의 내적 성향에 초점을 맞추지 않고 복잡하지 않으면서 직접적인 방식으로 집단원들을 돕는다(SAMHSA, 2005).

(2) 지지 집단의 특성

약물을 남용하는 청소년들은 상담이나 심리치료에 대한 반감이 있는데, 지지 집단의 장점은 안전한 환경에서 정서적 지지와 물리적 지원을 하기 때문에 참여자의 저항이 적을 수 있다는 것이다. 따라서 이 집단은 회복에 덜 동기화된 청소년들에게 유용할 수 있다. 이 집단은 변화의 단계나 치료 장면과 상관없이 적용할 수 있으며, 다수의 집단원들에게 개방형으로 운영할 수 있다. 하지만 약물남용의 회복 단계에 대한 지원 내용이 다를 수 있어서 회복단계에 따라 동질 집단을 구성하면 효율적일 수 있다. 지지 집단은 주 1회 혹은 2회로 4주 혹은 6주 동안 진행될 수도 있고, 1년 정도 장기 프로그램으로 진행될 수도 있다(SAMHSA, 2005).

지지 집단은 약물남용 청소년들이 참여 시점에서 맞닥뜨린 문제와 상황을 다룬다. 그래서 이 집단에서는 청소년들이 약물의 유혹을 피하는 방식은 물론 학교에서의 징계나 더 나아가 법적 문제에 관해 토론하기도 한다. 그렇더라도 집단원들에게 현안이 되는 것이 아니면 이 집단에서 다루지 않는다.

(3) 지지 집단에서의 집단상담자의 역할

지지 집단은 각기 다른 다양한 이론적 배경을 가진 집단상담자들이 운영할 수 있다. 지지 집단 중에는 집단원이 주도적인 경우도 있지만, 대개 전문적인 집단리더나 상담자가 집단을 이끌게 된다. 지지 집단에도 집단원들의 회복과 성장을 파악해야 하고 집단원 간의 상호작용을 촉진하고 관리해야 하는 리더가 필요하기 때문이다. 집단리더인 상담자는 집단원을 지원하는 방식, 집단원들의 목표 설정, 집단원 간의 상호작용 지침 마련, 회복을 위한 중재기술 적용 등과 같은 능력을 갖추어야 한다.

지지 집단에서 집단리더의 역할을 요약하면 다음과 같다(SAMHSA, 2005). 지지 집단에서 집단상담자는 앞서 다른 집단에서보다 덜 지시적이다. 이 집단에서 집단상담자는 약물남용 청소년들의 토론을 촉진하고, 그들이 자신의 경험을 다른 집단원들과 공유하고, 맞닥뜨린 문제를 해결하며, 어려운 상황을 극복하도록 돕는다. 또한 집단상담자는 집단원들의 변화에 피드백해 주며 그것에 대한 강화를 제공하고, 집단 내에서의 적절한 상호작용의 모범을 보이며, 개인 및 집단의 경계를 존중하고, 개방적이고 진실된 의사소통을 촉진한다.

5) 대인관계 과정 심리치료 집단

(1) 대인관계 과정 심리치료 집단의 목적과 조건

약물남용 치료를 위한 대인관계 심리치료 과정 집단은 집단역동(group dynamics)을 중요시하는 상담이론들에 기반을 두고 있다. 역동은 정신분석에서 사용되는 용어인데, 집단역동은 애착, 경쟁, 갈등이라는 용어와도 상관이 있다(Rom & Mikulincer, 2003). 대인관계 과정 심리치료 집단에서는 개인의 심리 내적 역동과 대인관계에서의 역동에 변화를 주어 집단원을 약물남용으로부터 회복되도록 하는 데에 초점을 맞춘다.

대인관계 과정 집단의 목적은 개인 내적 심리의 역동이나 심리적 기능이 작동하는 방식을 활용하여 약물남용 청소년의 변화와 회복을 유도한다. 정신역동적 접근에서는 일부는 의식하고 있지만 대부분 무의식에서 개인 마음속의 상충되는 힘이 해로운지 이로운지와는 상관 없이 개인의 행동을 결정한다는 논리를 기반으로 하고 있다

(SAMHSA, 2005). 타인에 대한 애착도 인간을 움직이게 하는 힘의 원천이다. 정신역동적 관점과 마찬가지로, 애착도 기질적인 면이 강하고 어린 시절부터 발달하기 때문에 초기 환경이 중요하다. 따라서 대인관계 과정 심리치료 집단에서는 약물남용 청소년들의 초기 발달환경의 문제에 초점을 맞춘다. 초기 성장기에 형성된 잘못된 관계방식을 자각하게 되면 현재 집단원들의 기능적 문제와 파괴적인 생활양식에 변화가 생길 수 있다고 보는 것이다. 역으로, 집단원들이 집단 내에서 다양한 사람들과 상호작용을 하며 만족할 만한 관계를 형성하게 되면 청소년들의 약물에 대한 갈망이 줄어들 가능성이 크다.

(2) 대인관계 과정 심리치료 집단의 특성

약물남용 청소년에 대한 정신역동적 접근의 기본 원리는 다음과 같다(SAMHSA, 2005). 첫째, 성장기에서 초기 경험은 성장 후 청소년의 경험과 행동에 영향을 미친다. 둘째, 청소년 개인이 경험한 것을 자신의 삶의 전반에 적용하는 '인지 왜곡'이 일어날 수 있다. 이런 비생산적이고 부적절한 인식이 약물남용 습관을 계속하게 만들 수 있다. 셋째, 인식하지 못하는 심리적이고 인지적 과정이 행동을 좌우한다. 의식하기 어려웠던 그런 인지 과정을 의식하게 되면 역기능적 관계를 수정할 수 있게 된다. 넷째, 사람들이 하는 행동은 상황에 적응하고 위험으로부터 보호하기 위해 선택된 것이다. 따라서 개인이 선택한 행동은 개인력을 감안할 때 적응을 위한 최선의 선택이기 때문에, 약물남용 청소년의 역기능적인 행동에 대한 선택을 그만하게 하고 기능적인 행동을 선택하도록 하면 된다.

대인관계 과정 심리치료 집단에서는 청소년기에서 발생하는 문제들을 파악하고 약물남용의 원인이 되거나 회복을 더디게 하는 요소가 무엇인지를 탐색한다. 집단 과정, 즉 집단에서 하는 활동은 집단원의 일상생활에서 대인관계의 축소판이라고 할 수 있다. 그리고 이 집단에서는 건전한 대인관계를 맺을 수 있는 약물남용 청소년들의 능력을 회복시키는 것이 관건이 된다. 이론적인 접근이 아닌 결과로 나타나는 치료 과정을 중요하게 여기기 때문에, 이 집단에서는 시연과 실습을 중요시한다(SAMHSA, 2005).

(3) 대인관계 과정 심리치료 집단에서 집단상담자의 역할

약물남용 치료를 위한 대인관계 과정 심리치료 집단에서 집단상담자의 역할은 다음과 같다(SAMHSA, 2005). 대인관계 과정 심리치료 집단에서 집단상담자는 각 집단원 개인의 정신역동이나 집단 전체의 역동보다는 집단원 간에 대인관계 역동에 더 초점을 맞추어야 한다. 그렇더라도 집단상담자는 개인의 정신역동이나 집단 전체의 역동에도 관심을 가진다. 그리고 집단상담자는 현재의 문제에 집중하면서 과거의 문제들이 그것에 영향을 미쳤다는 것을 집단원들이 인식하게 해야 한다.

3. 약물남용자를 위한 집단상담 프로그램

약물남용자의 치료와 회복을 위해 개발된 집단상담 프로그램들이 있다. 그런 프로그램들에는 약물남용 청소년들을 위해 집단상담을 계획할 때 참고할 수 있는 내용들이 많이 포함되어 있다. 이 절에서는 약물남용자들을 위해 개발된 2가지 구조화된 프로그램을 소개하고자 한다.

1) 한국마약퇴치운동본부 마약류 의존자 집단상담 프로그램

처음 소개할 프로그램은 한국마약퇴치운동본부에서 개발한 마약류 의존자의 치료와 회복을 위해 개발된 집단상담 프로그램이다(박상규 외, 2009). 이 프로그램은 12회기의 주 프로그램과 3회기의 부록 회기로 구성되어 있다. 각 회기는 90분 동안 진행되도록 계획되어 있다.

〈표 8-2〉에는 프로그램의 회기내용이 요약되어 있다. 1~2회기는 약물에 대한 교육으로 구성되어 있는데, 약물이 뇌와 신체에 미치는 영향을 참여자들에게 교육한다. 그리고 3~8회기는 집단상담 회기로 변화단계 및 변화의 장단점 확인, 가치탐색, 의사결정의 균형 찾기, 갈망에 대한 대처 및 재발방지 훈련, 교차중독 및 대체 중독

표 8-2 한국마약퇴치운동본부 마약류 의존자를 위한 집단상담 프로그램 회기 내용 요약

회기	범주	주제	활동 요약
1	교육	약물이 뇌에 미치는 영향	• 약물이 뇌에 미치는 영향에 대한 교육 –동기와 갈망을 일으키는 도파민에 대한 이해 –약물 사용과 해마 및 편도체의 관계 –메스암페타민 사용과 정신병 –마약류 치료가 어려운 이유에 대한 생물학적 이해
2		약물이 신체에 미치는 영향	• 약물이 몸을 어떻게 망가뜨리는지에 관한 자유토론 • 약물이 뇌와 신체에 미치는 영향에 대한 교육 –약물의 흡수, 대사 및 배출에 대한 이해 –약물이 중추신경계에 미치는 영향 –약물 범주와 각 약물의 효과에 대한 이해 • 건강한 삶에 관한 토론
3	집단상담	변화단계 및 변화의 장단점	• 변화 경험에 관한 토론 –흡연 및 금연, 음주 및 절주, 운동을 한 경험 토론 • 심리교육 –변화단계와 변화촉진 활동에 관한 교육 • 집단상담 –변화단계 진단(범이론적 접근의 변화단계 용지) –변화촉진 활동 –동기강화상담의 OARS 기법 적용
4		가치탐색	• 준비활동 –지난 1주일 동안 재미있던 경험 나누기 –개인적 변화 경험 나누기 • 가치탐색 활동 –집단 브레인스토밍 –의사결정에서 장단점 파악의 중요성 이해 –약물사용행동의 장단점 나누기

5	집단상담	의사결정의 균형	• 준비활동 –지난 1주일 동안의 경험 나누기 –의사결정에 대한 개인적 경험 나누기 • 가치관 훈련 –가치 있게 생각하는 것 파악하기(가치관 목록) –가치관과 행동 간의 불일치 인식
6		갈망대처 및 재발방지 훈련	• 준비활동(다음의 2가지 중 하나 선택) –갈망 대처 역할극 –회복자 사례(재발에 관한 경험담) • 갈망에 대한 대처 –자신의 약물사용에 대한 기대 탐색(약물기대감 척도) –갈망을 일으키는 유혹 상황 탐색(단약효능감 척도) –갈망 대처 실습 • 재발방지 –재발위험 신호 찾기(약물충동 기록지) –회복을 구성하는 축 찾기(가족, 직업, 신앙, 기타 단약환경)
7		교차중독 및 대체 중독의 치유	• 준비활동(다음의 2가지 중 하나 선택) –초기 기억 나누기 –가족 조각 만들기 • 중독 문제 진단 –중독의 특성 및 종류 인식 –자신의 중독 성향 인식 –중독 이면의 감정기제 인식 • 중독 문제 치유 –자신이 마음에 상처를 받는 이유 탐색 –순기능 및 역기능 가족의 특징 이해 –성인아이 탐색 및 치유
8		중독자 회복 사례	• 중독자 회복사례 –회복자 사례 소개하기 –회복자의 경험 듣기 –회복자와의 대화

9	사회기술 훈련	신체건강	• 준비활동 –지난 1주일 동안의 경험 나누기 –수식관 명상 • 신체건강에 대한 이해와 추구 –신체건강과 행복에 대한 이해 –스트레스와 신체건강에 대한 이해 –자기 몸 돌보기 위한 기술 습득 –약물남용과 신체건강 간의 관계 이해
10		칭찬하기	• 준비활동 –지난 1주일 동안의 경험 나누기 –수식관 명상 • 칭찬하기 실습 –타인을 칭찬하기 –자기를 칭찬하기
11		용서하기	• 준비활동 –지난 1주일 동안의 경험 나누기 –수식관 명상 • 용서하기 실습 –용서에 대한 이해 –타인을 용서하기(부, 모, 기타 타인) –자기를 용서하기
12		분노 다루기	• 준비활동 –지난 1주일 동안의 경험 나누기 • 분노 조절 훈련 –감정의 경로와 자신의 감정 표출 방법 탐색하기 –부정적 감정을 일으키는 생각(사고) 파악하기 –적절한 수준의 분노 표현하기 –역지사지, I–메시지 사용하기
13	부록	가족의 사례	• 중독자 가족 사례 –중독자 가족 사례 소개하기 –중독자 가족 경험 듣기 –중독자 가족과의 대화

14	부록	정보의 제공	• 준비활동 –지난 1주일 동안의 경험 나누기 • 교육(정보 제공) –교정기관에 관한 정보 제공하기 –마약사범 관련 치료보호시설에 관한 정보 제공하기 –마약사범 관련 재활시설에 관한 정보 제공하기 –마약사범 관련 직업자활시설에 대한 정보 제공하기 –제공된 정보와 관련하여 토론하기
15		가족교육 매뉴얼	• 준비활동 –박수게임과 인사 나눔 • 교육(정보 제공) –물질 남용과 의존 및 중독에 관한 정보 제공하기 –의존자 가족이 경험하는 문제에 관한 정보 제공하기 –의존자 가족이 전형적으로 대응하는 방식에 관한 정보 제공하기 –가족의 공존의존에 관한 정보 제공하기 –가족의 효과적인 개입에 관한 정보 제공하기 –의존자 가족의 스트레스 관리에 관한 정보 제공하기

출처: 박상규 등(2009)을 참고하여 구성함.

의 치유 및 중독자 회복사례를 다룬다. 9~12회기는 기술훈련 회기로 신체건강에 관한 이해, 칭찬하기, 용서하기, 분노 관리를 다룬다. 그리고 부록으로 활용할 수 있는 13~15회기에서는 중독자 가족 사례, 마약류 중독으로부터 회복을 위한 정보, 가족교육 정보 매뉴얼을 제공한다.

2) 마약류 사범 동기강화 집단상담

동기강화상담을 기반으로 강은영과 신성만(2012)이 개발한 마약류 사범 동기강화 집단상담은 한국형사정책연구원에서 마약류 사범 대상 재활센터 치료 · 재활교육 프로그램 연구의 일환으로 개발된 것이다. 이 프로그램은 6회기로 구성되어 있는 단기 집단상담 프로그램이다. 각 회기는 90분 동안 진행된다.

〈표 8-3〉에서 볼 수 있듯이, 이 프로그램은 동기강화상담을 기반으로 하고 있다. 1회기는 오리엔테이션과 라포 형성을 목적으로 한다. 2회기에서는 집단원들이 자신의 감정을 회피하지 않고 직면하게 한다. 마약류 중독자의 경우 불안, 죄책감과 같은

표 8-3 한국형사정책연구원 마약류 사범 동기강화 집단상담 프로그램 회기 내용 요약

회기	주제	활동 요약
1	오리엔테이션	• 집단원들과의 라포 형성하기 • 프로그램의 필요성과 목적 이해시키기 • 집단 규칙 세우기 및 집단원으로서의 책임감 고취시키기
2	정서 직면	• 감정 단어 탐색하기 • 소외된 정서에 접촉하고 직면하게 하기
3	약물사용 행동의 손익분석	• 마약류 사용에 따른 이득을 확인하기 • 마약류 사용에 따른 손해를 파악하기 • 마약류 사용의 이득과 손해를 분석하기
4	약물사용 대안활동 계획	• 마약류 사용을 대체하여 즐거움을 줄 수 있는 대안적 활동을 찾기 • 대안활동을 하는 데 장애물이 될 수 있는 것들을 파악하기 • 대안활동의 장애물을 극복하고 실천할 수 있는 계획을 세워 실행하도록 돕기
5	가치 명료화	• 삶 속에서 가치를 두는 것이 무엇인지 파악하기 • 부적응적인 삶의 가치를 탐색하기 • 적응적이고 긍정적인 가치를 탐색하기 • 적응적이고 긍정적인 가치를 추구하는 삶에 대한 의지를 가지게 하기
6	미래 비전 탐색과 자조모임 소개	• 현재의 삶을 계속할 때 미래 자신의 모습을 상상하기 • 미래의 자기상에 대한 비전을 탐색한 후 앞으로의 변화 가능성에 대한 긍정적인 생각을 가지게 하기 • 사후평가 • 프로그램 참여 후 자조모임에 참여할 수 있도록 돕기

출처: 강은영, 신성만(2012)을 참고하여 구성함.

부정적 감정을 억압하거나 억제해 왔고 그런 감정을 부정해 왔을 가능성이 크기 때문이다. 3회기에서는 집단원들이 마약류를 사용함으로 얻을 수 있는 이득과 손해를 확인하게 한다. 마약류 사범들이 단약을 꺼리는 것은 약물사용에 따른 이득과 손해를 저울질하며 손해 쪽으로 저울이 기울어지지 않았기 때문이다. 집단원들은 이 과정에서 약물에 대한 양가감정을 자각할 수 있다.

4회기에서는 집단원들이 약물사용 대신에 삶의 즐거움을 줄 수 있는 대안활동을 계획하여 실행할 수 있는 준비를 하게 한다. 그동안 즐거움과 쾌감을 주던 약물을 사용하지 못할 경우 잠시 단약하였다고 하더라도 무미건조한 삶을 경험하여 절제를 유지하기 힘들 수 있기 때문이다. 5회기에서는 마약류 사범들이 추구하는 가치가 무엇인지를 자각하게 하고, 그런 가치들 중에 부적응적인 가치와 적응적인 가치를 구분하는 작업을 하게 된다. 그리고 적응적이고 긍정적인 가치를 추구하는 삶을 살고자 하는 동기를 가지게 한다. 6회기는 집단원들 자신의 미래 삶을 상상하게 하고, 부정적인 미래의 모습에 변화를 주고자 하는 동기를 가지게 하는 것을 목적으로 한다. 그리고 집단원들이 이 프로그램에 참여한 후에 자조모임에 참여할 수 있도록 돕는다.

4. 약물남용 청소년을 위한 집단상담 프로그램

체계적 문헌고찰 및 메타분석 연구에서는 약물남용 청소년들을 위한 치료 프로그램이 그들에게 맞춤형으로 개발되었을 때 지역사회에서 일반적으로 제공하는 서비스보다 효과가 있을 수 있으며, 가족을 프로그램에 포함시키거나 인지행동적 접근을 할 때 효과적이라는 것이 발견되었다(Tanner-Smith et al., 2016). 그런 점들이 감안되어 개발된 약물남용 청소년들의 치료와 회복을 위한 집단상담 프로그램 두 가지를 여기서 소개하고자 한다. 이 두 프로그램에 포함된 내용들은 약물남용 청소년들을 위해 집단상담을 계획할 때 참고할 수 있는 유용한 정보이다.

1) 대마류 남용 청소년 집단상담 프로그램

미국립 약물남용 및 정신건강 관리부(SAMHSA)에서 대마류 남용 청소년들을 대상으로 특화된 치료 프로그램인 Cannabis Youth Treatment(CYT)를 개발하였다. 먼저 일차로 5회기 프로그램을 개발하였는데, 이 프로그램은 두 회기의 개인상담과 세 회기의 집단상담으로 구성되어 있다(Sampl & Kadden, 2001). 개인상담은 동기향상치료(Motivational Enhancement Therapy: MET)와 집단상담은 인지행동치료(CBT)를 기본 접근법으로 하고 있다(〈표 8-4〉 참조). 첫 두 회기 개인상담에서는 집단원과 라포를 형성하고 참여 청소년이 절제에 대한 동기를 갖게 하며 목표를 설정하고 이후 회기를 준비하게 한다. 이후 인지행동 집단상담에서는 대마 사용 권유에 대한 거절기술을 익히고, 사회지지 체계를 강화하고 즐거운 대안활동을 하게 하며, 재발 고위험 상황

표 8-4 대마류 남용 청소년 치료(CYT) 회기 내용 요약

회기	접근법 및 시간	방식	활동 요약
동기향상치료+인지행동치료: 5회기 CYT			
1	동기향상치료 (60분)	개인	• 관계 맺기 • 작업 동맹(라포) 형성하기 • 동기 형성하기
2	동기향상치료 (60분)	개인	• 목표 설정하기 • 기능적 분석 알리기 • 이후 회기를 준비하기
3	인지행동치료 (75분)	집단	• 대마 거절기술 익히기 • 역할 연습하기
4	인지행동치료 (75분)	집단	• 사회지지 체계 강화하기 • 사회망 넓히기 • 절제하면서 즐거운 활동하기
5	인지행동치료 (75분)	집단	• 재발위험 상황 파악하기 • 예상치 못한 재발 고위험 상황에 대한 대처를 준비하기 • 예상치 못한 재발 고위험 상황에서 재발에 대처하기

7회기 CYT 보강 집단 프로그램			
6	인지행동치료 (75분)	집단	• 문제해결 기술 익히기 –지난 일주일 절제에 대한 경험 나누기 –지난 5회기 프로그램에서 개인적 위험 상황 계획 재검토 –문제해결을 위한 대처기술 원리에 대한 이해 –문제해결 기술 안내: 5단계 문제해결 모형 소개 –집단 실습: 역할연습 –문제해결 기술을 일상생활에 적용할 준비하기
7	인지행동치료 (75분)	집단	• 분노 자각하기 –소변검사(회기 전 혹은 회기 후) –지난 일주일 절제에 대한 경험 나누기 –일상생활에서 문제해결 기술을 적용했던 경험 나누기 –분노 자각을 위한 대처기술 원리에 대한 이해 –정서 자각기술 안내 –집단 실습: 역할연습 –분노 자각기술을 일상생활에 적용할 준비하기 –이완을 위한 대처기술 원리에 대한 이해 –모델링 및 역할연습
8	인지행동치료 (75분)	집단	• 분노 관리하기 –소변검사 결과에 관해 토론하기 –지난 일주일 절제에 대한 경험 나누기 –일상생활에서 분노 자각기술을 적용했던 경험 나누기 –분노 관리를 위한 대처기술 원리에 대한 이해 –정서 관리기술 안내 –집단 실습: 역할연습 –분노 관리기술을 일상생활에 적용할 준비하기
9	인지행동치료 (75분)	집단	• 효과적으로 소통하기 –지난 일주일 절제에 대한 경험 나누기 –일상생활에서 분노 관리기술을 적용했던 경험 나누기 –적극적 경청을 위한 대처기술 원리에 대한 이해 –자기주장을 위한 대처기술 원리에 대한 이해 –자기주장을 위한 기술 안내

			−자기주장 집단 실습: 역할연습 −비평 수용을 위한 대처기술 원리에 대한 이해 −비평 수용을 위한 기술 안내 −비평 수용 집단 실습: 역할연습 −효과적으로 소통하기를 일상생활에 적용할 준비하기
10	인지행동치료 (75분)	집단	• 대마 사용에 대한 갈망과 욕구에 대처하기 −지난 일주일 절제에 대한 경험 나누기 −비평 수용을 일상생활에 적용했던 경험 나누기 −대마에 대한 갈망 및 욕구 대처기술 원리에 대한 이해 −대마에 대한 갈망 및 욕구 대처기술 안내 −집단 실습: 역할연습 −대마에 대한 갈망 및 욕구 대처기술을 일상생활에 적용할 준비하기
11	인지행동치료 (75분)	집단	• 우울 관리하기 −소변검사(회기 전 혹은 회기 후) −지난 일주일 절제에 대한 경험 나누기 −일상생활에서 대마에 대한 갈망 및 욕구 대처기술을 적용했던 경험 나누기 −우울 관리를 위한 대처기술 원리에 대한 이해 −우울 관리기술 안내 −집단 실습: 역할연습 −우울 관리기술을 일상생활에 적용할 준비하기
12	인지행동치료 (75분)	집단	• 대마에 대한 생각을 관리하기 −소변검사 결과에 관해 토론하기 −지난 일주일 절제에 대한 경험 나누기 −일상생활에서 우울 관리기술을 적용했던 경험 나누기 −대마에 대한 생각 관리를 위한 대처기술 원리의 이해 −대마에 대한 생각 관리기술 안내 −집단 실습: 역할연습 −대마에 대한 생각 관리기술을 일상생활에 적용할 준비하기 −종결하기

출처: Sampl과 Kadden(2001), Webb 외(2002)를 참고하여 구성함.

에 대비하여 잘 대처할 수 있도록 참여 청소년들을 돕는다.

그리고 일차 치료에 참여한 청소년들을 대상으로 추가 7회기 프로그램도 개발하였다(Webb et al., 2002). 7회기 보강 프로그램은 모두 집단으로 이루어지고 인지행동치료를 기반으로 하고 있다. 총 일곱 회기에서 참여 청소년들이 문제해결 기술을 익히고, 분노 감정을 자각하고 관리하게 하며, 타인들과 효과적으로 소통할 수 있는 기술을 익히고, 대마 사용에 대한 갈망과 욕구에 잘 대처할 수 있게 하며, 약물사용을 하지 않아 생길 수 있는 우울을 관리하게 하고, 대마 사용에 대한 생각을 적절히 다룰 수 있도록 준비시킨다. 각 회기마다 이루지는 활동들은 〈표 8-4〉에 요약되어 있다.

2) 한국마약퇴치운동본부 약물남용 청소년 집단상담 프로그램

이 프로그램은 한국마약퇴치운동본부에서 개발하여 2000년도부터 부산지역 약물남용 청소년들에게 적용되었다(박영애, 2000). 이 집단상담 프로그램은 약물남용 청소년 10명 내외로 진행할 수 있으며, 12회기로 구성되어 있고 매 회기는 2시간 동안 진행된다. 그리고 이 프로그램이 운영되는 동안 각 집단원들은 2회 이상 개인상담에 참여해야 한다.

이 집단상담 프로그램의 목적은 우선 약물교육을 통해 참여 청소년들이 약물남용에 대한 지식을 습득하고 폐해를 정확히 인식하여 절제에 대한 동기를 갖게 하는 것이다. 또한 문제해결/대인관계 기술훈련을 통해 약물남용 청소년의 적응력을 키우고 약물에 대한 갈망과 유혹에 대항할 수 있는 능력을 갖추어 절제를 유지하여 성인 마약사범이 되는 것을 방지하는 것이다. 더 나아가 사회지지와 지역사회 자원을 활용하여 재발을 방지하고, 약물남용 청소년들이 우리 사회를 긍정적으로 조망할 수 있게 하여 건전한 방식으로 재사회화를 도모하는 것이 궁극적인 목적이다.

표 8-5 한국마약퇴치운동본부 약물남용 청소년 대상 집단상담 프로그램 회기 내용 요약

회기	활동 요약
1	• 프로그램 준비 및 안내 –집단활동에 대한 긴장 완화 –프로그램 내용 및 집단활동 목표에 대한 오리엔테이션 • 초기면접, 개별상담 기록부 작성 • 사전검사 –사정과 진단
2	• 자기소개 및 자유토론 • 사회기술훈련 소개 • 칭찬노트 배부(칭찬하기) –집단성원 간 신뢰감 형성 –사회기술훈련 및 칭찬하기 기술 이해
3	• 약물교육 I(동영상) 및 토론 –약물과 약물남용 폐해에 대한 정확한 지식 습득과 올바른 인식(절제 동기화 유도) • 사회기술훈련 I(느낌을 말하고 듣는 기술) –대화기술 향상
4	• 약물교육 II(마약퇴치 포스터 만들기) –마약퇴치 의식 함양 –절제 동기화 강화 • 사회기술훈련 II(건설적 비판 주고받기) –긍정적인 대인관계 경험
5	• 레크리에이션 및 분임토의 • 사회기술훈련 III –협동심 강화 –대인관계 기술 증진 • 부정적인 사고의 인식과 극복 –합리적이고 긍정적 사고 전환 –자존감 향상

6	• 문제해결 기술훈련 I –자기주장훈련 –자기 권리와 남의 권리 인식 –단호한 태도변화 • 문제해결 기술훈련 II –유혹 저항력과 거절 용기 강화 –약물유혹 대처 및 거절 기술 습득
7	• 문제해결 기술훈련 III –사회극 시연 • 자유토론 –자신과 타인에 대한 인식변화 –카타르시스 및 피드백 교류 활성화 –자존감과 자신감 강화
8	• 문제해결 기술훈련 IV –정서 조절훈련 –분노 조절능력 증진 –자기통제력 배양 • 문제해결 기술훈련 V –갈등해결 기술 증진 –문제해결 능력 증진 –사회적응력 증대
9	• 문제해결 기술훈련 VI –자기 문제해결 –재발 방지와 금약 유지를 위한 구체적 전략 확립 • 문제해결 기술훈련 VII –즐거운 놀이 탐색 –약물 없는 즐거운 놀이와 활동 확장
10	• 자기인식 증진 –내가 보는 나, 남이 보는 나 확인 –프로그램을 통한 자기 변화 확인 • 사회지지망 형성 –지역사회 자원 활용 및 지지망 구축

11	• 미래 인생 목표 및 설계 -새롭고 건전한 인생 지향 -구체적 인생계획 수립
12	• 사랑의 꽃 만들기 -상호 사랑의 힘 확인 • 프로그램 평가서 작성 -전체 프로그램 정리 • 사후검사 실시 -진단 및 사후지도 준비

출처: 박영애(2000)를 참고하여 구성함.

이 프로그램의 주요 내용은 약물교육, 대인관계 기술훈련, 문제해결 기술훈련, 사회지지망 형성이다. 이 프로그램은 앞서 설명하였던 약물남용 치료를 위한 집단상담의 다섯 가지 접근법인 심리교육, 기술개발, 인지행동, 지지, 대인관계 과정 집단에서 다루는 주요 내용들을 거의 모두 포함하고 있다. 그중에서도 기술개발과 지지에 초점을 맞추고 있다. 그렇더라도 약물교육을 기본으로 하고 있으며, 인지행동 기법들이 포함되어 있고, 대인관계 과정의 철학을 기본으로 하지 않아도 기술훈련 중에서 대인관계를 향상시키는 훈련도 이 프로그램의 주요 내용이다.

이 프로그램은 개인상담을 병행하여 약물남용 청소년 집단원들과 상담자 간의 라포 형성을 빠르게 하고 집단 내에서 자기개방을 쉽게 하며 집단상담에 적극적으로 참여하도록 유도한다. 매 회기를 시작하면서 집단원들이 친밀감, 협동심, 신뢰감을 가지고 서로 정서적 교류를 할 수 있도록 준비시간을 갖는다. 상담자는 다양한 기술훈련과 사회극을 통해 분노감, 적개심, 수치심, 원망감 등이 정화될 수 있도록 돕는다. 또한 참여 청소년들이 자기노출을 하게 하여 동료의 지지적 피드백을 받고 자신에 대한 인식을 긍정적으로 하게 하여 자존감을 증진시킨다. 또한 그런 과정에서 집단원들 간에 신뢰감도 쌓을 수 있게 한다.

이 프로그램에서는 학습기회와 사회경험이 부족한 약물남용 청소년들을 위해서 약물에 대한 지식을 교육하고 관련 정보도 제공한다. 청소년이 약물남용을 올바로 이해하고 약물에 대한 부정적 태도를 가지게 하여 절제의 동기를 강화한다. 또한 대인관계와 문제해결 기술을 설명하고 역할 시연을 통해 사회적 상황이나 문제가 발생하였을 때 적절하게 대처할 수 있는 기술을 익혀 자신감을 가지게 한다.

사회적 지지망과 지역사회 자원을 활용하여 대인관계에서 문제가 생겼을 때나 위기 상황에서 약물사용이 재발하지 않도록 조력한다. 더 나아가 약물남용 청소년들이 자신의 인생을 설계할 수 있도록 자기 자신을 되돌아볼 수 있는 기회를 제공한다. 그런 가운데 매 회기마다 역할 시연이나 토론을 하면서 서로를 이해하고 동질감과 친밀감을 느끼며 서로 격려하고 지지할 수 있는 환경을 만든다. 또한 집단활동의 활성화와 집단원의 자존감 증진을 위해 보상제도도 활용한다. 칭찬과 보상제도는 약물남용 청소년이 적극적으로 집단에 참여하게 할 뿐 아니라 절제 유지를 돕고 자신과 세상에 대한 긍정적인 태도를 갖게 한다. 그리고 이런 활동들은 약물남용 청소년들이 약물 없이 인생을 즐길 수 있게 하며 절제를 유지하며 사회의 한 일원으로 살 수 있게 하는 데에 도움이 될 수 있다.

5. 결론

미국 국립 약물남용 및 정신건강 관리부(SAMHSA, 2005)는 약물남용 치료나 회복을 위해서 집단상담이 개인상담 이상으로 효과가 있을 수 있다고 강조하고 있다. 특히 동기화가 덜 되어 있고 상담에 저항적일 수 있는 약물남용 청소년에게 집단상담이 효과적일 수 있다. 하지만 집단상담이 효과적이려면 무엇보다도 집단리더인 집단상담자의 역량이 중요하다. 그리고 지금까지 개발된 약물남용자들을 위한 구조화된 집단상담 프로그램 내용들을 보면 약물에 대한 교육, 갈망이나 약물 권유와 같은 문제의 해결 및 대인관계 기술훈련, 사회지지 체계구축, 약물을 대체할 수 있는 활동 등이 약물남용 청소년의 치료와 회복을 위한 집단상담의 주요 구성 요소가 되어야 한다는 것을 알 수 있다.

참고문헌

강은영, 신성만(2012). **마약류사범 재활센터 치료 · 재활교육 프로그램 개발 연구**. 한국형사정책연구원.

박상규, 권도훈, 천영훈, 전영민, 권영실, 이재규(2009). **마약류 의존자를 위한 집단상담 프로그램 매뉴얼**. 한국마약퇴치운동본부.

박영애(2000). **햇살교실 I: 약물남용청소년 집단상담**. 한국마약퇴치운동본부.

최삼욱, 조근호, 이분희, 천영훈, 방수영, 이해국, 조성남(2013). **유해약물 중독 청소년 문제행동 진단 및 상담 · 치료 프로그램 개발 연구**. 여성가족부.

Leshner, A. I. (1997). Introduction to the special issue: The National Institute on Drug Abuse's (NIDA's) Drug Abuse Treatment Outcome Study (DATOS). *Psychology of Addictive Behaviors, 11*(4), 211-215.

López, G., Orchowski, L. M., Reddy, M. K., Nargiso, J., & Johnson, J. E. (2021). A review of research-supported group treatments for drug use disorders. *Substance Abuse Treatment, Prevention, and, Policy, 16*, 51.

Maheshwari, S., Manohar, S., Chandran, S., & Rao, T. S. S. (2020). Psycho-Education in Schizophrenia. In A. Shrivastava & A. De Sousa (Eds.), *Schizophrenia Treatment Outcomes*. Springer.

McHugh, R. K., Hearon, B. A., & Otto, M. W. (2010) Cognitive behavioral therapy for substance use disorders. *Psychiatric Clinics of North America, 33*(3), 511-525.

Pfeiffer, W., Feuerlein, W., & Brenk-Schulte, E. (1991). The motivation of alcohol dependents to undergo treatment. *Drug and Alcohol Dependence, 29*(1), 87-95.

Prochaska, J. O., & DiClemente, C. C. (1984). *The transtheoretical approach: Crossing traditional boundaries of therapy*. Dow Jones-Irwin.

Rom, E., & Mikulincer, M. (2003). Attachment theory and group processes: The association between attachment style and group-related representations, goals, memories, and functioning. *Journal of Personality and Social Psychology, 84*(6), 1220-1235.

SAMHSA (2005). Substance abuse treatment: group therapy: Treatment Improvement

Protocol (TIP) Series (No. 41). Substance Abuse and Mental Health Services Administration.

Sampl, S., & Kadden, R. (2001). *Motivational enhancement therapy and cognitive behavioral therapy for adolescent Cannabis users: 5 sessions, Cannabis Youth Treatment (CYT) series, Volume 1.* Center for Substance Abuse Treatment, Substance Abuse and Mental Health Services Administration.

Scheidlinger, S. (2000). The group psychotherapy movement at the millennium: Some historical perspectives. *International Journal of Group Psychotherapy, 50*(3), 315-339.

Tanner-Smith, E. E., Steinka-Fry, K. T., Kettrey, H. H., & Lipsey, M. W. (2016). Adolescent substance use treatment effectiveness: A systematic review and meta-analysis. Office of Justice Programs, U.S. Department of Justice.

Webb, C., Seudder, M., Kaminer, Y., & Kadden, R. (2002). *The motivational enhancement therapy and cognitive behavioral therapy supplement: 7 sessions of cognitive behavioral therapy for adolescent Cannabis users, Cannabis Youth Treatment (CYT) series, Volume 2.* Center for Substance Abuse Treatment, Substance Abuse and Mental Health Services Administration.

Yalom, I. D., Bloch, S., Bond, G., Zimmerman, E., & Qualls, B. (1978). Alcoholics in interactional group therapy: an outcome study. *Archives of General Psychiatry, 35*(4), 419-425.

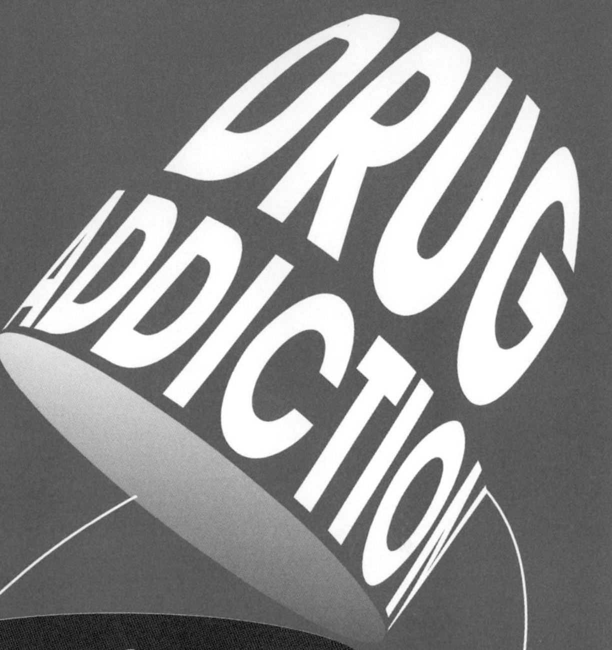

제 9 장

위기 가정 및 가족 상담

김선민

가족이 자녀의 약물 사용을 발견하기는 쉽지 않다. 때로 자녀의 행동이 이치에 맞지 않고 이상하게 여겨져도 일반적인 청소년의 문제이고 한때의 문제이며 그냥 지나갈 수 있는 문제라고 간과하기도 한다. 약물 사용을 하는 자녀들을 본 부모들은 자신들이 보는 것을 믿고 싶어하지 않고, 자신들은 자녀들의 문제를 스스로 해결할 수 있다고 생각한다. 혹은 해결할 수 있어야 한다고 다짐한다. 자녀가 약물 사용 문제를 갖고 있다는 것 자체로 부모 및 다른 가족들은 수치심에 어찌할 바를 모른다.

일부 가정에서는 약물 사용 문제를 가진 가족 구성원의 존재를 잘 숨겨야 하는 가족 '비밀'로 간주한다. 이 경우 온 가족의 침묵은 가족 보호의 한 형태이며, 가족 '비밀'에 대해 이야기하는 것은 가족 전체에 대한 배신 행위로 여겨질 수 있다. 일차 주양육자(주로 어머니 또는 아버지)는 죄책감을 느끼고, 자신을 비난하고, 자신이 혹시나 자녀의 약물 사용을 '유발'하기 위해 무언가를 했는지 의문을 갖고 혼란에 빠진다.

자녀의 약물 사용으로 인해 부부간에 갈등이 발생하거나, 기존의 갈등 상황이 이미 존재하는 경우, 자녀의 약물 사용에 대처하는 방법에 대한 의견 불일치와 비난 반응으로 인해 더 악화될 수 있다. 부모가 갈등관계에 있고 의사소통 스타일이 다를 때(예: 회피 대 직접) 가족 내 긴장은 더욱 고조될 수 있다. 가족은 고립감과 외로움을 느끼며 무엇을 해야 할지, 어디로 도움을 청해야 할지 모르는 경우가 많다.

1. 가족이란 무엇인가

다양한 문화와 신념 체계는 정의를 내리는 역할을 한다. 문화와 신념은 시간이 지남에 따라 변하기 때문에 가족의 개념은 고정되어 있지 않다. '가족'을 밀접한 정서적 연결이나 혈족, 친족 관계를 공유하는 사람들의 집단으로 보기도 하지만, 가족에 대한 단일 정의는 없다. 일부 문화권에서는 가족의 정의가 출생, 결혼 또는 입양에 의해 좁게 결정된다. 다른 문화권에서는 가족, 가치관, 정서적 연결 및 헌신을 공유하는 개인을 가족 개념에 포함하는 보다 광범위한 정의를 채택하기도 한다.

청소년을 위한 가장 성공적인 약물 사용 예방 및 치료 프로그램이 가족기반이다. 그러나 가족 참여에 대한 논의를 위해서는 "한 사람의 삶에서 가족은 어떤 사람들로 구성되는가?"라는 질문이 선행되어야 한다. 청소년의 치료와 회복을 돕기 위해 가족의 정의에 매우 융통성을 갖는 것이 도움이 될 수 있다. 전통적 가족, 확대 가족, 선택된 가족의 구분은 유용하다. 선택된 가족은 혈연, 결혼 또는 법률이 아닌 선택에 의해 스스로 식별되고 형성된 가족을 대표한다. 선택 가족에는 대부모 및 기타 중요하지만 생물학적으로 관련이 없는 중요한 다른 사람들이 포함될 수 있다.

2. 약물이 가족에 끼치는 영향

약물을 사용하는 청소년 자녀를 둔 가족은 혼란, 두려움, 수치심, 분노 및 죄책감 등의 감정을 갖는다. 이처럼 청소년의 약물 사용 문제는 개인으로서의 청소년에게 영향을 미칠 뿐 아니라 전체 가족 체계에도 영향을 끼친다. 약물 중독이 가족에 끼치는 영향과 관련된 여러 가지 연구에 의하면, 약물중독은 가족 구성원의 신체적 · 정신적 안녕에 영향을 미친다. 부모의 약물 사용은 건강에 해로운 행동을 모델링하고 청소년에게 신체적 · 정서적 문제의 위험한 조합으로 이어질 수 있기 때문에 청소년에게 특히 문제가 된다. 가족 구성원은 재정적 어려움, 약물 사용자에 대한 집착, 가족 체계 내에서 역전되는 역할, 가족 의례 불참 혹은 무시, 협박, 때로는 가정 폭력을 경험하기도 한다(Copello et al., 2009).

체계적인 문헌 검토(Hummel et al., 2013)에서 청소년 약물 개시 및 남용과 관련된 가족 요인은 다음과 같다.

- 가족 기능 저하
- 낮은 수준의 양육 애착
- 높은 수준의 양육 적대감
- 낮은 부모 지도 감독
- 가혹한 모성 양육 관행

청소년 약물 남용의 위험을 증가시키는 것으로 보이는 가족 요인은 다음과 같다.

- 부모의 약물 남용
- 부모의 정신 장애
- 부모의 공존장애 및 모친의 물질사용장애
- 미성년자 약물 사용에 대한 규칙이 없거나 규칙을 시행하지 않는 경우
- 불량한 부모-자녀 의사소통
- 가정의 혼란
- 가족의 높은 위험 감수 행동(예: 범죄 행위, 약물 남용)
- 사회경제적 긴장
- 낮은 수준의 부모 교육
- 낮은 수준의 부모 지원
- 낮은 수준의 가족 애착

3. 중독 치료와 가족

가족은 약물 사용자가 치료를 받도록 동기를 부여하는 데 미개척 자원이다. 가족은 약물 사용자인 가족과 불균형적으로 밀접한 관계를 유지한다. 중독 치료 전략은 치료 및 재발 방지 중에 지원 및 자원 네트워크를 활용하는 것이나 중요한 가족 하위

체계가 제대로 활용되지 않는 경우가 종종 있다. 예를 들어, 가장 유용하지만 잘 사용되지 않는 가족 하위체계 중 하나는 형제자매 하위체계이다. 형제자매는 종종 비슷한 경험을 공유했기 때문에 청소년을 더 높은 수준의 기능으로 이동시키기 위해 치료적으로 사용할 수 있다. 부모가 이혼을 했다면, 자녀와 거주하지 않는 부모는 치료 시의 긴장과 갈등을 피하기 위해 종종 치료에서 제외된다. 하지만 청소년인 경우 특히 목표를 달성할 수 있도록 비양육 부모를 활용하는 전략을 세워야 한다.

4. 물질사용장애(SUD) 치료에서 가족을 포함시키기 위한 4가지 모델

1) 만성질환모델

만성질환모델은 물질사용장애(SUD)를 다른 만성질환과 유사하게 보고 물질사용장애에서 유전학의 역할을 인정한다(White & Savage, 2005). 이 모델의 치료자는 물질사용장애를 모든 가족 구성원에게 영향을 미치고 기분, 행동, 가족 관계, 신체적·정서적 건강에 부정적인 변화를 일으키는 만성질환으로 접근한다.

2) 가족체계이론

가족체계접근법은 1970년대와 1980년대에 가장 널리 퍼졌다(Orford et al., 2005). 그 견해는 개별 약물 사용자만이 문제가 아니라 실제로 전체 가족 체계가 문제라는 것이다(Janzen, 1978). 1960년대에는 부모, 특히 어머니가 자녀의 약물 사용에 대한 비판의 초점이 되었다. 가족이 가족 구성원의 약물 사용을 오히려 '조장'하는 것으로 관찰되었으며, 약물을 사용하는 개인이 '바닥'을 쳐야 회복을 시작할 것이라고 가정했기 때문에 '냉정한 사랑' 전술을 보여 주는 것이 효과적이라고 주장했다(White &

Savage, 2005). 가족체계이론은 가족이 약물을 하는 가족 구성원과 상호 작용을 하는 상황에 적응하는 과정에서 균형을 위해 노력하고 항상성을 유지하기 위해 가족 체계를 조직한다고 주장한다(Nichols & Davis, 2017). 체계모델은 가족기반 개입의 기초가 된다. 이 모델은 가족을 체계로 간주하며, 모든 체계에서 각 부분은 다른 모든 부분과 관련되고 체계의 어떤 부분의 변화는 다른 모든 부분의 변화를 가져온다고 본다(Becvar & Becvar, 2018).

3) 인지행동이론

인지행동이론은 약물 남용을 포함한 행동이 가족 상호 작용을 통해 강화된다고 가정한다. 이 모델에 따른 치료는 상호 작용 패턴을 변화시키고, 약물 남용을 유발할 수 있는 행동을 식별 및 표적화하고, 의사소통 및 문제해결 기술을 향상시키고, 대처 기술 및 가족 기능을 강화하기 위해 노력하는 것이다(O'Farrell & Clements, 2012).

4) 다면적 가족치료

다면적 가족치료(MultiDimensional Family Therapy: MDFT)는 가족 중심의 치료로 약물 사용 청소년의 약물 사용을 예방하고 치료하기 위해 매뉴얼화된 치료이다. 다면적 가족치료는 인지, 감정, 행동 및 환경 간의 유기적 관계 및 영향을 강조한다(Liddle, Rowe, Dakof, Ungaro, & Henderson, 2004). 다면적 가족치료와 더불어 기능적 가족치료(Functional Family Therapy) (Alexander & Parsons, 1982), 다체계 치료(Multi-Systemic Therapy)(Henggeler & Schaeffer, 2016) 및 단기 전략적 가족치료(Brief Strategic Family Therapy: BSFT) (Szapocznik, Muir, Duff, Schwartz, & Brown, 2015) 등이 사용된다.

5. 가족 참여의 중요성

가족은 청소년 발달의 중심 체계이다. 그렇기에 청소년 회복 과정에서 가족 참여가 중요하다. 약물 사용이 진행됨에 따라 청소년이 어떻게 행동을 조정하거나 변경해 왔는지를 이해하고 약물 사용의 영향을 해결하기 위해서는 약물 사용 문제가 있는 개인에게만 초점을 맞추는 것이 아니라 당사자 개인 및 가족 전체에 관심을 옮겨 초점을 확대하여 변화하도록 해야 한다.

가족 참여는 청소년 약물 사용에 기여하거나 그로 인해 발생한 부적응적인 가족 관계 패턴을 수정하는 데 도움이 될 수 있다. 약물/알코올 사용 및 기타 비행 행동을 포함하여 청소년들 사이에서 명백한 일탈 행동의 출현과 유지는 열악한 가족 기능과 관련이 있다. 마찬가지로, 청소년과 부모 사이의 유대감과 애착의 부족, 그리고 관계의 전반적인 질도 청소년의 행동 문제와 관련이 있다.

부적응 가족 패턴이 있는지 여부에 관계없이 약물 중독 치료에 가족 구성원의 참여는 다음과 같은 이유로 중요하다. 첫째, 가족은 중독에 부정적인 영향을 받으며, 가족 중심의 서비스는 개별 가족 구성원과 가족 전체에 대한 피해를 줄이는 데 도움이 될 수 있다. 둘째, 가족 참여가 치료 진입을 증가시키고 치료 완료도를 높이며, 중독에 대처하는 개인의 치료 결과를 개선하는 데에도 도움이 된다(Brorson et al., 2013).

1) 가족 참여의 범주

가족 참여를 다음의 3가지 범주로 나눌 수 있다.

① 중독 환자의 치료에 가족 구성원을 참여시키는 것
② 가족 구성원에게 개별적으로 필요한 서비스를 제공하는 것
③ 중독 환자의 치료에 대한 진입을 촉진하기 위해 타가족 구성원과 협력하는 것

첫 번째 범주는 공동 치료에 중점을 두고 있으며, 주로 배우자를 대상으로 한다(예: 알코올 행동 부부 치료). 두 번째 범주는 가족에게 직접 제공되는 서비스이다. 가족 구성원의 스트레스와 긴장을 줄이고 지원 및 대처 기술을 향상시키는 것을 목표로 하는 스트레스–긴장–대처–지원 모델(Stress-Strain-Coping-Support Model: SSCS)이다(Copello et al., 2009). 이 접근 방식은 일차 의료 환경에서 활용되어 가족 개입으로서 적절하다는 평가를 받았다(Orford et al., 2010). 세 번째 범주로 대표적인 것이 CRAFT 프로그램이다. 후술하겠지만, 가족 구성원에게 대처 기술을 가르치고 중독 관련 문제가 있는 개인의 치료 진입을 용이하게 하는 것이 주목적이다.

청소년 약물 사용자의 가족 참여의 전반적인 목표는 예측가능한 보상과 처벌을 개발하고 학업 수행 및 또래 관계를 모니터링하는 방식 등의 교육을 제공하여 부모를 도와줌으로써 전반적인 가족 기능 및 양육 관행을 개선하는 것이다. 가족 참여 모델은 청소년 약물 사용자 가족에게 관계 파열의 복구, 가족의 신뢰와 결속력 향상 등 정서적 및 도구적 도움을 제공할 뿐만 아니라 가족 개개인의 웰빙에도 초점을 맞춘다.

6. 가족기반 개입

가족기반 개입은 한 사람에게 변화가 발생하면 가족의 다른 모든 사람에게 영향을 미치고 '변화' 반응을 일으킨다는 이해에 기초한 치료 접근법과 기술의 모음이다. 가족기반 개입은 가족의 역동성과 강점을 사용하여 가족 구성원들의 약물 사용 문제를 포함한 다양한 문제 영역에서 변화를 도모한다. 가족은 평형(또는 '항상성')을 유지하려고 시도하는 복잡한 체계이다. 가족 내에서 약물 사용 문제가 발생하면 가족 구성원은 약물 사용자의 행동과 그 사용이 가족에 미치는 결과를 통제하려고 노력한다. 가족은 가족 기능을 유지하기 위해 약물 사용자의 행동에 대해 다양한 반응을 보이는데—결과적으로 이러한 반응이 해롭거나, 기능하거나, 보상적이거나, 비생산적이라도—이는 체계를 계속 작동시키려는 목적을 갖고 있다. 이 운영 체제는 각 가족 구성원의 치료 참여, 치료 결과, 지원 체계 사용 여부 및 지속적인 회복 여정에 직접적으로 영향을 미친다.

자녀의 약물 사용은 가족 구성원들에게 각자 다른 방식으로 영향을 끼칠 수 있다. 가족 구성원은 가족의 약물 사용의 결과로 고통, 손실 및 트라우마를 경험한다(Black, 2018). 어떤 가족 구성원은 자녀의 약물 사용에 대해 변명하는 경향이 있다. 약물 사용자의 영향을 축소하거나 최소화하는 경우에는 스트레스를 야기하는 사람으로 약물 사용자 이외의 다른 가족이 지목될 수도 있다. 이렇듯 가족 구성원은 마약을 사용하는 가족 구성원에 대해 표현하든 그렇지 않든 비난과 원망과 같은 강한 감정을 가지고 있다.

1) 가족기반 개입의 핵심 목표

(1) 가족을 활용하여 변화를 촉진한다.

가족기반 개입은 약물 사용에서 벗어나는 것을 포함하여 생활 방식을 변화시키고자 하는 동기를 부여한다. 또한 가족이 약물 사용자의 회복을 촉진하는 효과적인 대처 및 의사소통 기술을 습득하도록 한다. 가족기반 개입은 가족 관계의 강점을 활용하여 모든 가족 구성원이 치료, 지속적인 돌봄(continuum of care) 서비스, 자조집단 및 동료 지원 서비스를 시작하고 참여할 수 있도록 지원한다.

(2) 강점 기반 접근 방식을 사용하여 가족을 참여시킨다.

가족 참여는 약물사용자의 치료 참여에 긍정적인 영향을 미칠 수 있으며, 가족 참여의 부족은 약물치료 중도 탈락 등 약물 치료에 부정적인 영향을 미칠 수 있다. 가족 관계 및 양육 관행의 부정적 측면은 약물 남용, 재발 위험, 스트레스 및 행동 문제를 악화시킬 수 있다. 강점기반 접근 방식은 문제가 있는 가족역학(예: 부모-자녀 역할의 역전)과 일관성이 없거나 비효율적인 양육 관행을 다룬다. 가족기반 개입은 청소년의 약물 사용을 예방하고 또한 약물 치료 결과를 개선하며 가족 회복 과정을 향상시키는 데 긍정적인 영향을 미친다.

(3) 약물 사용에 영향을 미치는 가족 행동 및 반응을 개선한다.

가족 구성원에게 상당한 스트레스와 부담을 줄 수 있는 가족의 행동, 인지적 · 정서적 반응을 평가하고 재구성하는 것이다. 가족은 가족 구성원의 중독 및 약물 사용으로 인한 직간접적 결과로 스트레스, 상실 및 트라우마를 경험한다. 가족기반 개입은 약물 사용으로 신체적 · 심리적 · 사회적 영향을 받은 가족 기능을 개선하는 데 중점을 둔다.

(4) 약물 사용이 가족 관계 및 세대에 걸쳐 발생하지 않도록 한다.

다세대에 걸쳐 약물 사용력이 있는 가족은 청소년의 약물 사용을 가족의 전통으로 암묵적으로 받아들여서 치료를 거부할 수 있다. 가족기반 개입은 약물 사용이 한 세대 또는 관계에서 다른 세대로 이동하는 것을 방지하는 것을 목표로 한다.

청소년이 약물을 사용하는 경우, 약물 사용으로 인한 끊임없는 위기에 부모가 반응하는 동안 형제자매는 자신의 돌봄 욕구가 무시되거나 최소화되는 경험을 할 수 있다. 방치된 형제자매는 연령에 적합하지 않은 방식으로 자신을 돌보거나 가족의 주의를 끌 수 있는 유일한 방법은 부정적인 행동을 하는 것이라고 느낄 수도 있다. 형제자매는 종종 부모만큼 가족 역동에 영향력이 있기 때문에 가족기반 치료에 형제자매를 포함시켜야 한다. 약물 사용 청소년의 성공적인 치료는 형제자매가 약물을 사용하거나 관련 범죄를 저지를 가능성을 줄인다(Whiteman, Jensen, Mustillo, & Maggs, 2016).

2) 치료를 거부하는 약물 사용자에게 사용하는 가족 개입법

약물 사용 문제에 대한 전문적인 도움을 거부하는 약물 사용자의 가족 구성원을 대상으로 하는 5가지 유형의 개입이 있다.

(1) 존슨 연구소 개입

치료 진입을 촉진하기 위해 약물 사용자를 직면하는 방식을 사용한다. 존슨 연구소에서 개발한 개입(Johnson Institute Intervention, 1986)은 가족 구성원과 친구들이 약물 사용자에게 약물 문제와 그 영향을 직면시키는 '깜짝 대면 모임'을 갖는 것으로 매우 직면적인 접근방식이다. 개입이 제대로 수행되면 치료 참여율이 높아지지만 소수의 가족 구성원만이 실제로 개입하고 직면 세션에 사용하는 전술에 대해 반대를 하는 경우가 많기 때문에 치료 참여율은 24~30%이다(Miller et al., 1999).

(2) 미네소타 치료 모델의 일부인 자조그룹(AA/NA)

약물 사용자에 대한 통제력 상실을 인정하고 가족 구성원의 삶을 개선하는 데 초점을 맞춘다(예: 12단계 AA/NA 가족 그룹). AA 및 NA과 같은 12 단계 프로그램은 가족 구성원에게 약물 사용자의 알코올 또는 약물 문제에 대한 무력감을 인정하고, 그들에게서 분리하고, 자신에게 집중하길 권한다. AA에 참석하는 가족 구성원은 기분이 나아지지만 일반적으로 약물 사용자가 치료를 받도록 하는 데는 성공하지 못한다(Sisson & Azrin, 1986). 중요한 것은 많은 가족 구성원이 사랑하는 사람과 분리하라는 권유가 불편하다고 보고한다는 것이다.

(3) 5단계 방법 모델과 지역사회 강화 및 가족 훈련(CRAFT)

여기에서는 청소년 약물 사용자에게 영향을 미치도록 가족 구성원을 교육하는 모델로 2개의 모델을 다룬다.

7. 5단계 방법 모델

5단계 방법(5-Step Method)은 SSCS 모델에서 진화했다(Orford et al., 2010). 중독의 영향을 받은 가족 구성원에 대한 연민이 빠진 과거 이론이 가족에게 가한 심적 부담에 대한 반성이 이 모델이 개발된 배경이다(Copello et al., 2010). 간단하고 반구조화된 심리사회적 개입방법인 5단계 방법 모델은 가족 구성원이 스트레스가 많은 상황에서 살고 있음을 인식하고 가족에게 지원하는 방법을 모색한다.

5단계 방법 모델의 지지자들은 가족 체계의 접근 방식이 가족을 중독의 원인으로 간주하고 가족을 개인의 회복에 대한 성가시거나 위협하는 존재로 여겼다고 보았다(White & Savage, 2005). 또한 가족 체계 접근법이 가족 구성원이 약물 사용자를 돕는 데 무력하다고 간주한다는 비판을 하였다(Orford et al., 2010). 이러한 이유로 이 접근법은 전체 가족이 체계 내에서 결함이 있는 것으로 간주하는 가족 체계 접근법에 대해 매우 비판적이다.

5단계 방법 모델은 가족 구성원이 실제로 약물 사용자의 회복을 돕는 데 무력하지 않다고 본다. 5단계 방법 모델은 가족 체계가 접근하는 것처럼 가족 전체가 문제이거나 가족 구성원을 병리적으로 보지 않는다. 또한 가족 구성원이 대처할 수 있는 능력이 있다고 믿는다. 5단계 방법 모델은 가족 구성원의 전반적인 건강에 초점을 맞추고 가족이 중독에 대해 구체적으로 교육을 받아야 한다고 믿는 가족 체계 접근 방식과 달리 특별히 중독 교육을 지향하지 않는다(Orford et al., 2010). 5단계 방법 모델의 전달은 복잡하지 않으며 실제로 다양한 영역의 전문가가 전달할 수 있다.

역사적으로 가족의 중독으로 인해 고통받는 가족 구성원을 향한 낙인이 존재한다. 근래에 들어 가족 구성원이 사랑하는 사람의 중독으로 인해 극심한 스트레스와 긴장을 겪고 있다는 사실이 인식되었으나, 정책과 서비스는 여전히 가족 구성원에게 적절한 원조를 제공하지 못하고 있다. 5단계 방법 모델은 가족 구성원과 협력하는 독특한 방법이다. 그것은 가족 구성원의 대처 기술을 활용하고 가족에게 비난이나 낙인을 찍지 않고, 가족 구성원이 개별 마약 사용자를 돕는 데 무력하다는 입장을 취하지 않는다. 또한 가족 구성원이 일종의 성격장애(공동 의존성)로 고통받고 있다고 보지 않는다.

이 모델의 목표는 가족이 가족 내 중독문제에 스스로 대처할 수 있도록 개입과 서비스를 제공하는 것이다. 이 모델은 영향을 받는 가족 구성원이 자신이 만든 것이 아닌 스트레스적 상황 안에서 사는 평범한 사람들이라고 보는 관점을 취한다. 다른 모델과 특히 다른 점은 가족 구성원이 중독의 원인이라는 입장을 취하지 않는다는 것이다. 가족 구성원은 자신의 건강을 개선할 뿐만 아니라 가족의 회복에 영향을 미칠 수 있다고 믿는다(Orford et al., 2010). 5단계 방법 모델은 복잡하지 않고, 중독에 대한 광범위한 교육이 필요하지 않고, 모델을 제공하는 데 필요한 교육이 있다(Copello et al., 2010). 마약 사용자에게 서비스를 제공하는 전문가에게 5단계 방법 교육을 제공하여 서비스가 개별 마약 사용자에게만 초점을 맞추지 않고 가족 구성원도 서비스 지원을 받을 수 있도록 해야 한다.

1) 5단계 방법의 원칙

5단계 방법 모델에는 4가지 핵심 원칙이 있다(Copello et al., 2010).

첫째, 이 모델은 약물을 사용하는 개인의 가족 구성원에 초점을 맞춘다.

둘째, 이 모델은 가족 구성원을 스트레스가 많은 상황에 처한 평범한 사람들로 간주할 뿐만 아니라 가족 구성원이 일정 수준의 지식과 지원을 통해 문제에 대처하고 대응할 수 있다는 것이다.

셋째, 이 모델은 유연하고 다양한 설정과 상황에 사용될 수 있다. 각 단계를 결합하여 하나의 단일 세션으로 전달할 수 있다.

넷째, 이 모델은 오랜 교육 없이도 다양한 전문가가 제공할 수 있다. 5단계 방법 모델을 사용하는 사람들은 가족 구성원에게 비판적이지 않고 가족들의 경험을 심층적으로 탐구할 준비가 되어 있어야 한다.

2) 5단계 방법 모델 개념 이해

(1) 스트레스

5단계 방법 모델은 약물 사용으로 인한 부정적인 결과 때문에 약물 사용자뿐만 아니라 가족 구성원에게도 스트레스가 많다는 것을 인식한다(Orford et al., 2010). 약물의 반복되는 사용으로 영향을 받는 가족 구성원은 여러 방식으로 실망하고 낙담한다. 중독은 긴장과 갈등을 일으키고 가족 구성원은 약물 사용자의 행동에 대처하는 방법이나 적절성을 확신하지 못한다. 이런 상황에 반복적으로 노출된 가족 구성원은 극심한 스트레스를 경험한다.

(2) 긴장

긴장은 스트레스의 직접적인 결과이다. 관리 또는 대처 방법에 대한 불확실성 때문에 스트레스는 가족 구성원에게 신체적 · 심리적 문제를 일으킬 수 있다. 가족 구성원은 불안, 우울증, 공황 발작 및 자살 충동과 같은 심리적 증상과 두통, 탈모, 천식, 편두통 및 고혈압과 같은 신체적 증상을 보인다(Orford et al., 2010).

(3) 대처

가족 구성원은 자신이 처한 상황에 대처하는 가장 좋은 방법을 찾길 원한다. 가족 구성원들은 끊임없이 약물 사용으로 인해 벌어지는 상황을 파악해야 하고 그 상황에 대응하는 방법을 모색해야 한다.

(4) 지원

가족 구성원에게 사회적 지원은 대처를 위한 중요한 자원으로 간주되며 중심 주제로 볼 수 있다. 자신의 대처 노력을 인정하는 사람들에게서 받는 정서적 지원이 가장 효과가 있는데, 이야기할 사람이 있고 경청하는 사람이 가장 좋은 지원 형태임이 드러났다(Orford et al., 2010).

3) 5단계별 개입방법

(1) 1단계: 가족 구성원과 문제 알아보기(스트레스와 긴장 탐색)

약물 사용을 통해 경험하는 가족 스트레스와 긴장의 영향을 파악하는 가장 중요한 단계로 이 단계에서 전문가는 약물 문제가 가족에게 어떤 영향을 미치는지 확인하는 것을 목표로 한다. 전문가는 적극적으로 경청하고 공감을 표시하며 감정을 관리할 수 있어야 한다. 전문가는 가족 구성원에게 영향을 미치는 스트레스와 긴장의 가장 흔한 징후에 대한 지식을 갖추고 가족에게 이러한 문제가 일반적이며 드문 일이 아님을 설명해야 한다(Copello et al., 2010).

(2) 2단계: 필요한 관련 정보 제공

가족 구성원 스트레스는 약물 사용과 그 영향에 대한 정확한 지식의 부족으로 야기된 것이므로 유용한 정보를 제공해야 한다. 정보의 균형을 정확하게 맞추는 것이 중요한데 정보가 너무 적으면 가족 구성원이 고통을 겪고, 정보가 너무 많으면 가족 구성원이 압도될 수 있다(Copello et al., 2010).

(3) 3단계: 다양한 대처 전략에 대해 논의

약물 사용 상황에 대응하는 각 가족만의 고유한 방식을 탐구한다. 첫 번째는 가족 구성원이 그동안 대처해 왔던 방식을 논의하는 것이다. 두 번째는 이러한 방식의 장점과 단점을 평가하는 것이다. 세 번째는 대안적인 대처 방법을 모색하는 것이고, 네 번째는 이러한 새로운 대안의 장점과 단점을 찾는 것이다(Copello et al., 2010).

(4) 4단계: 사용 가능한 사회적(비공식적) 지원 파악

가족 구성원이 이용할 수 있는 사회적 지원을 탐색하는 단계이다. 이 단계의 전반적인 목표는 강력한 지원 시스템을 구축하는 데 도움이 되도록 가족 구성원이 사용할 수 있는 지원을 탐색하는 것이다. 전문가는 가족 구성원이 이용할 수 있는 지원 서비스에 대한 관련 정보도 제공하여야 한다(Copello et al., 2010).

(5) 5단계: 추가 요구 사항 탐색 및 종료

다른 영역에서 추가 지원의 필요가 드러나면 지원을 제공한다. 결혼 생활 조언이나 재정 관리와 같은 다른 영역에 대한 안내가 필요할 수도 있다(Copello et al., 2010).

8. CRAFT

CRAFT(Community Reinforcement and Family Training)는 공동체강화접근 CRA(Community Reinforcement Approach)과 가족 훈련을 혼합한 것이다. CRA는 1970년대 조작적 조건화를 기반으로 사람들이 생활 방식을 재정비하여 건강하고 마약 없는 생활이 보람을 느끼게 하여 알코올 및 약물 사용에 의존하지 않도록 고안되었다. CRA의 효과성은 직면에 기반한 물질사용장애 치료가 알코올 및 기타 물질의 사용을 줄이는 데 크게 효과적이지 않다는 사실이 밝혀짐으로(Miller et al., 1998) 알코올 문제에 대한 혁신적인 치료법으로 받아들여졌다. CRA는 알코올 문제가 있는 사람들이 가족, 직장, 친구 등 지역사회로부터 회복 행동에 대한 강력한 강화를 받을 필요가 있다고 주장한다. CRA는 이 전략의 일환으로 약물을 중심으로 하지 않는 새롭고 즐거운 활동을 발견하도록 돕고 활동에 참여하는 데 필요한 기술을 가르치는 것을 강조한다(Meyers et al., 2011).

이처럼 CRA가 약물 사용자를 위한 치료법인 반면, CRAFT는 약물 문제가 있지만 치료를 거부하는 약물 사용자의 가족이나 친구를 위한 개입 프로그램이다. 두 치료법 모두 개인의 '공동체(가족, 친구, 직업, 교회, 사회 활동)'가 약물 없는 생활 방식을 강화하고 지원해야 한다는 믿음에 근거한다.

1) CRAFT 개요

만성 약물 사용자의 가족은 끊임없는 논쟁, 고립, 재정적 어려움, 폭력 및 자녀와의 관계 붕괴로 인해 우울하고, 불안과 분노 등으로 인해 심리적 건강에 대한 관심이 필요하다(Brown, Kokin, Seraganian, & Shields, 1995).

CRAFT는 가족 구성원이 내담자이다. 가족에게 약물 사용자를 대하는 기존 행동 양식을 바꾸는 방법을 교육한다. CRAFT 교육을 통해 가족은 단약을 노력하는 약물 사용자 행동은 효과적으로 보상하되 약물 사용을 지양한다는 것을 분명하고 효과적으로 할 수 있다(Sisson & Azrin, 1986).

CRAFT는 약물치료의 도움을 받는 데 관심이 없는 약물 사용자가 치료를 받도록 가족이 사용할 수 있는 지지적 방법에 대해 교육한다. CRAFT를 통해 가족은 새로운 의사소통 방법을 배우고 자신을 돌보는 동시에 진정한 변화를 일으킬 가능성을 높이는 방식으로 가족과 상호 작용하는 방법을 배운다.

부모는 자녀의 약물 사용에 대처하기 위해 도움이 되지 않거나 실용적이지 않은 많은 조언을 들었다. 예를 들어, "그들이 바닥을 치게 해야 한다." "자기가 스스로 깨닫게 내버려 두어야 한다." 또는 "당신(가족)이 할 수 있는 일은 아무것도 없다." "약물 사용자를 돕는 것은 그의 약물 사용을 가능하게 하는 것이며, 당신이 공동의존적이라는 것을 의미한다." 이러한 '냉정한 사랑(tough love)' 메시지로 인해 많은 부모는 혼란스럽고 고통스럽다. 이러한 가족에게 CRAFT는 메뉴를 제공한다.

CRAFT는 '메뉴' 중심이다. 그러므로 각 가족의 개별 상황에 따라 CRAFT 메뉴에서 다양한 요소와 절차를 선택할 수 있다.

CRAFT는 긍정적이고 건강하고 건설적인 변화를 장려하는 것을 목표로 하며, 자녀가 삶을 개발하거나 재개발하도록 돕는 데 중점을 두기 때문에 치료의 시작은 약물 사용자의 행동, 심각성 및 변화에 대한 개방성에 달려 있다. CRAFT는 가족의 삶을 향상시키는 데에도 맞춰져 있기 때문에 약물 사용 가족 구성원이 궁극적으로 치료를 받든 그렇지 않든 CRAFT 과정 전반에 걸쳐 가족의 정신건강이 나아짐을 목표로 한다.

CRAFT는 긍정적인 의사소통 기술을 가르친다. CRAFT는 중독의 반대가 연결이라는 믿음에 뿌리를 두고 있기 때문에 연결을 사용하여 긍정적인 변화를 촉진하는 실생활 기술을 가르친다.

- 긍정적으로 의사소통하는 방법 이해(일이 잘 풀리지 않을 때에도)
- 긍정적인 강화를 사용하여 효과가 있는 것에 집중하는 동시에 약물 사용자가 행한 일의 결과 및 그 영향을 약물 사용자 스스로 감당하도록 허용
- 자신을 돌보는 것이 무엇을 의미하는지에 대한 진정한 인식을 개발

2) CRAFT 프로그램의 주요 목표

- 약물 사용자의 약물 사용 감소
- 약물 사용자를 치료받게 하기
- 약물 사용자의 치료 상태와 무관하게 가족 구성원 자신의 행복을 증가

3) CRAFT 구성 요소

CRAFT 프로그램은 8가지 기본행동 관리전략 교육으로 이루어져 있다. 세션 중 역할극 및 기타 행동 기술 훈련 연습을 수행하며 세션 간의 과제를 활용하는 매우 활동적인 과정이다.

CRAFT 구성 요소는 다음과 같다.

(1) 가족 구성원 동기 강화

CRAFT는 개입에 대한 개요를 제공하고 얻을 수 있는 이점을 강조함으로써 가족의 개입 준수에 대한 동기를 부여하는 입문 오리엔테이션 세션으로 시작한다. 가족의 동기를 높이기 위해 CRAFT를 설명하여 긍정적인 기대를 갖도록 한다. 동기 부여

스타일은 CRAFT에서 매우 중요한 부분이다. 훌륭한 임상가의 중요한 자질에는 공감, 수용, 진실성, 따뜻함이 포함된다. CRAFT 치료사는 긍정적이고 수용적인 태도를 전달하기 위해 노력하며, 이는 치료 관계를 강화하는 역할을 한다. 논쟁과 대립은 피하고, 지지하고 이해하는 진술을 통해 상대의 방어를 낮춘다(Miller, Benefield, & Tonigan, 1993). 가족 구성원은 오랫동안 비판받은 경험이 있으므로, 신뢰할 수 있고 가족 구성원을 존중하는 치료사를 찾는 것이 가족이 집에서 새로운 전략을 채택하게 하는 중요한 단계이다.

CRAFT에서 사용되는 또 다른 동기 부여 전략은 성공에 대한 긍정적인 기대치를 설정하는 것이다. 가족 구성원은 자신의 삶을 통제할 수 있다고 믿어야 한다. 약물 사용자의 치료 여부에 관계없이 가족 구성원의 심리적 기능이 향상된다(Miller et al., 2000).

때때로 치료사가 CRAFT 이론적 근거 또는 그 절차를 처음 설명할 때 일부 가족 구성원은 자신들이 이미 시도했지만 효과가 없었다고 CRAFT를 받아들이지 않을 수 있다. 이럴 경우 기존에 가족이 사용했던 방식을 탐색해서 다양한 시도의 적절성이나 일관성을 검토한다. 또한 치료사는 CRAFT 프로그램에 기반한 전문가의 조언과 지도에 따른 실행의 성공 가능성을 설명한다.

치료사는 치료 초기에 책임과 비난의 문제를 다루어야 한다. 가족 구성원이 때로 약물 사용자의 행동에 영향을 미칠 수 있지만 결코 약물 사용자의 행동에 책임을 지지 않아야 한다는 것을 가족 구성원이 이해하는 것이 매우 중요하다.

(2) 약물 사용자의 문제 행동에 대한 기능적 분석

기능 분석은 가족으로 하여금 약물 사용자의 약물 사용 행동, 약물 사용의 촉발 요인과 결과를 구별하도록 가르치는 것이다. 약물 사용의 촉발기제 및 약물 사용 결과에 기반하여 가족 개입 전략 계획을 세울 수 있도록 교육한다.

CRAFT 프로그램의 주요 목표는 가족 구성원에게 약물 사용자를 대하는 행동을 바꾸도록 교육하여 약물 사용자가 스스로 자신의 행동을 수정하도록 하는 것이다. 이를 위해서 가족 구성원은 약물 사용자의 문제 행동과 문제가 발생하는 맥락에 대해 명확하게 이해해야 한다. 기능 분석은 가족 구성원이 약물 사용자 행동에 영향을 미치는 요소를 이해하게 돕는다.

가족 구성원은 약물 사용자의 약물 사용 촉발사건을 먼저 간략하게 설명한다. 외부 촉발 요인(예: 특정 사람, 장소, 시간)과 내부 촉발 요인(예: 부정적인 생각 또는 감정)이 모두 식별되어 약물 사용의 단계를 설정하는 요인을 명확히 한다. 고위험 상황과 감정을 잘 파악하면 나중에 가족 구성원이 개입할 수 있는 적절한 전략을 개발할 수 있다.

* 주의사항: 약물을 대체하기 위한 활동이 실제로 약물 사용자에 의해 즐거운 것으로 경험되는 것이 매우 중요하다. CRAFT 기능 분석은 ① 약물 사용 행동 자체를 간략하게 설명한다. 이를 통해 가족 구성원은 약물 사용 촉발상황과 약물 사용 간의 연관성을 볼 수 있으며 시간이 지남에 따라 사용 변화를 추적할 수 있다. ② 약물 사용의 단기적인 긍정적 결과가 약물 사용 행동을 계속하도록 하기 때문에 그 요소들에 초점을 맞춘다. 약물 사용자의 약물 사용에 대한 가족 구성원의 관찰과 이해에 바탕을 둔 이 정보는, 가족 구성원이 약물 사용자가 이러한 목표를 달성하기 위한 보다 건강한 방법을 찾도록 돕기 위해 도입할 수 있는 전략 개발에 사용된다. ③ 약물 사용으로 인한 장기적 부정적인 결과를 요약한다. 강화를 위해 지불한 손실(예: 학업 실패, 학교 및 직장 생활의 어려움) 측면에서 약물 사용의 '비용'이 나열된다(Smith & Meyers, 2004).

(3) 가정폭력 예방 조치

가족에게 약물 사용자가 폭력을 사용하지 않고 기타 긍정적이고 친사회적 행동을 할 수 있도록 돕는 긍정적인 강화 방식을 교육한다. 또한 약물 사용자 측의 폭력 가능성을 평가한다. CRAFT 프로그램을 통해 가족의 기존 행동이 바뀌면 가족의 행동 변화에 약물 사용자가 불편감이나 불쾌감을 느낄 수 있기 때문에 약물 사용자의 공격이 훨씬 더 두드러질 수 있다. 따라서 가족 구성원과의 폭력 가능성을 조사하는 것이 중요하다. 과거 폭력의 역사가 있는 경우, 이 정보를 신중하게 고려해야 한다. 폭력 촉발 요인을 식별하고 가족 구성원이 대응할 수 있는 새로운 방법을 공식화하는 데 도움이 될 수 있다. CRAFT는 폭력 가능성을 최소화하기 위해 교육 중에 역할극을 통해 새로운 행동을 습득하도록 한다. CRAFT는 또한 폭력이 임박한 경우 가족 구성원이 사용할 수 있는 안전 계획을 수립하도록 한다(Smith & Meyers, 2004).

(4) 가족 구성원을 위한 의사소통 기술 교육

CRAFT는 가족과 친구들이 약물 사용자와의 관계를 새롭고 긍정적인 방식으로 유지할 수 있도록 돕기 위해 고안되었다. 약물 사용자의 약물을 하지 않는 행동을 강화하기 위해 가족에게 작은 보상을 사용하는 방법을 가르친다. 약물 사용자와의 의사소통을 향상시키기 위해 긍정적인 의사소통 기술을 교육하고 연습한다. 약물 사용 가정 내에서는 부정적인 의사소통 패턴에 '갇혀' 있으며, 분노 폭발과 침묵 대응이 특징인 극단적 의사소통을 한다.

CRAFT는 부정적인 대화 스타일을 바꾸기 위해 노력한다. CRAFT에서 교육하는 의사소통 규칙은 다음과 같다.

- 간략
- 긍정적
- 구체적이고 명확
- 자신의 감정을 식별
- 이해하는 말
- 이해 및 인정의 언어
- 도움을 주겠다고 제안

모든 CRAFT 절차는 가족 구성원을 적절하게 교육하기 위해 역할극, 모델링 및 형성을 사용한다.

(5) 긍정적 강화의 신중한 사용, 약물 사용 행동 억제/부정적인 결과 사용

가족에게 약물 사용의 부정적인 결과를 약물 사용자 스스로 감당하도록 허용하는 것과 문제 해결 전략을 교육하는 방법을 가르친다. 과거 약물 사용자의 행동을 바꾸려는 가족 구성원의 시도는 즉흥적이고 산발적인 경향으로 인해 잔소리, 위협 및 간청으로 여겨졌다. 가족 자신의 행동을 수정하여 약물 사용자를 도울 수 있는 적절한 때와 장소를 배우는 것은 프로그램의 필수적인 부분이다. 가족 구성원들은 약물 사용자 행위를 '보상'하는 것과 약물 사용을 '조장'하는 것을 구별하는 것이 쉽지 않다. CRAFT에서 '조장'은 약물 사용에 대한 보상을 의미하는 반면, CRAFT 프로그램의 긍정적인 강화는 후속 행동을 증가시킬 것이기 때문에 약물 사용자가 단주/단약 때만 발생한다.

가족 구성원은 약물 사용자의 단약 시 제공할 수 있는 칭찬, 포옹 또는 좋아하는 음식 등과 같은 작은 보상이 될 수 있는 것을 찾아야 한다. 보상이 약물 사용자를 긍정적인 행동 변화로 이끌 만큼 강력한지 논의한다.

가족이 약물 사용자에게 긍정적인 강화를 사용하기 전에 필요한 기술 목록은 다음과 같다.

- 가족 구성원은 긍정적인 강화 개념을 설명할 수 있고, 적절한 긍정적 강화를 식별할 수 있다.
- 가족 구성원은 역할극 및 다른 가족이나 친구와 함께 먼저 연습해 온 적절한 강화를 제공할 수 있는 능력을 가지고 있다.
- 가족 구성원은 자신에게 많은 고통을 준 사람에게 보상을 준다는 것에 대한 분노 가능성에 대해 논의한다.
- 가족 구성원은 약물 사용자가 단약할 때만 보상을 준다는 것을 이해한다.
- 가족 구성원은 이 새로운 행동으로 인해 발생할 수 있는 다양한 결과에 대해 대처할 수 있고 내담자의 부정적인 반응을 수용할 준비가 되어 있다. 가족 구성원은 CRAFT 치료 전반에 걸쳐 긍정적 강화를 사용하는 방법을 배운다(Smith & Meyers, 2004).

(6) 약물 사용 행동에 대한 부정적인 결과의 사용

CRAFT의 중요한 부분은 약물 사용자의 약물 사용이 가져온 부정적인 결과에 대한 가족 구성원의 적절한 대응 방식을 탐색하는 것이다.

첫째, 긍정적 강화에서 타임아웃(멈춤)을 하는 것이다. 가족 구성원은 약물 사용자가 약물 사용 동안 또는 약물 사용 직후에 약물 사용자에게 주어진 보상을 철회하는 방법을 교육받는다. 둘째, 약물 사용자가 약물을 사용했을 때 가족 구성원이 직접 개입하여 약물 사용자를 곤란한 지경에서 '구출'하지 않도록 교육을 받는다. 가족 구성원이 실수 혹은 인지하지 못하는 상황에서 결과적으로 약물 사용자가 약물을 계속 사용하는 것을 더 쉽게 만들었을 수 있지만, 약물 사용자의 약물 사용에 대해 어떤 식으로든 책임이 있다는 것을 의미하지는 않는다는 것을 가족 구성원들이 이해하는 것이 중요하다.

(7) 가족 구성원 삶의 풍요로움

가족의 삶에 대한 불만 및 삶의 목표를 탐구하고 가족 자신의 삶의 질을 높이기 위한 계획을 수립한다. CRAFT의 주요 목표 중 하나는 약물 사용자의 치료 입소 여부와 관계없이 가족 구성원이 자신의 삶에 대해 더 나은 느낌을 가질 수 있도록 돕는 것이다. 이를 달성하기 위해 가족 구성원은 다양한 삶의 영역(예: 직업, 사회생활, 개인 습관)에서 약물 사용자의 회복 여부과 무관하게 개인 목표를 설정하고 이를 달성하기 위한 합리적인 전략을 수립해야 한다.

(8) 약물 사용자 치료 초대

책임감 있는 성인이 청소년 약물 사용에 대해 차분하고 일관되며 합리적이고 확고한 태도로 대응한다면 긍정적 결과를 볼 수 있다. 그러나 약물을 사용하는 부모가 청소년의 약물 사용을 해결하려고 시도하면 청소년에게 부모의 위선이 명백해지고 그 결과는 부정적일 수 있다. 치료를 제안하기 위한 최적의 시간을 계획하고 사용 가능한 치료 옵션에 대한 정보를 가족에게 제공한다. 가족 구성원에게 약물 사용자를 치료에 초대하는 방법을 교육할 때 CRAFT를 통해 가족 구성원이 습득한 의사소통 기술이 크게 활용된다.

가족들은 상대적으로 약물 사용자의 치료 동기가 높은 시기에 초대장을 제시하기 위해 적절한 기회를 모색한다. 일단 약물 사용자가 참석하기로 동의하면 치료에 불필요한 지연을 방지하기 위해 가족 구성원이 약물 사용자에 적합한 치료사를 미리 준비하도록 도와준다. 또한 가족 구성원이 약물 사용자가 치료 개시 요청을 거부할 가능성에 대비하도록 한다.

가족을 교육할 때 역할극 및 실천 장벽을 해결하기 위한 문제 해결 기술을 포함한 행동 훈련을 한다. CRAFT는 또한 가족에게 신체적 폭력의 가능성이 있는 상황을 인식하고 해결할 수 있도록 안전 교육을 제공한다. CRAFT 치료사는 배운 중요한 기술을 요약하고 교육이 완료된 후 종료한다.

9. 결론

청소년 시기의 약물사용은 두뇌의 발달에도 영향을 미칠 뿐 아니라 정서적 성장 및 관계 형성 능력에도 부정적인 영향을 미친다. 청소년기는 성인으로서 살아갈 수 있는 다양한 능력을 계발하고 삶이나 대인관계에 임하는 태도 등을 형성하는 시기이다. 약물을 사용하는 청소년들은 이러한 과제를 제대로 수행하기가 어렵다. 또한 대부분의 청소년은 가족과 동거하기 때문에 청소년의 약물사용으로 인해 가족들은 직접적으로 영향을 받는다. 가족들은 청소년의 약물사용으로 인해 그 역동이 바뀌고 그러한 변화로 인해 부정적인 경험을 한다.

가족들은 청소년의 약물사용 문제를 해결하는 데 중요한 자원이다. 가족의 토양에서 성장한 청소년이 약물을 사용했는데 청소년만 단독적으로 치료하고 다시 그 토양을 가진 가족에게로 돌려보낸다면 청소년의 약물사용 문제는 계속될 가능성이 있다. 하지만 가족에 대한 균형 있는 시각을 갖지 못하고 가족을 병리적 관점으로만 바라보고 가족이 청소년의 약물사용을 유발했다 하여 가족을 치료 협력 자원으로 보기보다는 회복의 방해로 보는 경향이 지속되었다. 이에 가족을 중독에 영향을 받아 스트레스적 상황에 노출된 개인으로 접근하는 가족개입법이 병리적 관점에서 파생된 공동의존의 개념에 대항하여 개발되었다. 가족을 회복자원으로서 역할을 할 수 있도록 지원하고 교육하는 가족개입법에 대한 현장 임상가들의 이해가 필요하다.

참고문헌

Alexander, J., & Parsons, B. V. (1982). *Functional family therapy.* Brooks/Cole Publishing Company.

Becvar, R. J., & Becvar, D. S. (2018). *Systems theory and family therapy: a primer* (3rd ed.). Hamilton Books.

Black, C. (2018). *Unspoken legacy: Addressing the impact of trauma and addiction within the family.* Lasvegas, NV, Central Recovery press.

Brorson, H. H., Ajo Arnevik, E., Rand-Hendriksen, K., & Duckert, F. (2013). Drop-out from addiction treatment: a systematic review of risk factors. *Clin Psychol Rev.* 2013 Dec;33(8):1010-1024.

Brown Thomas, G., Kokin Morris Seraganian, P., & Shields, N. (1995). The Role of Spouses of Substance Abusers in Treatment: Gender Differences. *Journal of Psychoactive Drugs, 27,* 223-229.

Copello, A., Templeton, L., & Orford, J. et al.. (2009). The relative efficacy of two levels of a primary care intervention for family members affected by the addiction problem of a close relative: a randomized trial. Addiction 2009, 104, 49-58. 10.1111

Copello, A., Templeton, L., & Powell, J. (2010). The impact of addiction on the family: Estimates of prevalence and costs. *Drugs: Education, Prevention and Policy, 17:*sup1, 63-74.

Henggeler, S. W., & Schaeffer, C. M., Multisystemic Therapy® (2016): Clinical Overview, Outcomes, and Implementation Research. Fam Process, *2016 Sep;55*(3):514-28. doi:

10.1111/famp.12232. Epub 2016 Jul 2.

Hummel, A., Shelton, K. H., Heron, J., Moore, L., & van den Bree, M. B. (2013). A systematic review of the relationships between family functioning, pubertal timing and adolescent substance use. *Addiction, 108*(3), 487-496.

Liddle, H. A., Rowe, C. L., Dakof, G. A., Ungaro, R. A., & Henderson, C. E. (2004). Early intervention for adolescent substance abuse: pretreatment to posttreatment outcomes of a randomized clinical trial comparing multidimensional family therapy and peer group treatment. *J Psychoactive Drugs, 36*(1), 49-63.

Meyers, R. J., & Smith, J. E. (1997). Getting off the fence: procedures to engage treatment-resistant drinkers. *J Subst Abuse Treat, 14*(5), 467-472.

Meyers, R. J., Roozen, H, G., Smith, J, E. (2011). The Community Reinforcement Approach: An Update of the Evidence. Alcohol Research & Health. *National Institute on Alcohol Abuse and Alcoholism, 33*(4), 380-388.

Miller, W. R., Benefield, R. G., & Tonigan, J. S. (1993). Enhancing motivation for change in problem drinking: a controlled comparison of two therapist styles. *J Consult Clin Psychol, 61*(3), 455-61.

Miller, W. R., Meyers, R. J., & Tonigan, J. S. (1999). Engaging the unmotivated in treatment for alcohol problems: a comparison of three strategies for intervention through family members. *J Consult Clin Psychol, 67*(5), 688-697.

Miller, W. R. (2000). Rediscovering fire: small interventions, large effects. *Psychology of Addictive Behaviors, 14*, 6-18.

Nichols, M. P, & Davis, S. (2017). *Family Therapy: Concepts and Methods*. Pearson Education.

O'Farrell, T. J., & Clements, K. (2012). Review of outcome research on marital and family therapy in treatment for alcoholism. *J Marital Fam Ther, 38*(1), 122-144.

Orford, J., Copello, A., Velleman, R. et al. (2010). Family members affected by a close relative's addiction: *the stress-strain-coping-support model, 17*(suppl 1), 36-43.

Orford, J., Templeton, L., Velleman, R., & Copello, A. (2005) Family members of relatives with alcohol, drug and gambling problems: a set of standardized questionnaires for assessing stress, coping and strain. *Addiction, 100*(11), 1611-1624.

Orford, J., Copello, A., Velleman, R., & Templeton, L. (2010). Family members affected by a close relative's addiction: the stress-strain-coping-support model. *Drugs: Education, Prevention and Policy,* vol. 17, no. s1, pp. 36-43.

Sisson, R. W., & Azrin, N.H. (1986). Family-member involvement to initiate and promote treatment of problem drinkers. *J Behav Ther Exp Psychiatry, 17*(1), 15-21.

Smith, J. E., & Meyers, R. J. (2004). *Motivating substance abusers to enter treatment: Working with family members.* New York Guilford Press.

Szapocznik, J., Muir, J. A., Duff, J. H., Schwartz, S.J., & Brown, C. H. (2015). Brief Strategic Family Therapy: implementing evidence-based models in community settings. *Psychother Res, 25*(1), 121-133.

White, W. & Savage, B. (2005). All in the family. *Alcoholism Treatment Quarterly, 23*(4), 3-37.

Whiteman Shawn D. Jensen Alexander C., Mustillo Sarah A., & Maggs, Jennifer L. (2016). Understanding sibling influence on adolescents' alcohol use: Social and cognitive pathways. *Addictive Behaviors, 53*, 1-6.

제10장

여자 청소년 상담

김나연

여성은 생물학, 문화적 성 역할, 사회적 환경 등에 따라 남성과 다른 이유(호르몬, 임신, 체중 조절, 가정 내 스트레스 등)로 약물을 사용하며(Langan & Pelissier, 2001; National Institute on Drug Abuse: 이하 NIDA, 2020) 중독에 더욱 취약하다(kuhar, 2011). 하지만 대부분 마약류 중독의 연구와 정책은 남성 중심적으로 이루어졌고 여성을 대상으로 한 연구는 미비한 실정이다(김나연, 2020). 최근 마약류가 저연령화되고 있으며, 여성 마약류 중독자가 증가하고 있다. 2022년 전체 마약류사범 중 여성의 비중이 27%로 전년 대비 30.1% 증가했다(대검찰청, 2023). 특히 여중생의 마약류 투약과 공급이 대중매체의 헤드라인을 장식하며 여자 청소년 마약류 중독에 관심이 촉발되었다. 이로 인해 마약류대책협의회, 치료 보호기관 등 재범 방지 및 예방대책을 수립하는 범정부 차원의 운영이 활성화되고 지원이 강화되었다. 2023년 7월에 청소년 특화 마약류 중독재활센터가 개소하며 청소년 맞춤형 사회재활 기반을 마련하였다. 마약류 중독은 재발을 예방하기 위해 평생 관리해야 하는 질병이다. 따라서 청소년 관련 기관(중독재활센터, Wee센터, 상담복지센터 등)은 청소년의 충동성, 자아 중심성, 성별 특성 등을 고려하여 청소년 맞춤형 치료 · 재활 상담 및 프로그램을 제공하여 재발을 예방해야 한다. 이를 위해 여자 청소년의 특수성에 대하여 이해하고, 이들에 대한 적절한 치료적 개입을 고민해야 할 필요가 있다.

1. 여자 청소년과 마약류 중독

1) 왜 여자 청소년은 마약류를 사용하는가

청소년은 다양한 이유로 약물을 접한다. 그들은 자신이 소속된 집단에서 소외당하지 않기 위해, 마약류에 대한 호기심으로 스트레스나 고통을 덜 느끼고자, 좋은 기분을 느끼기 위해, 더 나은 수행(운동, 학업)을 하고자 약물남용을 한다(NIDA, 2014).

여자 청소년의 마약류 사용 동기는 무엇일까? 우리나라에서 여성들이 가장 많이 사용하는 '필로폰'으로 잘 알려진 메스암페타민 중독자의 사례를 통해 여성의 중독 과정을 살펴보자.

여자 청소년의 마약류 사례

"나는 가출해서 채팅을 통해 한 남자를 만났다. 그는 내가 힘들 때마다 상담해 주고 도움을 주었기에 그에게 많이 의지하였다. 어느 날, 그가 나에게 심부름을 부탁했다. 그런데 나중에 그 심부름이 마약 배달이었음을 깨닫고 거부하였다. 얼마 후, 나는 체중이 급격히 증가하였고, 그는 나에게 체중 감량에 도움이 되는 방법을 알려 주겠다면서 필로폰을 권하였다. 나는 처음에 화를 내며 거부하였지만 '왜 사람들은 마약을 하지?' '정말 다이어트에 효과가 있나?' 하는 호기심으로 필로폰을 시작했고 이후 매일 했다." (김나연, 2020)

이 사례는 십대 때 그루밍(친밀한 관계 형성 후 범행)으로 마약류 유통(던지기)에 이용당하고 마약류 중독자의 삶을 살고 있는 20대 여성의 중독 과정을 보여 준다. 채팅을 통해 만난 남성은 외모에 관심이 많고 충동성이 높았던 십대의 소녀에게 체중 감량에 효과적이라며 필로폰을 권하였다. 이 여성은 마약류에 대한 단 한 번의 호기심으로 필로폰을 사용하였고, 이후 가족과 단절된 채 보호 요인 없이 마약류 관련 사람들과 소통하며 살았다.

2022년 마약류사범의 유형별 범죄 원인을 살펴보면, 중독(19.8%), 호기심(12.5%), 유혹(9.9%), 영리(8.9%) 순이다(대검찰청, 2023). 게다가 여성가족부(2023)의 실태조사에 참여한 여자 청소년 중 1.2%가 최근 1년 동안 식욕억제제(Dietamin Tab: 펜터민이 주성분인 향정신성 의약품, 나비 약으로 불림)를 복용하였다. 이러한 통계치와 앞서 제시한 사례는 국내 여자 청소년 마약류의 실태를 반영한다고 볼 수 있다.

여자 청소년은 앞에서 살펴본 일반적인 청소년의 약물 사용 동기와 공통점이 있으나 남자 청소년과는 다른 심층 동기가 있다.

(1) 사랑과 소속의 욕구

남자 청소년이 동성이나 낯선 사람에 의해 약물을 시작하는 반면, 여자 청소년은 남자친구나 자신에게 영향력이 있다고 생각되는 친밀하거나 가까운 대상에 의해 약물을 시작한다(National Center on Addiction and Substance Abuse: 이하 NCASA, 2003; Lichtenstein, 1997). 때로는 여자 청소년은 클럽 등에서 자신에게 호감을 표시하거나 자신이 호감을 느낀 처음 만난 남성의 자극과 권유로 마약류를 사용한다. 예를 들어, 한 남자가 성적 착취를 목적으로 여자 청소년에게 접근하여 마약류 사용을 권한다면 여자 청소년은 '내가 거절하면 같이 놀 수 없을 거야.'와 같이 마약류의 위험성보다는 그와 좋은 시간을 보낼 수 없거나 즐거운 분위기를 저해한다는 생각에 마약류를 사용하기도 한다. Fishchhoff와 Quadrel(2013)은 행동결정이론(behavioral decision theory)으로 청소년 위험감행 행동을 설명한다. 행동결정이론에 따르면, 성인과 청소년은 결과의 바람직함을 평가할 때 서로 다른 방식을 사용한다. 성인이 타인에 의해 마약류 사용을 권유받는다면 마약류 사용 후 법적 문제, 중독 가능성 등을 고려한다. 하지만 청소년은 마약류를 사용하지 않을 때 가까운 사람들로부터 배척당하는 것을 중요하게 생각하여 마약류 사용을 선택하고 위험감행 행동을 한다는 것이다. 여자 청소년은 에릭슨(Erikson)의 심리사회적 발달단계 중 자아정체감 대 역할 혼미(identity vs role confusion)의 시기에 해당한다. 이때 여자 청소년은 '나는 누구인가?' '어떤 사람이 되고 싶나?'와 같은 물음으로 자아정체감을 형성하기 위해 고뇌하고 중요한 타인을 동일시하며 다양한 역할 실험을 시도한다. 자아정체감을 형성하지 못한 여자 청소년은 역할 혼미(위기)를 겪고 자신에게 중요한 타인에게 소외당하지 않고 좋은 또는 깊은 인상을 남기고자 그들과 함께 마약류를 사용한다.

(2) 호기심과 실험적 욕구

마약류 중독자들은 마약류 사용을 통해 즐거움과 에너지 상승을 바라는 공통적 동기를 가진다. 하지만 여자 청소년은 남자 청소년보다 스릴, 재미 등 감각추구 성향은 높지 않고 약물 사용 후 반응, 결과 등에 대한 호기심으로 약물 사용을 시작한다(Brecht, O'Brien, Mayrhauser, & Anglin, 2004). 남자 청소년이 성적 관계 시 극도의 쾌락에 대한 기대감으로 마약류를 처음 사용하는 것과 동기가 다르다고 볼 수 있다.

> "친구들과 해외여행을 갔는데 여행지에 마약을 하는 사람들이 있었다. 마약 판매상이 우리에게 접근했고 필로폰 사용을 권하였다. 처음에 망설였지만 '저것을 사용하면 어떻게 될까?' 하는 호기심에 친구와 함께 마약을 사용했다. 그것이 나의 마약 시작이다"(김나연, 2020)

(3) 다이어트

여자 청소년은 남자 청소년보다 일찍 사춘기(신체적 · 정서적 · 인지적 변화)가 시작된다. 조기 사춘기를 경험한 여자 청소년은 급격한 성장에서 나타나는 체중 증가를 걱정하고 남자 청소년보다 신체상에 대해 더 낮은 만족도를 나타낸다(Usmiani & Daniluk, 1997). 실제로 과체중이 아님에도 불구하고 자신의 체중이나 체형에 대한 왜곡으로 과도하게 운동하고 금식하기도 한다. 일부 여자 청소년은 음식에 대한 통제력과 조절능력을 상실하고 체중 감량을 위해 약물을 사용한다. 결국 섭식장애 문제를 약물로 해결하려 하기에 다이어트를 하는 여자 청소년의 경우는 약물남용의 위험성이 높다(CASA, 2003). 여성가족부(2023)가 5,449명의 여자 청소년을 대상으로 최근 1년 동안 약물 복용 실태를 조사한 결과, 66명(1.2%)이 향정신성의약품으로 분류된 식욕억제제를 복용하였다고 응답하였다. 이 수치는 남자 청소년의 2배로 여자 청소년의 약물남용 위험성을 보여 준다.

앞에서 살펴본 '십대 때 그루밍 후 마약류를 사용한' 연구 참여자는 심층면담 시 "마약을 하면 배가 고프지 않고 저절로 다이어트를 할 수 있었죠. 최고의 다이어트는 마약이죠."라고 구술했다. 그녀는 마약류 사용 시 허기를 느끼지 않아 특별한 노력 없이 다이어트를 할 수 있다는 긍정적 기대 수준이 높아 마약류를 계속 사용한 것이다.

(4) 불안정한 정신상태에 대한 도피

여자 청소년 마약류 중독자는 우울, 불안, 외상 후 스트레스 장애(PTSD), 섭식장애와 같은 어려움을 겪고 있을 가능성이 크다. 일부 여자 청소년은 이미 심각하게 약물(알코올 등)을 사용하는 중에 위기나 스트레스에 대한 반응으로 마약류를 사용하였다(kuhar, 2011; NIDA, 2014, 2020; Shane, Diamond, Mensinger, Shera, & Wintersteen, 2006). 여자 청소년은 마약류 사용 후 불안이 감소하는 등의 강화를 경험하고 학습되면 마약류를 계속 사용한다. 하지만 점차 마약류를 사용하지 않으면 자신의 정신상태가 망가질지 모른다는 공포감을 느껴 남용하고 의존하며 마약류의 악순환에 빠지게 된다.

(5) 좋은 기분을 느끼고자

여자 청소년은 좋은 기분을 느끼고 그 기분을 장기간 유지하며 자신감을 향상하고자 마약류를 사용한다(Brecht et al., 2004). 일부 여자 청소년은 파트너의 권유나 위력에 의해 성 관계시 마약류를 사용한다. 이때 극도의 성적 쾌감을 느낀 여자 청소년은 파트너가 아닌 자신의 성적 만족을 위해 마약류를 계속 사용한다. 이 외에 여자 청소년이 마약류를 사용한 성적 관계 시 남자친구의 칭찬, 미소 등 이차 강화물을 획득하고 극도의 성적 쾌락을 느끼면 마약류와 성적 관계가 연합될 수 있다. 이후 여자 청소년은 마약류를 동반하지 않는 성적 관계는 불만족하여 좋은 기분을 계속 느끼고자 마약류를 남용하게 된다.

(6) 더 나은 수행을 위해

여자 청소년은 자신이 겪는 문제에 잘 대처하고 더 나은 수행을 위해 마약류를 사용한다(CASA, 2003).

"거의 일만 하면서 생활하였다. 그러던 중 같이 일하는 사람이 피로 회복에 좋다면서 권하는 것을 음료수에 타 먹었다. 정말 피로하지도 않고 괜찮았다." (김나연, 2020)

자신의 생계를 위해 늦은 시간까지 일하며 마약류를 장기간 사용한 사례이다. 그녀는 자신의 에너지를 증가시켜 일의 능률을 향상하고자 마약류를 사용하였다.

2) 여자 청소년의 마약류 위험요인

여자 청소년들의 마약류 위험요인은 다양하다.

(1) 트라우마

부모의 중독, 가족의 붕괴, 친밀한 대상의 사망, 학대 등과 같은 생애 초기의 트라우마는 여자 청소년의 마약류 위험요인이다. 특히 여자 청소년의 학대 트라우마는 약물남용 가능성을 높인다(Shane et al., 2006). 그리고 여성의 트라우마는 회복과정의 장애물로 작용할 가능성이 높다.

(2) 지위 비행

지위 비행은 음주, 흡연, 무단결석, 가출 등 청소년의 사회적 지위에 맞지 않는 행동을 말한다. 지위 비행은 사춘기 때 부모와의 갈등, 가족 해체 등에 대한 일탈 행동일 수 있다(주영선, 정익중, 2019). Belknap(2020)의 연구에서 여자 청소년들이 자신의 성 경험 시점이 알코올 등 약물 사용 시점과 같다고 구술한 바와 같이 지위 비행은 여자 청소년의 마약류 위험 요인이다.

(3) 다른 약물의 사용

여자 청소년의 흡연, 알코올 등 다른 약물의 사용은 우울, 자살 충동, 소년 범죄 가능성을 높이고 약물남용에 빠지게 하는 위험요인이다.

> "나는 수면제, 필로폰을 시작으로… 점차 마약에 더 빠지게 되었고, 대마초, 허브, 코카인, 엑스터시, LSD를 사용했다." (김나연, 2020)

마약류 중독자들은 '내가 사용하고 있는 약물과 다른 약물의 차이는 무엇일까?' 하는 호기심에 새로운 약물을 사용하거나 다른 사람에 의해 새로운 약물을 공급받는다. 또는 자신이 사용하는 약물에 대한 대체 약물로 마약류를 사용할 위험성이 높기에 지속적인 모니터링이 필요하다.

(4) 전환기

조기 사춘기를 경험하는 여아는 다른 여아보다 더 빨리, 더 자주, 더 많은 양의 약물을 사용할 위험성이 높다(CASA, 2003). 여자 청소년은 잦은 이사, 전학, 진학 상황에서 남자 청소년보다 약물남용의 위험성이 높다(CASA, 2003; NIDA, 2014). 여자 청소년은 초등학교에서 중학교로 진학할 때 약물 사용에 대한 위험이 증가한다. 여자 청소년은 전학과 진학을 하면 새로운 친구를 사귀고 평소와 다른 루틴을 만들어야 한다. 이러한 스트레스 상황에 대한 도피의 일환으로 약물을 사용할 위험성이 크다(Belknap, 2020; Kuhar, 2011).

(5) 불안정한 정신상태

여자 청소년의 불안정한 정신상태는 마약류 사용의 주요 동기이며 위험 요인이다. 여자 청소년 중 일부는 우울, 절망감 등 정신적으로 불안정한 상태에서 지위 비행을 하고 마약류를 사용하거나 자살을 고려하고 시도한다(CASA, 2003).

(6) 마약류 관련 사람들

여성 마약류 중독자의 마약류 갈망 유발 및 단약을 방해하는 위험 요인은 마약류와 관련된 사람들(상선: 자신에게 마약류를 공급하는 자, 하선: 마약류를 자신으로부터 공급받는 자, 마약류 중독자 가족과 지인: 배우자, 남자친구, 성적 파트너, 함께 마약류를 사용하던 사람 등)이다(김나연, 2020). CASA(2003)의 조사에 따르면, 여자 청소년은 마약류를 사용하는 또래로부터 마약류 사용에 대한 압력을 느끼고 주변에 약물을 사용하는 친구가 많을수록 마약류를 사용할 가능성이 더 크다.

(7) 대중매체

여자 청소년은 대중매체 속의 멋지고 아름다운 인물에 대해서는 긍정적으로 평가하고 자신에 대해서는 부정적으로 평가하며 손상된 자아상을 가질 수 있다. 이는 여자 청소년을 섭식장애로 이끌고 결국에는 마약류 성분의 다이어트약에 의존하며 약물 남용에 이르게 할 수 있다.

3) 여자 청소년에게 어떤 영향을 미치는가

여자 청소년은 남자 청소년보다 더 적은 양의 약물을 사용하더라도 전전두엽피질(prefrontal cortex) 감소로 집행기능 저하 등 뇌의 구조적 이상을 일으킬 위험성이 높아 중독에 더욱 취약하다(Kuhar, 2011; Medina et al., 2009). Hu, Crombag, Robinson과 Becker(2004)는 여자호르몬이 코카인의 섭취량을 증가시켜 여성이 남성보다 중독의 영향이 크다고 설명하였다.

여성의 마약류 사용은 불임, 인간면역결핍바이러스/후천성면역결핍증(HIV/AIDS), 공황발작, 우울, 불안, 수면장애 발생의 위험성을 높이고 자아존중감을 낮춘다(김준홍, 조민정, 2011; Bauserman et al., 2003; Buckner, Mallott, Schmidt, & Taylor, 2006; CASA, 2003; Joesoef, Beral, Aral, Rolfs, & Cramer, 1993; Lichtenstein, 1997; Thomas, 1996). 또한 마약류 남용으로 인해 가족이나 사회적 관계망의 약화와 고립을 더 심각하게 겪게 되

고 결국 자살 시도에까지 이르는 등 사회적 문제를 초래한다(Rade et al., 2015). 특히 마약류에 중독된 여자 청소년의 경우 남성에게 성관계를 제공하는 대가로 약물을 받는 경우가 많기에 피임 없이 위험한 성적 행동을 하거나 성폭력 및 데이트 폭력 피해자가 될 가능성이 높다.

4) 어떻게 마약류 사용을 알 수 있을까

청소년이 명확한 이유 없이 평소와 다른 행동을 한다면 약물을 사용하는 징후일 수 있다.

- 또래 집단의 변화
- 가족과 친구들과의 관계망 약화
- 외모 치장에 개의치 않음
- 학업 성적 저하
- 무단결석 등 학교에 대한 흥미 상실
- 좋아하는 활동에 흥미 상실
- 섭식과 수면 습관의 변화

2. 여자 청소년 마약류 중독자에 대한 치료적 개입

이 장의 서두에 여자 청소년이 마약류를 사용하는 이유와 위험요인을 서술했다. 이는 어떠한 여자 청소년을 우선 치료해야 하는지를 설명한 것이다. 이 절에서는 마약류 청소년의 치료 원칙, 여자 청소년의 치료 접근성과 장벽, 치료의 성공과 회복을 촉진하거나 방해하는 요인, 예방교육, 상담자의 역할을 중심으로 살펴본다.

1) 마약류 청소년의 치료 원칙

미국 국립약물남용연구소는 청소년 물질 사용 장애의 13가지 치료 원칙을 제시한다(NADA, 2014).

① 청소년 물질 사용은 가능한 한 빨리 확인하고 해결해야 한다.
② 청소년은 약물에 중독되지 않았더라도 약물남용 개입을 통해 혜택을 받을 수 있다.
③ 매년 정기적으로 검진받도록 하여 청소년의 약물 사용 여부에 대해 질문할 수 있다.
④ 법적 개입, 제재 또는 가족의 압력은 청소년의 치료 시작, 진행, 완료에 중요한 역할을 할 수 있다.
⑤ 물질사용장애치료는 청소년의 독특한 욕구에 맞춰져야 한다.
⑥ 치료는 청소년의 약물 사용에만 초점을 맞추지 말고 전체적인 욕구(예: 의학적 · 심리학적 · 사회적 안녕감 등)를 다루어야 한다.
⑦ 행동 치료는 청소년 약물 사용 문제를 해결하는 데 효과적이다.
⑧ 가족과 지역사회는 치료에 중요한 요소이다.
⑨ 청소년의 물질사용장애를 효과적으로 치료하기 위해서는 다른 정신건강 상태를 확인하고 치료하는 것이 필요하다.
⑩ 폭력, 아동학대 또는 자살 위험과 같은 민감한 문제를 파악하고 해결해야 한다.
⑪ 치료 중 약물 사용을 추적 모니터링하는 것이 중요하다.
⑫ 적절한 기간의 치료를 받은 후에도 지속적인 관리가 중요하다.
⑬ 청소년에게 B형, C형 간염뿐만 아니라 HIV와 같은 성매개질환(성병)을 검사하는 것은 약물치료의 중요한 부분이다.

2) 여자 청소년의 치료 접근성과 장벽

여자 청소년은 약물남용 문제가 있어도 사회적 낙인으로 인해 남자 청소년보다 치료받는 비율이 낮다(Stocker, 1998). 여자 청소년은 호르몬, 신체적 · 정서적 변화를 겪으며 스트레스를 받고 약물남용을 한다. 여자 청소년의 스트레스는 정서적 어려움, 공존 장애, 가족관계의 역기능, 신체적 · 정서적 학대, 부모의 약물 문제들과 복잡하게 연결되어 있다(CSAT, 2000).

3) 여자 청소년을 위한 치료 접근법

청소년의 약물 남용에 대한 효과가 입증된 증거기반(Evidence-Based)치료에는 동기강화치료(Motivational Enhancement Therapy), 행동치료(Behavioral Therapy), 인지행동치료(cognitive-Behavioral Therapy), 가족치료(Family Therapy) 등이 있다(Tanner-Smith, Steinka-Fry, Kettrey, & Lipsey, 2016).

Bianco와 Wallace(1991)는 13세 이상 17세 이하의 약물 남용 여자 청소년을 대상으로 4~6개월 동안 '카리타스 하우스(Caritas House)' 거주 치료 프로그램을 운영하였다. 이 프로그램의 목적은 여자 청소년이 약물남용 문제를 해결하여 삶이 긍정적이고 보상이 따르도록 만드는 것이다. 카리타스 하우스 프로그램은 성, 학대, 섭식, 장애, 가족, 자존감과 같은 여성의 문제에 중점을 두고 개인 상담, 집단치료, 사회 기술 훈련, 12단계 치료로 구성된다. 이 프로그램 수료 후 퇴원한 63명의 범죄 행위, 알코올과 오피오이드(opioid) 사용, 부모와의 관계 등을 조사한 결과, 38.1%가 범죄에 연루되지 않고 약물을 사용하지 않는 등 프로그램 목표를 성공적으로 달성하여 효과적인 여성 청소년 프로그램으로 평가된다. 한국마약퇴치운동본부는 경찰청과 마약류 범죄 대응 체계 구축을 위한 업무 협약(MOU)을 체결하고 2023년부터 선도 프로그램인 '사랑의 교실'을 운영하고 있다. 그리고 마약류 기소유예 청소년은 개인 상담과 집단상담 프로그램에 참여하고 부모(보호자)는 청소년의 프로그램 참여 전 개인 상담의 커리큘럼으로 구성된다. 집단상담 프로그램은 대상 인원, 지역 본부 상황 등에 따라 남녀 청소년을 함께 또는 성별을 구분하여 운영하고 있다. 하지만 성별을 고려한 마약류 청소년 집단상담 프로그램은 개발되지 않았기에 본 장에서는 여자 청소년 상담 및 프로그램 개입 시 치료 접근법에 대해 다루고자 한다.

Casa(2003)는 여자 청소년에게 관심을 가지고 그들의 다양한 동기와 취약성을 파악한 후 약물 사용의 위험성과 약물 사용 후 결과에 대해 다루는 치료적 서비스를 제공하면 약물 남용을 감소시킬 수 있다고 설명한다.

(1) 가족을 함께 치료하라

여자 청소년에 있어서 가족의 감독과 지지는 약물 사용을 예방하는 데 중요하다(Grunbaum et al., 2002). CASA(2003)의 연구에 따르면, 부모와 관계가 나쁠수록 마약류를 사용할 가능성이 커지고 부모와 대화가 잦을수록 마약류 사용 가능성이 줄어들었다. 부모가 여자 청소년 자녀에게 고민과 갈등을 토로하고 상의할 수 있는 대화의 장(기회)을 마련한다면 자녀의 마약류 문제를 감소시킬 수 있다. 부모는 자녀의 우울, 불안, 또래 관계 등 약물 사용의 위험을 알리는 경고 신호에 주의를 기울여야 한다. 부모는 자녀의 좋은 모델이 될 수 있기에 모범을 보이며 자녀의 활동을 지속적으로 모니터링하고 소통하는 것이 필요하다. 여자 청소년 마약류 중독자에 대한 치료적 개입 시 청소년 내담자뿐만 아니라 가족치료, 부모의 상담 및 심리교육을 함께 진행하는 것이 필요하다. 이는 가족 문제에서 비롯하여 마약류를 사용한 여자 청소년의 본질적인 문제를 해결하거나 가족과의 관계 회복에도 도움이 된다.

(2) 학교와 청소년 유관기관의 협업

청소년기 학습 부진은 초기 성인기의 약물남용의 위험성을 높인다(Pulkkinen & Pitkänen, 1994). 또한 Springer, Sambrano, Sale, Kasim과 Hermann(2002)의 연구에 따르면 마약류 고위험 수준의 여자 청소년 중 학교에 대한 소속감이 높은 경우 좋은 성적을 예측하였다. 따라서 학교가 여자 청소년의 발달적 특성과 취약성을 고려한 마약류 예방 프로그램 및 다양한 활동을 제공한다면 학교에 대한 소속감을 증대시켜 약물남용의 위험성을 낮추고 회복의 효과를 높일 것이다. 약물을 사용하는 여자 청소년의 경우 학업을 중단하거나 학교 밖 청소년일 가능성이 높다. 학교, 청소년상담복지센터, 학교밖청소년지원센터(꿈드림) 등은 마약류 위기 여자 청소년이 심리상담(치료), 학력 취득, 진로 설계 등 적절한 처치와 정보를 제공받도록 이들을 적기에 발굴하고 개입하도록 협업하는 것이 중요하다.

(3) 여성 역할 모델

Bandura(1969)의 사회학습 이론에서는 개인들이 다른 사람의 행동을 관찰, 모방하고 모델링하는 과정을 통해 바람직하다고 판단되는 새로운 행동을 학습한다고 본다. 여자 청소년에게 긍정적인 여성 역할 모델을 제공하면 치료적 개입 효과를 향상할 수 있다(Blake, Amaro, Schwartz, & Flinchbaugh, 2001). 여자 청소년의 역할 모델은 여자 청소년이 유능하다고 판단하거나 관심을 끌 수 있는 대상이어야 한다. 상담자는 여자 청소년의 역할 모델이 될 수 있다. 하지만 가장 좋은 모델은 회복의 길을 먼저 간 마약류 여성 회복자이다. 여자 청소년 마약류 중독자는 여성 회복자의 마약류 중독 과정, 재발, 회복 경험, 회복 유지 일상 등 경험담을 통해 보편성을 얻고 모방 행동을 할 수 있다. 따라서 한국마약퇴치운동본부 재활교육 강사로 활동하는 여성 회복자가 여자 청소년 마약류 중독자의 상담, 프로그램, 교육 등 서비스를 제공한다면 참여 동기를 강화해 치료를 촉진하고 회복을 상징하는 역할 모델 역할을 할 수 있다. 여성 회복자 또한 자기 단약에 대한 효능감 증진, 정체성 강화와 같이 상호 성장하는 일거양득 효과를 거둘 수 있다.

(4) 다양한 기술 습득

여자 청소년의 성장과 발달에 대인관계와 애착은 중요하기에 사회적 기술, 규범, 삶의 기술을 가르치는 것이 중요하다(Amaro, Blake, Schwartz, & Flinchbaugh, 2001; Blake, Amaro, Schwartz, & Flinchbaugh, 2001). Davies, Elison, Ward와 Laudet(2015)는

물질사용장애자들이 물질에 노출되고 물질과 관련된 사람과 만나는 것은 회복의 위험 요인으로 보았다. 그들의 생활양식 균형 모델(Lifestyle Balance Model: LBM)은 회복의 촉진을 위해 생활양식의 변화가 필요함을 강조한다. 여자 청소년이 스트레스를 마약류로 해결하지 않고 건강하게 대처하는 방안을 함께 모색하는 과정이 중요하다. 아울러 여자 청소년의 일반적인 건강 관리, 감정조절, 대인관계 형성과 향상, 직업(진로)에 대한 이해 등 기술을 습득하여 삶의 균형을 유지할 수 있도록 다양한 활동 및 프로그램을 제공하는 것이 필요하다.

4) 여자 청소년 마약류 예방교육

여자 청소년이 약물을 사용하기 전 예방교육을 받는 것은 향후 약물 사용의 예방과 중재에 도움이 되기에(Blake et al., 2001) 사회적 비용을 고려할 때 가장 효과적인 대책이라고 할 수 있다.

여자 청소년은 생리적 · 정서적 전환과 같은 삶의 주요 전환기에 마약류 위험성이 증가하기에 주기적으로 그들의 발달단계에 맞춰 모든 여자 청소년을 대상으로 마약류 예방교육을 제공해야만 한다. 이때 교사는 과거 학대 경험, 조기 사춘기, 잦은 이사, 최근 전학, 체중과 외모에 대한 지나친 관심과 걱정, 우울 · 불안 · 자살 충동 등으로 어려움을 호소하는 학생을 면밀하게 살펴보고 보건 교사와의 협조하에 전문상담 및 심층적인 마약류 예방교육을 하고 개인상담 등 사례 관리를 받도록 조치해야 한다.

여자 청소년의 실효성 있는 예방교육은 형식적인 내용의 전달이 아니라 현 실태(체중 감량 목적으로 약물 복용 등)를 반영한 사례 중심의 행동 지침 제시가 필요하다. 마약류 예방교육 전문강사는 여자 청소년이 마약류에 호기심을 갖지 않도록 마약류 종류, 특성, 영향 등 교육 시 폐해 중심으로 정보를 제공해야 한다. 특히 여자 청소년은 처방받은 식욕억제제, 펜타닐 등은 안전하다고 잘못된 판단을 하여 약물로 둔갑한 마약류가 일상에 침투하고 있다는 것을 깨닫지 못하는 경우가 많다. 따라서 마약류 예방교육 시 처방받은 약물일지라도 오남용하면 정신과적 증상이 발생하고 인지능력 저하까지 이르게 된다며 다이어트 약물 등 향정신성 의약품의 위험성에 대해서 구체적으로 안내하여야 한다. 일부 여자 청소년은 '나는 가끔 식욕억제제를 사용하니깐 괜찮아. 조절할 수 있으니까 문제가 없어. 이건 중독이 아니야'와 같이 중독적 사고로 조기에 적절한 치료를 받지 못할 수 있다. 단 한 번의 호기심으로 약물 사용을 시작한 여자 청소년은 평생 중독의 늪에서 나오지 못한 채 중독자의 삶으로 생을 마감할 수 있다며 마약류에 대한 경각심을 고취하는 것이 필요하다. Briggs-Vaughn(2016)은 12~18세 9,061명 여자 청소년을 대상으로 약물 관련 설문조사를 실시한 결과, 약물 사용 증가는 낮은 사회적 발달과 낮은 학업 성취도와 관련이 있다는 것을 발견하고 여자 청소년 대상으로 특화된 GERLS^2(Girls Empowered to Resist Drugs to Leverage their Subject Knowledge and Social Skills) 예방 프로그램을 개발하였다. 이 프로그램은 여자 청소년과 학부모 · 교사 모듈로 구분된다. 여자 청소년을 대상으로 하는 모듈은 약물에 대한 저항 수준을 높여 궁극적으로는 학업 성취도가 높아지고 사회적 기술이 향상되도록 하는 것이 목적이다. 학부모 모듈은 약물 남용에 미치는 요인, 또래 영향 등에 대한 부모의 지식과 인식을 높이고 교사 모듈은 약물 남용 징후를 식별하고 탐지하는 기술 향상을 위한 전문성 개발 및 훈련을 목적으로 한다. GERLS2의 여자 청소년 모듈은 정규 교육과정에 따라 9주[주 5일(회기), 각 회기는 교육과정 시간과 동일] 프로그램이며 세부 내용은 〈표 10-1〉에 예시로서 제시한다. 〈표 10-1〉에 제시된 바와 같이, 마약류 예방교육 전문강사는 여자 청소년 마약류 중독자가 성적 착취에 취약하여 어려움을 겪을 수 있다는 것을 인지하고 성적 문제 발생 시 구체적인 행동 지침 등 성교육을 함께 실시하는 것이 바람직하다. 이 외에도 알코올, 자살 예방 및 자기 조절력 강화 교육은 여자 청소년의 마약류 예방, 치료 · 재활 및 회복 유지에 효과적일 수 있다. 아울러 부모(보호자)에 대해서도 마약류 예방교육을 하는 것이 바람직하다. 여자 청소년은 대부분 시간을 학교 외 가정에서 보내기에 부모에 의해서도 이차적 예방교육이 이루어져야 한다. 부모가 마약류에 대해 올바르게 이해하고 여자 청소년의 변화를 민감하게 알아차리며 바람직한 양육 및 대처 방법을 숙지할 때 예방교육은 최대의 효과를 거둘 수 있다.

표 10-1 GERLS² 여자 청소년 예방 프로그램

주	구성
1	• GERLS² 프로그램 소개 • 약물에 대한 사전 지식 점검 • 약물에 대한 대처 및 사회 기술 능력 확인
2	• 마약류에 대한 이해 −성차, 신체와 마음의 영향 • 일반의약품 및 처방 약물에 대한 이해
3	• 약물의 영향 −뇌, 신체 · 정신적 변화 등 −약물과 성 • 약물 관련 결정과 대처 −또래 압력, 다양한 사회적 환경에서 선택(또는 결정)과 결과에 대한 전반적인 이해 −고위험 상황에 도움이 되는 정보
4	• 약물 관련 또래 압력에 대한 지식과 저항력 구축 −또래 관계와 압력, 또래 압력 징후의 식별 −자신에게 영향(긍정 · 부정)을 미치는 대상 및 긍정적 역할 모델 −부정적 영향 · 상황에 대한 대처 −긍정적 역할 모델 또는 대상
5	• 책임, 선택, 행동, 결과에 대한 이해 • 마약류 사용을 권유받을 때 행동에 대한 책임
6	• 학교에서 도움받을 수 있는 자원 −전문상담교사, 보건 교사 등
7	• 의사소통 향상 −의사소통에 대한 이해, 자신의 의사소통 유형 −도움이 필요할 때 어떻게 의사소통하나요? −가족과 대화
8	• 사회기술훈련 −사회적으로 허용되는 행동에 대한 이해 −자기와 타인 관리 −자기 사랑, 자존감 향상 등

9	• 마무리(재점검) –약물(남용)이 자신에게 미치는 영향 –또래 압력, 영향 및 대처 방안 –효과적인 의사소통

5) 회복에 필요한 것들

여자 청소년의 치료 접근법으로 제시한 가족, 학교와 청소년 유관기관, 여성 역할 모델, 삶의 기술 습득은 예방과 회복을 위한 보호 요인이다. 이 외에도 여자 청소년의 회복을 위해서는 자조 모임 참여와 영성이 중요하다.

(1) 지역사회의 자조 모임 참여

청소년은 12단계 촉진 프로그램, 치료공동체, 회복 지지 서비스 등에 참여하여 마약류 없는 삶의 경험을 공유하고 상호 도움을 주며 단약에 대한 의지를 강화해 학교생활, 가족과의 관계 회복과 같은 목표를 이루어 나갈 수 있다(NIDA, 2014).

(2) 영성

영성은 어떤 특정 종교에만 국한되는 소유물이 아니며, 누구나 지니는 내면의 보편적인 본성으로 자기를 올바르게 이해하고 삶의 의미와 목적을 갖는 것이다. 삶의 의미가 없이 공허함을 느끼는 여자 청소년은 도피 기제로 마약류를 사용할 수 있지만, 삶의 의미를 추구하고 발견한다면 마약류가 아닌 다른 선택을 하고 싶은 변화 동기가 강화될 수 있다. 영성은 청소년의 절제와 친사회적 행동에 긍정적 요인으로 작용하고 영성이 높은 여자 청소년이 마약류를 사용할 가능성이 더 낮은 것으로 나타났다(CASA, 2003; Debnam, Milam, Furr-Holden, & Bradshaw, 2016; Lee, Veta, Johnson, & Pagano, 2014). 상담자는 여자 청소년 마약류 중독자가 삶에 대한 의미와 가치를 찾고 새로운 목표를 설정하여 회복의 길로 나아갈 수 있도록 가치관, 자화상, 감사 활동 등을 활용하여 영성 증진을 도울 수 있다. 또한 상담자도 여자 청소년 마약류 중독자의 회복을 돕기 위해서는 영적인 성장과 마음챙김 명상, 수용전념치료 등 전문 교육이 필요하다.

6) 상담자(치료자)의 역할

여자 청소년은 중독에 취약하고 약물을 사용한 기간이 짧더라도 외상, 학대, 임신 등에 처할 위험성이 높아 다양한 문제를 가지고(NIDA, 2020), 비자발적으로 치료를 시작할 수 있다. 초기 면담 시 상담자는 여자 청소년의 정신상태 확인, 위기 스크리닝을 통해 위험성을 조기에 발견하고 치료적 개입을 해야 한다. 이때 여자 청소년이 성매개 감염인이거나 성폭력, 학대 등에 노출된 것이 확인되면 성폭력상담소, 아동보호전문기관 등과 협업하여 의료, 법률, 쉼터 서비스 등을 제공해야만 한다.

청소년은 약물 사용 문제가 표면화되거나 법적 문제가 발생하지 않는 이상 치료에 대한 동기가 낮다. 실제로, 교정기관에 입소한 청소년(소년 수형자 · 소년처우 수형자)도 중독 문제를 인정하지 않고 치료 · 재활 프로그램에 대한 강한 저항을 보이기도 한다. 이는 중독자의 일반적인 특성(중독적 사고)과 유사하나, 청소년의 경우 상담과 치료 · 재활 프로그램의 참여 동기를 강화하는 데 더 많은 시간이 소요된다. 하지만 여자 청소년은 치료자와 의미 있는 관계를 통해 치료적 동기가 높아지기에 라포를 형성한 이후에는 개방적이고 적극적인 태도를 보인다. 여성은 남성보다 약물 단서(cue)에 강한 갈망을 보이고(Kennedy, Epstein, Phillips, & Preston, 2013) 약물 사용에 대해 죄책감을 느껴 단약하고자 노력했음에도 불구하고 반복적으로 마약류를 사용하며 자존감과 단약에 대한 자기효능감이 낮아진다. 또한 마약류에 중독된 여자 청소년은 남성들에게 자신의 성을 제공하고 마약류를 교환한다. 이러한 여자 청소년은 자신의 문제를 표면화하는 것을 꺼릴 수 있기에 상담자는 여자 청소년 내담자의 현재 어려움과 두려움을 공감해 주고 이해하며 존중하는 태도를 보이며 신뢰로운 관계를 형성하는 것이 중요하다.

여자 청소년이 약물 남용 외에 정신질환과 교차 중독이 있다면, 증상은 더욱 심각하고 치료에 저항이 심하며 재발의 위험성이 높기에 회복을 위해서는 공존장애 및 교차 중독을 치료해야 한다(NIDA, 2020). 따라서 치료자는 마약류, 정신장애, 약물의 역할 등에 대한 전문적인 지식이 요구되며, 성폭력 및 학대 피해가 확인된 여자 청소년의 기관 연계 등 개입에 대해 명확하게 파악을 해야 한다.

상담자는 여자 청소년의 성적 특수성을 고려하고, 마약류 증거기반 치료・재활 프로그램을 제공하며 지속적인 회복을 돕는 체계적이고 통합적인 방식으로 접근해야 한다.

3. 결론

여자 청소년은 남자 청소년보다 중독에 더욱 취약하나, 대개 호기심과 타인의 권유로 마약류 사용을 시작한다. 여자 청소년은 자신의 단 한 번의 선택이 어떠한 결과를 초래할지 알지 못한 채 마약류 중독자의 길로 들어가게 된다. 이 외에도 여자 청소년은 불안정한 정서의 도피, 좋은 기분을 느끼고자, 에너지 향상으로 더 나은 수행, 다이어트에 대한 긍정적 기대로 마약류 사용을 선택한다. 때로는 마약류를 사용하는 사람들로부터 소외당하지 않고 그들과 함께하고자 위험 행동을 하고 중독된 이후에는 마약류를 계속 사용하고자 위험한 성적 행동에 이용당한다. 점차 마약류와 연합된 성행동은 중독에 이르게 되고 일반적인 성 행동에 대해서는 만족감을 상실한 채 성 매개 감염병의 위험성은 높아진다. 일부 여자 청소년은 자신의 마약류 문제를 알아차리나 사회적 낙인에 대한 두려움으로 치료를 거부하고 홀로 문제를 해결하다가 재발하는 등 회복의 장애물을 만난다. 상담자는 여자 청소년 마약류 중독자의 위기에 대해 스크리닝하고 공존장애를 고려하여 필요시 입원 치료 등 연계 기관에 대해서도 명확하게 파악해야 한다. 상담자는 여자 청소년 마약류 중독자의 가족, 관심사 등을 활용하여 치료에 대한 동기를 높인 후 긍정적인 여성 역할 모델을 제공한다. 상담자는 치료에 대한 저항이 심한 여자 청소년 마약류 중독자의 현재 고민, 마약류 이슈, 양가감정 등을 공감하고 이해하며 더 많은 관심을 기울일 필요가 있다.

여자 청소년 마약류 중독자는 평생 관리해야 하는 질병인 중독의 문제를 안고 살아가기에 마약류 사용하기 전의 적기에 사례 중심의 마약류 중독 예방교육을 제공해야 한다. 따라서 상담자(치료자)의 중요한 역할은 여자 청소년이 변화동기가 생겨 회복을 선택하도록 그들의 변화와 성장 단계에 맞춰 동행하는 것이다. 회복의 길로 들어간 여자 청소년이 또 다른 이에게 회복 동료로 모델링 역할을 할 수 있기를 기대해 본다.

참고문헌

김나연(2020). 여성 마약류 중독자를 위한 자기조절 프로그램의 개발 및 효과 검증. 충남대학교 대학원 박사학위논문.

김준홍, 조민정(2011). 성별집단별 약물남용에 영향을 미치는 요인: 고위험 집단을 위한 커뮤니케이션 중재전략의 모색. **대한의사협회지, 55**(1), 84-96.

대검찰청(2023). **2022 마약류 범죄백서.**

여성가족부(2023). **2022년 청소년 매체이용 및 유해환경 실태조사.**

주영선, 정익중(2019). 지역사회 빈곤, 범죄, 유해환경 수준이 청소년 비행에 영향을 미치는가? **한국청소년연구, 30**(4), 33-62.

Amaro, H., Blake, S. M., Schwartz, P. M., & Flinchbaugh, L. J. (2001). Developing theory-based substance abuse prevention programs for young adolescent girls. *The Journal of Early Adolescence, 21*(3), 256-293.

Bandura, A. (1969). Social-learning theory of identificatory processes. In D. A. Gosling (Ed.), *Handbook of socialization theory and research* (pp. 213-262). Chicago: Rand McNally.

Bauserman, R. L., Richardson, D., Ward, M., Shea, M., Bowlin, C., Tomoyasu, N., & Solomon, L. (2003). HIV prevention with jail and prison inmates: Maryland's Prevention

Case Management program. *AIDS Education and Prevention, 15*(5), 465-480.

Belknap, J. (2020). *The invisible woman: Gender, crime, and justice*. Sage Publications.

Bianco, D. M., & Wallace, S. D. (1991). *Children of chemically dependent parents: Multiperspectives from the cutting edge*. Brunner/Mazel.

Blake, S. M., Amaro, H., Schwartz, P. M., & Flinchbaugh, L. J. (2001). A review of substance abuse prevention interventions for young adolescent girls. *The Journal of Early Adolescence, 21*(3), 294-324.

Brecht, M. L., O'Brien, A., Von Mayrhauser, C., & Anglin, M. D. (2004). Methamphetamine use behaviors and gender differences. *Addictive behaviors, 29*(1), 89-106.

Briggs-Vaughn, J. (2016). *The effect of adolescent girls' drug use on academic and social development*. Walden University.

Buckner, J. D., Mallott, M. A., Schmidt, N. B., & Taylor, J. (2006). Peer influence and gender differences in problematic cannabis use among individuals with social anxiety. *Journal of Anxiety Disorders, 20*(8), 1087-1102.

Center for Substance Abuse Treatment[CSAT] (2000). Substance abuse in brief: Successful treatment for adolescents: Multiple needs require diverse and special services [Pamphlet]. Rockville, MD, US Department of Health and Human Services. *Substance Abuse and Mental Health Services Administration*.

Davies, G., Elison, S., Ward, J., & Laudet, A. (2015). The role of lifestyle in perpetuating substance use disorder: the Lifestyle Balance Model. *Substance abuse treatment, prevention, and policy, 10*(1), 2.

Debnam, K., Milam, A. J., Furr-Holden, C. D., & Bradshaw, C. (2016). The role of stress and spirituality in adolescent substance use. *Substance use & misuse, 51*(6), 733-741.

Fischhoff, B., & Quadrel, M. J. (2013). *Alcohol Problems Among Adolescents*. Psychology Press.

Grunbaum, J. A., Kann, L., Kinchen, S. A., Williams, B., Ross, J. G., Lowry, R., & Kolbe, L. (2002). Youth risk behavior surveillance—United States, 2001. *Journal of School Health, 72*(8), 313-328.

Hu, M., Crombag, H. S., Robinson, T. E., & Becker, J. B. (2004). Biological basis of sex differences in the propensity to self-administer cocaine. *Neuropsychopharmarmacology, 29*(1), 81-85.

Joesoef, M. R., Beral, V., Aral, S. O., Rolfs, R. T., & Cramer, D. W. (1993). Fertility and use of cigarettes, alcohol, marijuana, and cocaine. *Annals of Epidemiology, 3*(6), 592-594.

Kennedy, A. P., Epstein, D. H., Phillips, K. A., & Preston, K. L. (2013). Sex differences in cocaine/heroin users: drug-use triggers and craving in daily life. *Drug and alcohol dependence, 132*(1-2), 29-37.

Kuhar, M. (2011). *The addicted brain: why we abuse drugs, alcohol, and nicotine*. FT Press.

Langan, N. P., & Pelissier, B. M. (2001). Gender differences among prisoners in drug treatment. *Journal of Substance Abuse, 13*(3), 291-301.

Lee, M. T., Veta, P. S., Johnson, B. R., & Pagano, M. E. (2014). Daly spiritual experience and adolescent treatment response. *Alcoholism Treatment Quarterly, 32*(2-3), 271-298.

Lichtenstein, B. (1997). Women and crack-cocaine use: A study of social networks and HIV risk in an Alabama jail sample. *Addiction Research, 5*(4), 279-296.

Medina, K. L., McQueeny, T., Nagel, B. J., Hanson, K. L., Yang, T. T., & Tapert, S. F. (2009). Prefrontal cortex morphometry in abstinent adolescent marijuana users: subtle gender effects. *Addict Biol, 14*(4), 457-468.

National Center on Addiction and Substance Abuse[CASA] (2003). *The Formative Years: Pathways to Substance Abuse Among Girls And Young Women Ages 8-22.* Columbia University.

National Institute on Drug Abuse[NIDA] (2014). *Principles of adolescent substance use disorder treatment: A research-based guide.* National Institutes of health.

National Institute on Drug Abuse[NIDA] (2020). *Substance Use in Women DrugFacts*. Retrieved from nida.nih.gov/publications/drugfacts/substance-use-in-women.

Pulkkinen, L., & Pitkänen, T. (1994). A prospective study of the precursors to problem drinking in young adulthood. *Journal of studies on alcohol, 55*(5), 578-587.

Rade, C. B., Desmarais, S. L., Van Dorn, R. A., Lutnick, A., Kral, A. H., & Lorvick, J. (2015).

Mental health correlates of drug treatment among women who use methamphetamine. *The American journal on addictions, 24*(7), 646-653.

Shane, P., Diamond, G. S., Mensinger, J. L., Shera, D., & Wintersteen, M. B. (2006). Impact of victimization on substance abuse treatment outcomes for adolescents in outpatient and residential substance abuse treatment. *American Journal on Addictions, 15*(sup1), 34-42.

Springer, J. F., Sambrano, S., Sale, E., Kasim, R., & Hermann, J. (2002). *The National Cross-Site Evaluation of High-Risk Youth Programs: Making Prevention Effective for Adolescent Boys and Girls: Gender Differences in Substance Use and Prevention.* Monograph Series.

Stocker, S. (1998). Men and women in drug abuse treatment relapse at different rates and for different reasons. *NIDA Notes, 13*(4), 5-6.

Tanner-Smith, E. E., Steinka-Fry, K. T., Kettrey, H. H., & Lipsey, M. W. (2016). *Adolescent substance use treatment effectiveness: A systematic review and meta-analysis.* Nashville, TN: Peabody Research Institute, Vanderbilt University.

Thomas, H. (1996). A community survey of adverse effects of cannabis use. *Drug and alcohol dependence, 42*(3), 201-207.

Usmiani, S., & Daniluk, J. (1997). Mothers and their adolescent daughters: Relationship between self-esteem, gender role identity, body image. *Journal of youth and adolescence, 26*(1), 45-62.

저자 소개

조성남(Cho Sungnam)

고려대학교 의학 석사

배재대학교 법학 석사 및 법학 박사과정 수료

전 국립법무병원 원장

현 정신건강의학과 및 신경과 전문의

대한법정신의학회 회장

을지대학교 을지중독연구소 소장

고기원(Go Giwon)

건국대학교 교육심리학 박사

전 법무연수원 운영교수

한국형사 · 법무정책연구원 연구관

현 법무부 서울소년분류심사원 호송과장

김나연(Kim Nayeon)

충남대학교 심리학 박사

전 광주지방교정청 심리치료센터 교육II 팀장

현 법무부 마약사범재활팀 교위

김선민(Kim Sunmin)

이화여자대학교 사회복지학 박사

전 이화여자대학교 사회복지학과 초빙교수

현 콜롬보플랜 임상 국제마스터 트레이너

한국회복코치센터 센터장

김영호(Kim Youngho)

대구대학교 사회복지학 박사

전 한국중독전문가협회 12대 회장

현 을지대학교 중독재활복지학과 교수

김재환(Kim Jaehwan)

한동대학교 심리학 박사

Case Western Reserve University, MSW

현 백석대학교 상담학과 조교수

국립부곡병원 운영자문위원(약물중독)

Chemical dependency counselor(Ohio. U.S.)

김주은(Kim Jueun)

Syracuse University 임상심리학 박사

현 충남대학교 심리학과 교수

대전중구중독관리통합지원센터 센터장

충남대학교 중독행동연구소 소장

식품의약품안전처 마약류 안전관리 심의위원

박상규(Park Sanggyu)

계명대학교 임상 및 상담 박사

전 가톨릭꽃동네대학교 상담심리학과 교수

한국중독상담학회 회장

한국중독심리학회 회장

국무조정실 마약류대책협의회 민간위원

현 박상규심리상담연구소 대표

가톨릭꽃동네대학교 명예교수

서경현(Suh KyungHyun)

University of Santo Tomas 심리학 박사

전 University of Wisconsin, Milwauke 알코올연구소 연구원

한국건강심리학회 회장

한국중독상담학회 회장

현 삼육대학교 상담심리학과 교수

한국문화및사회문제심리학회 회장

신성만(Shin Sungman)

Boston University 상담학 박사

전 한동대학교 학생인재개발처 처장

한동대학교 Residential College 학장

현 한국중독상담학회 회장

한동대학교 상담심리사회복지학부 교수

한동대학교 상담대학원장

청소년 마약류 중독의 이해와 상담

Understanding and Counseling Adolescent Substance Use

2024년 7월 10일 1판 1쇄 인쇄
2024년 7월 20일 1판 1쇄 발행

지은이 • 조성남 · 고기원 · 김나연 · 김선민 · 김영호
김재환 · 김주은 · 박상규 · 서경현 · 신성만

펴낸이 • 김진환
펴낸곳 • ㈜ 학지사
04031 서울특별시 마포구 양화로 15길 20 마인드월드빌딩
대표전화 • 02-330-5114 팩스 • 02-324-2345
등록번호 • 제313-2006-000265호

홈페이지 • http://www.hakjisa.co.kr
인스타그램 • https://www.instagram.com/hakjisabook

ISBN 978-89-997-3140-2 93180

정가 22,000원